KB262852

WCC창으로 본

'70년대 한국민주화인식

박 경 서

서울대학교 문리과대학 사회학과 졸업
독일 괴팅겐대학교 석사, 박사
인도 한림원 명예철학박사, 영국 에든버러대학 명예신학박사

서울대 사회과학대학 사회학과 교수, 재단법인 크리스챤
아카데미 부원장, WCC 아시아 총무, 아시아정책위 위원
장, 초대 대한민국인권대사, 국가인권위원회 상임위원,
진실·화해를 위한 과거사정리위원회 자문위원, 통일부
정책위원회 위원장, 경찰청 인권위원회 위원장 역임

현재
유엔 인권정책센터 이사장, 국가인권위원회 자문위원
이화여자대학교 이화학술원 석좌교수
이화여자대학교 평화학연구소 소장

이 나 미

이화여자대학교 정치외교학과 졸업
고려대학교 정치외교학과 석사·박사

통일연구원 연구원, 고려대 아세아문제연구소
연구조교수, 하와이대 한국학센터 객원연구원,
한겨레통일문화재단 상임연구위원, 진실·화해
를위한과거사정리위원회 전문계약직 공무원

현재
연세대학교에서 한국연구재단 연구과제 수행

WCC창으로 본 '70년대 한국민주화인식

초판 제1쇄 인쇄   2010. 8. 12.
초판 제1쇄 발행   2010. 8. 16.

엮은이   박 경 서   이 나 미
펴낸이   김 경 희

경 영   강 숙 자   영 업   문 영 준
편 집   장 수 영   관 리   강 신 규
디자인   이 영 규   경 리   김 양 헌

펴낸곳   (주)지식산업사
         본사 ● 413-832, 경기도 파주시 교하읍 문발리 520-12
          전화 (031) 955-4226~7 팩스 (031)955-4228
         서울사무소 ● 110-040, 서울시 종로구 통의동 35-18
          전화 (02)734-1978 팩스 (02)720-7200
         한글문패   지식산업사
         영문문패   www.jisik.co.kr
         전자우편   jsp@jisik.co.kr
         등록번호   1-363
         등록날짜   1969. 5. 8.

책값은 뒤표지에 있습니다.

ISBN 978-89-423-3080-5 94330
ISBN 978-89-423-0057-0 (세트)

이 책을 읽고 저자에게 문의하고자 하는 이는
지식산업사 전자우편으로 연락바랍니다.

이화학술원
지성사총서 **4**

WCC창으로 본
'70년대 한국민주화인식

박 경 서

이 나 미

지식산업사

1 강원용 목사는 인권운동과 반유신운동을 펼치면서 한국사회의 민주화를 위해 힘썼다. 오른쪽이 강원용 목사. 가운데 필자. 왼쪽은 강원용 목사의 아들 (現)대화문화아카데미 강대인 원장.

2 왼쪽부터 베르너 롯제 독일인권변호사. 김정희 목사. 이우정 교수. 필자. 이우정 교수는 여성의 인권운동을 위해 노력했다.

3 1966년 크리스챤 아카데미에서 김재준 박사. 김재준 박사는 유신정권의 독재ㆍ인권유린을 비판하고, 민주주의의 확립을 주장했다.

4 1976년 5월 크리스챤 아카데미 사건을 조사하고자 방문한 쿠르트 샤프 대주교에게 사건을 설명하고 있는 당시 NCC 총무 김관석 목사와 통역하는 필자(왼쪽).

5 1988년 평양 근교 성천가정교회에서 예배드리는 모습.

6 2001년 해외민주화운동 공헌자들과 한남동 외교통상부장관 공관에서. 필자가 인권대사로서 추진한 국제회의는 그들의 공헌을 감사하는 모임이었다. 참석자들의 모습.

7 1990년 11월 민주동지회 동경회의에서 앞줄 왼쪽부터 필자, 박상증, 박형규, 성해용, 마에지마, 이종원, 뒷줄 왼쪽부터 권호경, 오재식, 손명걸, 김관석, 이인하, 멕킨토시, 메리코린, 김상근, 강문규. 민주동지회는 1970년대 한국과 독일의 민주화운동 연계를 위해 결성되었다.

8

The
Center
for
International
Affairs

Harvard
University

1737 Cambridge Street, Cambridge MA 02138
Cable Address : HUCFIA   (617) 495-4420

박종화 목사
박경서 박사   두분 앞   Mar. 1, 1984

먼 타국 땅에서 두분의 옥체 건강 하심을 기도드리며
우리국내의 고난 받는 이들을 위해 주님의 뜻에 따라 헌신
노력하시는 노고에 감사드립니다.

오늘 써기드릴 말씀은 이미 잘 아시는대로 국내에 있는분
들의 생활이 매우 어려운 지경에 있읍니다. 저도 여기서
다소는 노력하고 있으나 저역시 뜻대로 안된 환경이라 마
음대로 되지를 않읍니다. 그쪽서 하실수 있으면 분명한
이문영 이우정 씨등 7인에 대하여 그생활 대책을 마련
해주시는 노력을 빌겠니다. 7인의 이족은 이미 알고계실
줄믿읍니다.   두분의 건투를 빕니다.

김대중 드림

박종화 목사 보게--- Los Angeles에 계시는 박승화목사님을 만났읍니다.
아주 훌륭한 인물이며 있끝 이었읍니다. 박목사님의
주소를 알려 주시면 그맙겠읍니다.

9

10 2006년 9월 도잔소 모임 20주년 도쿄 근처의 도잔소에서. 왼쪽부터 빅터 슈, 필자, 에릭 바인가르트너, 강문규, 나이난 코쉬. 도잔소협의회는 한반도의 평화를 위해 WCC 국제문제위원회가 일본 도잔소에서 개최하였다. 이 협의회는 남북교회의 교류증진을 위한 포괄적 통일정책을 담은 '도잔소보고서'를 발표하였다.

11 1992년 북한 방문 당시 평양 주석궁에서. 왼쪽부터 권호경 목사, 김일성 주석, 필자.

12 1991년 8월 모스크바 WCC중앙위원회에서 화해와 협력을 선포한 남한대표 김형태 당시 중앙위원(왼쪽)과 북한 그리스도교연맹의 고기준 목사(오른쪽)가 손을 잡고 있다. 오른쪽 뒤에 500명에게 통역하는 필자가 보인다.

제네바 18년 생활과 이 책의 인연

이제 7학기 째를 맞이하는 이화여대에서 수업 도중 학생들의 질문 가운데 하나가 나의 제네바 18년 생활을 소개해 달라는 것이었다. "나는 18년을 이렇게 살았다"는 내용의 글을 남겨야겠다고 생각하던 차에 이번에 프롤로그 형식으로 나의 제네바 생활에 대해 쓰고자 한다. 이 이야기는 이 책을 쓰게 된 동기와 책의 주요 내용인 에큐메니컬 그룹 중심의 1970년대 민주화운동을 이해하는 데 도움이 되리라 생각한다.

1967년 2월 나는 독일에 유학하여 1년 6개월 뒤인 1968년 말 귀국한 후 크리스챤 아카데미 활동에 전념했다. 강원용 목사님을 도와 수원 사회교육원을 준공하고 그곳에서 신혼생활도 했다. 그러다가 1971년 10월, 한 살배기 아들을 포함하여 가족과 함께 본격적인 유학의 길에 올랐다. 1976년 4월, 모두 7년 동안의 독일 유학생활을 마치고 귀국한 뒤 곧 서울대학교 사회학과에서 후진을 양성하면서 크리스챤 아카데미 부원장으로 부임하였다. 이렇듯 나는 좋은 여건 속에서 활동을 시작했다.

그러나 재직 3년 만에 크리스챤 아카데미 '반공법 위반 조작 사건'이 터지는 바람에, 아카데미는 풍비박산이 났다. 이 사건은 독일 정부의 원조로 진행되고 있던 크리스챤 아카데미의 '중간집단' 교육을 당시의 군부독재 정권이 문제 삼으려고 조작한 사건이다. 이 교육은 노동자, 농민, 학생, 젊은 목회자, 여성 등 5개 분야의 미래 지도자를 양성하는, 민주주의를 위한 지도자 양성 과정이었다.

사회갈등이 첨예화할수록 사회 세력들이 극과 극으로 갈려 더욱 소원해지고 서로 격렬히 대치하게 되었다. 1970년대 후반에 접어들면서 유신헌법은 사회 각층의 민주 세력을 압박해가고 있었다. 크리스챤 아카데미도 예외가 아니어서 교육 연구생, 특히 학생·노동자·농민 출신의 연수생들은 이 사건을 전후하여 중앙정보부에서 곤욕을 치렀으며, 이 교육을 담당한 직원들—지금은 전원 대학교수나 국회의원이 되었다—은 실형을 받았다. 이 프로그램의 총 책임을 맡고 독일의 원조를 총괄했던 나 또한 특별한 경험을 했다. 강원용 목사님까지 정보부 지하실에서 곤욕을 치렀으니 지금도 죄송하고 송구스러울 따름이다. 이후 이러한 억압을 참지 못한 의거가 광주민주항쟁으로 이어졌으나, 전두환 정권이 들어서면서 해결의 실마리는커녕 우리가 염원했던 민주화의 실현은 다시 먼 훗날로 미뤄지게 되었다.

1981년에 접어들면서 나에게 조여드는 압박은 눈에 띄게 강화됐고, 어떻게 해서라도 나는 다시 외국에 나가지 않으면 안 되었다. 이것만이 가족을 둔 내가 할 수 있는 생존의 길이었다. 그래서 나는 독일 유학 당시 박사학위 지도교수였던 은사에게 연락해 훔볼트 교환교수 프로그램에 신청을 했고, 마침 통과되어 짐을 싸고 있다가 WCC(World Council of Churches, 세계교회협의회) 아시아 책임자 자리가 났다는 소식이 들려왔다. 그리고 부족한 나를 한경직·강원용·김관석·박형규·박상증·강문규 목사님들이 공동 추천해 주셨고, 구두시험을 잘 보아 14대 1의 경쟁을 뚫고 그 자리에 채용되었다. 당시 우리나라는 유엔 회원국이 아니었으므로 우리 젊은이들이 국제기구에서 일한다는 것은 그림의 떡이었다.

이렇게 해서 6년의 서울 생활을 정리하고 WCC의 아시아국장에 발탁되어 자의반 타의반으로 다시 해외로 나가게 되었다. 1982년 2월 가족과 함께 스위스 제네바로 떠나면서 "꼭 3년만 있다가 한국 사정이 좋아지면 바로 귀국하겠다"는 다짐으로 송별회까지 열었다. 그 3년이 어언 18년의 세월이 되어 지나버렸고, 2000년 1월 1일에서야 귀국하여 당당한 한국인으로서 주민등록증을 다시 발급받을 수 있게 된 것이다.

돌이켜 보니, 나는 격동기를 외국에서 보냈다. 어찌 보면 동지들은 고생했는데 나만 편하게 살았다는 죄책감도 있는 게 사실이다. 그래서 이 책의 출판이 나에게는 의미 있고 값지다. 그리고 귀국한 지가 만 10년, 벌써 칠순이 넘어버린 내 나이를 실감하고 있으니 참으로 감회가 깊다 하지 않을 수 없다.

제네바에서 18년 생활은 한마디로 소중한 것이었다. 세계에서 제일 잘 산다는 나라, 가장 아름다운 나라에서 안정된 삶이었고 무엇보다 귀중한 것은 400여 명의 국제적 석학들 틈에서 서로 배우는 생활이었다. 4개 국어나 6개 국어를 자유자재로 구사하는 동료들,

권위주의가 통하지 않는 국제사회, 기능면에서 전혀 실수 없이 움직이는 실무진과 더불어 투명성과 효율성을 그곳에서 체험할 수 있었다.

20대에 독일에 가서 배운 독일어만 가지고는 절름발이 대화를 할 수밖에 없었다. 그러나 독일어는 힘 있는 언어여서, 후진국 개발자금이 필요할 때 독일어가 유용했다. 불어는 제네바의 일상용어라서 필수이지만 국제기구의 모든 연설은 영어로 이루어졌다.

나를 18년 동안 보좌했던 영국인 맥널티 여사는, 나보다 나이가 두 살이나 많았지만, 어느 날 어디로 출장 가는 일이 정해지면, 떠나기 전날 내 책상 위에 그 나라에서 지난번 출장 때 내가 한 약속들, 그리고 그 나라가 WCC에 무엇을 원하고 있는데 그 가운데 어떤 것은 무리이고, 또 어떤 것은 가능하다는 내용이 담긴 서류를 준비해놓아, 국제기구에서 내가 대과(大過) 없이 중임을 마치는 데 일조를 하였다. 그런 것이 한국의 비서와 다른, 국제기구의 비서 역할이다.

그녀는 송별회 때 많이 아쉬워하면서 내가 WCC에서 근무하던 18년 동안에 8년을 제네바에서 있지 않고 출장을 갔으며 총 85개국을 다녔다고 말해주었는데, 그 말에 놀랐을 정도로 내가 그렇게 세계 여러 곳을 다녔다는 사실을 실감하지 못했다. 생각해 보면, 재직 중 스위스항공을 80만 마일, 대한항공을 90만 마일을 탔으니 다른 비행기까지 합산하면 200만 마일을 훨씬 넘게 된다. 즉 18년 동안 세계 방방곡곡을 찾아다닌 셈이다. 하기야 아시아 31개국을 돕기 위해 선진국 30여 개국에서 개발자금을 얻어야 했고, South-South Solidarity라는 제3세계 연대를 위해 아프리카와 남미를 찾아다녔으니, 잠시 경유한 나라들까지 합치면 100개국이 훨씬 넘는 나라를 방문했다고 할 수 있다.

내가 방문한 나라 가운데 스리랑카는 가장 아름다운 곳의 하나로 기억에 남는다. 식민지 시기 스리랑카에서 영국인의 구미에 맞는 실론 차가 재배되면서, 영국의 식민 세력은 차의 재배를 위해 인도의 타밀라두에서 노동자를 끌고 와, 이들과 원주민 싱갈리족 사이를 분리하면서 통치했다. 그러한 약 200년의 비극적인 식민지 역사가 결국 오늘의 종족 살상으로 이어졌고 무고한 수십만의 민간인이 희생되었다. 나는 스리랑카에서 그것을 직접 목격할 수 있었다.

미·소 냉전시기에, 정권이 바뀔 때마다 미·소를 대신해서 같은 민족끼리 이념전쟁을 벌여 수백만이 살해된 크메어족의 한(恨)도 공감할 수 있었다. 방글라데시의 빈곤은, 매년 반복되는 홍수로 말미암은 수천 명의 희생자와 관계가 있다는 사실도 알게 되었다. 그러나 또한 벵골족은 심오한 영적인 세계를 갖고 있어서 세 명의 노벨상 수상자를 낳았다. 포르투갈이 400년, 인도네시아가 20년 동안 식민통치를 했던 동티모르에서 국민통합은 당연히 어려울 수밖에 없다는 사실도 깨달을 수 있었다.

그 밖에 버마의 민주화 투쟁과 군부의 독재만행, 7개 부족들의 융합의 문제, 인도 카스트제도의 비인간성과 달릿족의 수천 년의 한, 아프리카 르완다의 학살과 벨기에 식민지 정책의 비인도적 처사, 브라질에서 벌어지는 스페인·포르투갈의 식민지 세력의 알력과 오늘의 남미 원주민들의 고통 등 실로 많은 것들을 제네바에서 활동하면서 깨닫게 되었다. 그 경험이 오늘의 나를 만들었으리라.

WCC 아시아국(局)의 책임을 맡으면서 나는 세계를 보는 눈이 떠졌다. 그 직책은 당시 아시아 26개국—지금은 중앙아시아 5개국이 편입하여 총 31개국이다—의 정책을 수립하고 이에 대한 무상원조 형태의 장기개발 자금과 인권 자금을 총괄하는 자리였다. 내가 전임자에게 사무 인계를 받았을 당시 아시아국 전체의 무상원조액은 연평균 4백만 달러였다. 스위스를 떠나기 3년 전인 1997년에 최고 4천만 달러까지 모금을 했으니, 내가 책임을 지고 있는 동안 이전보다 무려 10배 가까이 모금액이 늘어난 셈이다. 그러기에 정책위원회를 운영하면서 극성스럽게 뛰어다닌 보람이 있었고, 이 자금을 아시아의 가난한 나라들에 인권자금 및 개발자금으로 분배해 주는 기쁨을 누릴 수 있었다.

WCC는 북한에 총 4천 3백만 달러, 인도, 방글라데시, 그리고 아시아의 모든 가난한 나라에 연평균 3천 5백만 달러를 무상 원조했다. 그 가운데서도 한국의 NCC 인권위원회, 영락고등학교, 광주 YWCA, 이화여자대학교, 연세대학교 그리고 한국의 6월 항쟁에 크게 원조한 게 자랑으로 느껴진다.

1982년 스위스로 출국하기 전까지, 나는 2년 6개월 동안 해외여행이 금지되었고 국내에서조차 여행을 할 수 없었다. 집 근처에는 늘 동대문 경찰서의 정보계 형사가 상주했다. 제네바 출국으로 다시 여권을 얻었지만, 정부는 여권을 6개월 단위로 연장해 주었다. 아카데미 사건으로 작성된 블랙리스트에 내가 올랐기 때문이었다. 이것은 군사독재자들의 단견을 보여준다.

이 같은 단기 유효여권으로는 비자를 받는 게 여간 어려운 일이 아니었다. 또한 사회주의국가로 여행을 금지하고 있어서, 아시아 국가 가운데 중국, 북한, 몽골, 베트남, 라오스, 캄보디아, 미얀마에는 입국할 수가 없었다. 다행히 1984년도에 북한 이외의 다른 나라들은 여행할 수 있도록 허용되어 활동에 지장이 없었지만, 유일무이하게 북한 땅만은 금지되고 있었다.

이 무렵 나는 전두환 대통령에게 탄원서를 내어 1년 뒤에 허락을 받았고, 결국 1988년 6월 15일 첫 번째 북한 방문이 실현되었다. 그후 귀국할 때까지 총 26차례 북한을 방문했으며, 북한의 212개 현(縣) 가운데 약 80개 현을 돌아볼 수 있었다. 이는 다른 사람들은 경험하기 어려운 드문 기회였다. 그 누구도 가지 못하고, 행여 가더라도 옥에 갇히는 북녘 땅을 그토록 자주 갈 수 있었던 나는 어찌 보면 국제기구의 덕을 본 특권층이었다.

WCC는 전 세계 122개국의 360개 교단이 회원으로 있는 개신교와 정교회의 본부로 구성되어 있으며, 세계 6억의 인구를 회원으로 갖고 있다. 따라서 가톨릭의 본부가 로마에 있다면, 개신교와 정교회 본부는 제네바에 있는 셈이다. WCC는, 제2차 세계대전 후 피폐한 전쟁의 상흔을 교회가 앞장서 치유하고자, 1948년 암스테르담에서 창립되었다. 따라서 교회갱신과 신학연구도 WCC의 중요한 창립 목적이었지만 사회 정의, 세계 평화 그리고 개인과 집단의 인권을 선교적 사명으로 하는 초교파 운동 또한 WCC의 주요 목표이다.

WCC는 박 정권의 인권 탄압을 지적하고 전 세계에 이를 폭로하는 일도 서슴지 않았다. 이 때문에 '눈엣가시' 같은 존재인 WCC는 용공단체라는 음해를 받았다. 그러나 이는 국내에서만 통했지 국제적으로는 망신만 당하는 꼴이었다. 미국의 《리더스 다이제스트》(Reader's Digest)는, 우리나라뿐만 아니라 남아프리카의 인종차별 정책에 항거하고 활동가들을 도와주는 WCC를 용공으로 몰고 갔으며, 심지어 WCC가 흑인 지하단체에게 무기구입 자금을 댄다는 말까지

하면서 음해하였다. 그러나 오랫동안 WCC와 일했던 투투(Desmond Tutu) 주교가 노벨 평화상을 받고, 또 만델라(Nelson Mandela)가 대통령으로 취임한 뒤 제일 먼저 WCC를 방문함으로써, 이와 같은 음해는 조작이었음이 밝혀져 국제적으로 웃음거리가 되었다.

나는 WCC에서 정의, 평화, 인권, 그리고 창조질서의 유지가 교회 선교의 핵이라는 사실을 배웠다. 그리고 가난하고 억눌린 자신들의 편에 서서 그들의 주장에 교회가 귀 기울이고 그들의 입장을 대변해야 한다는 교훈을 실천하려 노력하였다.

예를 들면, 아시아 국가들 가운데 미·소의 대립으로 희생양이 된 캄보디아를 돕기 위해, 미국과 강대국들의 경제통제(Economic Embargo)를 거부하고, 매년 200만 달러 이상 인도주의 원조를 실시했다. 캄보디아에 총 6천만 달러를 원조할 때에는, 미국 출장 때마다 CIA의 추적을 당했지만, 나는 이를 신앙고백으로 극복하고 업무를 수행하였다. 영국 식민 세력이 실론 차 재배를 위해 인도에서 강제 이주시킨 타밀족과 스리랑카의 원주민 싱갈리족 사이의 갈등 때문에, 타밀족에 대한 원조를 못마땅해 하는 스리랑카 정부의 감시도 받았다. 입국 비자마저 주지 않는 미얀마 군부를 설득한 일과, 아웅산 수치 여사와 대화를 통해 정치적 해답을 얻고자 미얀마 해외 망명정부를 도운 것도 나의 큰 보람으로 생각하고 있다.

무엇보다도 지난 12년 동안(1988~1999) 26차례 북녘을 방문하여 우리 민족의 화해와 평화를 나름대로 주창하면서 북녘에 4천 3백만 달러에 해당하는 무상원조를 내 책임으로 기증했다는 것이 큰 자랑으로 여겨진다. 또 평양에 약품공장을 가동하여 WHO(세계보건기구) 수준의 6가지 약을 10년 전부터 생산하여 북녘의 동포에게 공급할 수 있게 한 것도 큰 기쁨이었다.

이렇게 18년 동안 제네바에서 생활하면서 겪은 많은 사건들이 있었지만 그 가운데서 가장 뿌듯하고 잊지 못할 두 가지 사건을 소개해 보려 한다.

첫 번째는 버마의 아웅산 수치 여사와의 만남이다. 지금은 미얀마로 이름이 바뀐 버마는 오랫동안 영국의 식민지로 있다가 제2차 세계대전 말기에 다시 일본에 점령당했다. 영국의 식민지로 있던 때에 독립군을 이끌고 독립투쟁을 했던 아웅산 장군이, 영국과 일본에 대항, 1945년 3월 27일에 '버마연합국'(Union of Burma)을 선포하여 1948년 1월 4일 7개의 민족으로 구성된 독립국가가 탄생하게 되었다. 그 가운데 가장 강하고 수가 많은 민족이 버마족으로, 독립 이후부터 지금까지 정권을 장악하고 있다.

인구 4천 7백만의 미얀마는 천연 자원이 풍부한 나라이지만 불행하게도 국내 7개의 민족들이 서로 화합을 못하고 정쟁이 끊이지 않았으며 1962년에는 군사 쿠데타가 일어났다. 그 뒤로 47년 동안 군사정부는 '미얀마식 사회주의'를 표방하며 스스로를 세계에서 고립하는 정책을 펴나가고 있었다.

오랜 군사독재를 견디지 못한 국민들이 1988년 국민데모를 일으켜 1989년에 최초로 자유투표를 실시했다. 개표 결과 아웅산 수치가 이끄는 민족주의 정당이 거의 90퍼센트에 가까운 국민의 지지를 얻었으나 군부 세력은 정권이양을 거부했다. 또한 군부 세력은 독립을 부르짖는 카렌(Karen)족, 친(Chin)족 등 소수 민족들을 탄압하고 살해했으며, 정치범을 투옥·고문하는 만행을 저지르고 있다. 이런 탄압 속에서도 수치 여사는 꿋꿋하게 민주화를 위한 평화투쟁을 계속하고 있다. 미얀마 군부의 악랄함은 피난민의 수로도 알 수 있다. 현재 태국에 30만 명, 중국과 인도에 2만 명, 이웃 방글라데시에 21만 명의 피난민이 있다.

수치 여사와의 만남은 인권 운동을 하는 어느 목사님—먼 훗날 그의 이름을 밝힐 날이 있으리라—의 주선으로 이뤄졌다. 1995년 11월의 아침, 한국으로 치면 늦가을인데도 섭씨 30도를 오르내리는 더위 속에서 수치 여사의 집 초인종을 누르고 기다리는 사이, 문 앞 언덕에 있는 군사 초소의 망원경이 나를 응시하고 있음을 알 수 있었다. 한참 지나서 랑군대학교 법학과 교수인 N씨가 반갑게 마중을 나왔다. 곧이어 군사정부에서 파견된 감시병들이 내 인적사항 등을 기재하게 한 뒤에 사무실에 있는 의자에 나를 앉혀 놓고 무려 스무 번이나 사진을 찍은 후에야 넓고 스산한 정원을 지나 그녀가 거처하는 집안의 응접실로 안내하였다. 순간적으로 나는 1979년 5월 어느 날 중정 지하실과 그때 사진 찍힌 사실이 생각나 착잡한 마음이 들었다.

수치 여사에게서 느낀 첫 인상은, 다른 많은 미얀마 여성들처럼 날씬하고 가냘프지만 그 모습에서 우러나오는 결연한 고고함은 어느 여성에게서도 찾아볼 수 없는 카리스마를 갖고 있었다는 점이었다.

"나는 WCC를 잘 압니다. 아시다시피 내 아버지는 불교도이지만 어머니는 기독교인이었습니다. 어머니는 기독교인이면서 인도 주재 미얀마 대사로서 1961년 인도 뉴델리에서 열린 WCC 총회 때 중앙위원회 위원들을 초대했었습니다. 저는 그때 옥스퍼드 대학생이었습니다."

"박 선생은 제가 5년에 걸친 가택 연금에서 해제된 뒤 최초로 방문한 기독교인입니다(지금 그녀는 18년째 가택연금 중이다). 왜 미얀마의 목사님, 주교님들은 나를 두려워할까요? 방문하게 해 주십시오.”

“박 선생, WCC가 한국·일본·싱가포르 교회들을 동원해 그 나라 기업들이 미얀마의 군부 세력과 결탁하여 미얀마에 투자하는 것을 막아 주십시오.”

“저는 가정보다도 민족의 자유를 선택했습니다.”

“저와 우리 국민을 위해 기도해 주십시오. 기도처럼 강한 것은 없습니다. 저는 기도로써 저 자신의 군부에 대한 항거를 지탱하고 있습니다.”

위대한 여성이었다. 그녀의 지도력과 확신에 찬 평화로운 저항이 있기에 군부 독재 세력 아래서 지금도 자유와 민주주의를 갈망하는 미얀마 국민들에겐 희망이 있는 것이다. 그녀의 남편(마이클 아리스 전 옥스퍼드대 교수)이 전립선암으로 런던에서 사경을 헤맬 때 그를 만나러 런던에 가보라는 군부의 회유를 그녀는 뿌리쳤다. 군부는 그녀가 남편을 만나러 미얀마를 떠나는 순간 다시 귀국할 수 없도록 재입국 허가를 내주지 않으려는 속셈이었다. 남편을 천당에서나 만나겠다고 결연히 말한 수치 여사는 민주주의를 위한 평화적 항쟁의 세계적 표상이라고 할 수 있다.

다행히 김대중 전 대통령이 미얀마 민주화에 지대한 관심을 나타냈고 지금도 우리나라는 유엔에서 미얀마 민주화 촉진을 위한 공동 제안국의 일원으로 있다. 네덜란드교회의 압력으로 하이네켄 맥주 회사가 미얀마에서 철수하였고, 미국의 펩시콜라도 미국 내의 여론에 굴복하여 랑군 공장을 폐쇄하였다. 그러나 2천 명이 넘는 정치범은 지금도 쇠사슬에 묶인 채 강제노동에 시달리고 있다. 미얀마의 참된 자유와 진정한 민주주의가 군부와 수치 여사 사이의 대화를 통한 화해로 정착되기를 기원한다.

수치 여사의 동지들 21명이 한국에서 일하면서 조국의 민주주의를 위해 투쟁하고 있을 당시, 인권대사로 있던 나는 우리 정부가 그들 가운데 11명에게 정치적 난민지위를 인정하도록 해주었다. 지금도 나는 이를 자랑으로 여기고 있으며, 미얀마의 민주주의는 곧 이루어지리라 확신한다.

두 번째 잊지 못할 일은 김일성 주석과의 만남이다. 1988년 6월 첫 번째 북한 방문 이래 북한은 계속 나를 필요로 했다. 물론 원조를 받기 위해서였다. 총 26번의 북한 방문이 12년에 걸쳐 이루어졌다. 사회주의 국가의 특성상 나에 대한 초청은 처음부터 정부 초청이었다. 그 가운데 조선기독교도연맹이 나를 초청한 것은 딱 두 번뿐이었다. 한 번은 내 처가 나와 동행한 때인 1998년 5월이었다. 다음은 1999년 WCC 사무총장과 방문했을 때였다. 물론 정부 초청이었지만 나는 교회에 늘 참석하였고 출장 중 기독교도연맹과는 항상 업무협조를 할 수 있었다. 1988년부터 1991년 구소련 붕괴 때까지 북한은 거의 동독, 체코와 맞먹을 만큼 발전된 국가였다. 당시의 중국보다 훨씬 잘 사는 것으로 보였다. 그래서 나는 지금도 통일 후 북녘 땅의 저력에 희망을 걸고 있다.

북한과 최초 상호협력 사업은 원산농업대학교의 벼농사 종자 개발로 수확량 배가 프로젝트를 돕는 것이었다. 그 뒤 1989년 함흥공업대학의 실험실 기자재를 현대 기기로 바꿔주고 원산수산대학의 바다 어장 프로젝트 개발을 돕는 등 북한 동포를 위한 장기 프로젝트에 최초로 100만 달러를 무상으로 원조하였다. 이후 북녘에서는 나를 친근하게 생각하였고, 철저한 자본주의자이지만 인도주의자라는 인식으로 호감을 가졌던 것 같다. 나는 처음 방북했을 때부터 북한교회에 힘을 실어줄 수 있는 사람은 김일성 주석뿐이라고 생각했고, 이를 위해 언젠가는 꼭 김 주석을 만나야겠다고 생각했다.

1992년 1월 13일, 벤츠 500—천장이 유난히 높도록 주문 생산된 차였다—이 9시 20분 내가 머물러 있는 초대소에 도착했다. 나를 태운 차는 별 하나 단 장군 차의 전방호위를 받으면서 중앙의 황색 차도—당시 평양에는 도로 중앙에 황색 차도가 있어 주석의 차만 이용했다—로 10시 정각 주석궁에 도착했다. 건물에 들어가자 자동문이 열리면서 육중한 체구의 김일성 주석이 입구에서 나를 덥석 포옹하며 맞이해 주었다. 그의 몸집은 컸으나 키는 나보다 약간 작다는 느낌을 받았다. 포옹을 하고 김 주석은 "어서 오라"는 환영의 말을 하고는 서너 걸음 앞서서 걸어갔는데 그의 뒷목의 혹이 생각보다 아주 작아서 놀란 기억이 난다. 나중에 안 일이지만 서방 사진기자들이 그의 혹을 크게 보이게 만들어 세상에 배포했던 것이었다.

김일성 주석과 여러 가지 이야기로 회담을 진행하였는데 당시 김 주석은 나를 무척 좋아한다는 느낌을 받았다. 점심식사 때 김 주석은 백두산 두룹술을 나와 함께 다섯 잔이나 마셨다. 당시의 회담 내용을 모두 공개할 수는 없지만 김 주석의 다음의 말은 특히 기억에 남는다. 그는 내 책임으로 이루어지고 있는 북녘의 WCC 무상원조에 감사를 표하면서 "박 선생은 나를 만났다고 문익환 목사나 임수경 학생처럼 감옥엔 안 가겠지? WCC가 보호할 테니까"라고 말했다. 또한 그는 "나는 문 목사가 너무 보고 싶어서 어제 그가 머물렀던 초대소에 가서 한 시간 이상 문 목사를 생각했었지" 하며 잠시 말을 멈추었다. 조용히 있는 김 주석을 쳐다보니 그의 눈시울이 젖어 있었다. 마침 밖에는 눈이 내리고 있었다. 나는 김 주석이 아주 인간적인 사람이었다고 지금까지 느끼고 있다. "지금은 정상회담을 추진하지 마십시오"라는 나의 간청에 귀를 기울이고 수긍하던 그의 모습을 지금도 잊을 수 없다.

김 주석은 당시 1991년 12월 13일에 합의된 남북 고위급 합의문서에 상당한 무게를 두고 있었다. "고려 연방제, 그리고 중립국이 되어야 해", "미국과 일본은 우리의 통일을 결코 원하지 않지!" 그런가 하면 "대우의 김우중 회장을 3일 뒤에 만나는데 남쪽에서 신용있는 사람이야?", "문선명 목사를 만났는데, 박 선생은 불만이겠지만 과거 반공주의를 청산하고 조국을 돕겠다고 해서 환영했지" 등의 얘기들은 지금은 공개할 수 있다.

2000년 6월 15일, 남북 정상회담의 성공을 보면서 나는 김정일 국방위원장이 평소 아버지 김일성 주석이 가지고 있던 뜻을 이었다고 생각했다. 김일성 주석은 카리스마 있는 폭넓은 정치가이다. 그러나 그의 리더십은 19세기에나 맞는다고 느껴졌다(Park 1998, 38 참조). 김일성 주석은 1994년 7월 8일 묘향산 초대소에서 그해 7월 25일로 예정된 김영삼 대통령과의 정상회담을 준비하는 도중에 심장마비로 세상을 떠났다. 그의 죽음의 순간에 대해서는 여기서 일일이 공개할 수 없는 부분이 많다.

나는 그로부터 1년 6개월 뒤에 금수산 궁전에서 김 주석을 다시 볼 수 있었다. 김 주석이 타계한 뒤 김정일 위원장은 금수산 궁전을 건립하고 여기에 부친의 시신을 영구 보존해 지금도 아버지를 기리고 있다. 1996년 11월로 기억된다. 그때만 해도 지금처럼 금수산 궁

전에 복도로 된 통로가 건축되어 있지 않아 밖의 개방된 입구를 이용하게 되어 있었다. 매주 목요일에 금수산 궁전을 외국인들이 참관할 수 있어서 나는 그날 WCC 일행과 함께 맨 뒷줄에서 앞사람들이 움직이기를 기다리고 있었다. 줄이 움직이지 않아 의아해하고 있는데, 입구 쪽에서 당당한 모습의 헌병 두 명과 검은 복장을 한 외교관이 줄의 끝에서 기다리고 있는 내 앞에 멈추어 거수경례를 했다. 그리고 외교관이 자신을 외교부의 의전관이라고 소개한 뒤 이렇게 말했다.

"오늘은 금수산 궁전의 문을 박경서 선생이 열게 되어 있습니다. 이는 돌아가신 수령님의 명에 의해 존경하는 장군님의 지시입니다."

나는 헌병의 안내로 맨 앞쪽에 도착한 뒤 행렬을 인도했다. 북녘의 TV 카메라가 플래시 세례를 터트리는 가운데 나는 400명의 외국 손님을 이끌고 영구히 누워있는 김일성 주석을 다시 만났다. 그날 행렬을 기다리던 케냐 대사, 독일의 한네로레 헨슬레, 덴마크의 닐스 카스텐스, 미국의 함성국 박사는 지금도 그때의 광경을 보고 나를 북녘에서 높이 존경하는 사람이라고 말하곤 한다.

나는 지금 일흔을 넘기고 있다. 이제 인생을 정리할 때가 되었다고 느낀다. 우리나라는 이웃 아시아의 가난한 나라들의 민주화와 발전을 도와야할 책임이 있고 또 우리나라에 와서 고생하고 있는 약 100만 명의 외국인 노동자문제를 풀어 나가야 한다. 이제 남과 북이 서로 가까워지면서 미래에는 헤겔의 역사발전 법칙처럼 정·반·합, 즉 신테제(synthese)의 변증법적 발전의 문제가 대두될 것이다. 앞으로 이러한 분야에 연구를 집중하고 싶다. 남쪽은 미국·일본의 나쁜 점만 배워서 속된 말로 까지고 천박한 민족이 되었는가 하면, 북쪽은 너무 숙맥같이 순진하여 근대화·세계화를 모르니 둘이 합하면 좋은 신테제(제3의 새로운 우리 것)가 나올 수 있고 나와야 하겠기에 이에 골몰하고 싶다는 뜻이다.

정년을 5년 앞둔 1999년, 과감히 WCC와의 고용계약을 파기하고 귀국을 결정했을 때, 독일과 네덜란드의 친구들이 "박경서가 남북 화해를 위해 귀국한다니 우리가 그를 돕자"고 평화기금을 주선해 주어 '동북아 평화연구소'를 세우고 일하게 되었다. 바로 이러한 일 자체가 곧 '신테제'를 만드는 데 일익을 담당하는 과제가 아닌가 생각되었고, 도전과 확신의 삶을 살겠다고 굳게 결심하고 귀국을 했다.

귀국 후 독일과 네덜란드정부·교회의 평화기금을 6년 동안 매년 1억씩 받아서 동북아 평화연구소를 설립하여 활동했고, 또한 성공회대 대학원에서 석좌교수로 초빙되어 후학을 가르쳤다. 그러다가 노벨 평화상을 수상한 김대중 대통령께서 나를 초대 인권대사로 임명하셨다. 그리고 인권위원회 상임위원을 거쳐서 노무현 대통령이 인권대사로 재임명하는 바람에 근 7년을 근무하였다. 대과 없이 이 중책을 수행할 수 있었던 데는 외교부, 법무부 직원들의 도움이 컸으며 또한 약 20년의 스위스 제네바 생활이 있었기에 가능했다고 생각하고 있다. 왜냐하면 앞서 언급했듯이, 18년 동안의 WCC 생활로 유엔과 적십자사, 국제 노동기구들과의 긴밀한 협력, 아시아·아프리카·남아메리카의 개발도상국들의 고뇌, 또한 그들의 긴 식민지 생활의 고통을 배울 수 있는 값진 기회를 가졌기 때문이다. 인권대사를 너무 오래 하고 있다고 생각하고 있을 때 이화여자대학교의 초빙을 받았다. 지난 3년 반 동안 매 학기 마다 100명에서 150명의 이화여대, 연세대, 서강대 학생들이 수강했으니 약 1천 명의 학생들이 강의를 들었고 그 밖에 특강, 채플에서 설교 등을 통해 더 많은 학생들이 나의 신앙고백을 들었으리라. 나는 이를 늘 감사한 마음으로 받아들이고 있다.

작년, 그러니까 2009년 9월 초로 기억한다. 이화여대 학술원에서 지성사를 연구하는 프로젝트를 석좌교수들에게 연구 분야별로 분담했는데, 나는 1970~1980년대의 민주화운동에 기여한 에큐메니컬(Ecumenical) 그룹에 대한 연구를 배당받았다. 1976년부터 1981년까지 6년의 서울 생활을 빼고 나면, 나는 1970~1980년대를 거의 독일과 스위스에서 보낸 셈이다. 그러나 나는 외국에서 늘 국내의 에큐메니컬 그룹과 같이했다. WCC 업무의 특성이 그랬고 내 개인의 신앙고백이 늘 그랬다. 이 책은 그런 의미에서 또 그런 고리와 인연으로 씌어졌다.

책이 그렇듯이, 활자화되지 않은 행동들의 공헌은 많이 반영되지 못한 안타까움이 있는 게 사실이다. 이 책에 언급되지 않은 인물이나 사건들이 민주화에 더 공헌했음은 물론이다. 이 책의 주된 내용은 나와 인연을 맺은 분들이 내게 준 글을 중심으로 구성되었다. 따라서 그 밖에 많은 분들의 공헌이 누락되었다고 할 수 있다. 이에 대해 그분들의 용서를 빌며 또한 독자의 양해를 구하고자 한다.

한국 민주화운동에 관한 기존 연구를 보면, 1960~1980년대 한국의 민주화 과정에 대한 많은 회고록과 저술이 있지만, 1970년대 사상적 흐름과 국내외 지식인들 사이의 소통에 관한 연구가 미진하다고 생각한다. 따라서 이번 지성사 연구에서 한국 지성사의 큰 흐름 가운데 하나인 에큐메니컬 운동의 사상과 이에 참여했던 분들의 신앙고백을 중심으로 하여, 당시 인권 및 민중 사상, 민족경제론 등 경제이론, 통일론 등을 살펴보고자 노력하였다. 특히 해외에서 전개된 민주화운동의 논의 또는 쟁점을 고찰하여, 민주화운동이 진행되던 당시에 국내외 지성인들 사이의 사상적 연계가 어떻게 이루어졌는가를 살펴보려고 노력하였다. 책의 각 장은 다음과 같이 구성되었다.

제1장 '이데올로기론'에서는 민주주의, 민족주의, 반공주의 등 1970년대 주요 쟁점이 되었던 이데올로기에 대해 살펴보았다. 박정희 정권의 유신체제의 특징은 한마디로 국민의 기본권 철폐와 유보라고 할 수 있다. 이때에는 대통령의 영구 집권이 가능하게 되었으며, 비판 세력의 숨통을 조이는 대통령 긴급조치권이 신설되었다. 이 시기 박정희 정권은 이와 같은 노골적 억압과 더불어 이데올로기적 공세를 강화하였다.

즉, 정권은 국제적인 데탕트의 전개가 약소국가의 안보와 생존을 열강들의 이해에 복속시킨다고 평가하면서 총력안보체제 확립과 더불어 한국적 민주주의의 토착화를 강조하였다. 이에 민주화운동 세력은 정권에 대한 투쟁과 더불어 박정희 정권의 이데올로기의 모순을 드러내고 비판하는 데 집중하였다.

제2장 '인간과 사회'는 1970년대 민주화운동을 이끌어낸 대표적 사상인 인권사상과 민중론을 조명하였다. 1970년대 인권사상의 대두는 이 시기가 다른 어느 때보다도 인권유린의 시기였음을 증명하는 것이라 하겠다. 박정희 정권은 군의 동원, 비상계엄 선포, 위수령 발동, 무고한 시민의 체포·고문, 공안기구를 통한 국민 감시, 조서 위조 및 재판기록 조작, 무죄한 사람들의 처형 등 통치 기간 내내 인권을 탄압함으로써 정권의 위기를 극복하고자 했다.

이 시기 정권의 인권 탄압에 대한 비판은 개인의 인권 보호에 대

한 주장을 넘어 사회적 약자의 권리, 민중의 생존권 보장 등 사회적 주장으로 확대된다. 특히 이 시기에 '민중'이란 용어가 등장하는데, 이는 그만큼 박정희 정권이 반(反)민중적이었음을 증명하는 것이라고 할 수 있다.

제3장 '경제와 노동'에서는 박정희 정권이 추진한 성장일변도의 경제개발정책이 어떠한 모순을 가져왔는지, 정권의 경제정책에 대한 비판은 어떠한 것이었는지, 노동자·농민의 현실은 어떻게 그려졌는지 고찰하였다. 이 시기 무분별한 외자도입, 부실기업 양산, 농업의 희생은 농민과 노동자의 생활을 파탄내 거대한 빈민층을 형성시켰다. 최저생계비에도 미달하는 저임금과 최악의 노동조건은 결국 전태일 분신사건을 가져왔으며 이는 반독재 민주화운동의 가장 직접적인 촉매제가 되었다. 또한 정권의 수출지향적이고 외자에 의존하는 경제정책은 한국경제의 대외종속성을 심화시켰고 따라서 이를 비판하고 대안을 찾는 경제이론, 대표적으로 민족경제론과 대중경제론이 대두되었다.

제4장 '종교의 역할'에서는 1970년대 민주화운동에서 기독교를 포함한 종교계가 중요한 역할을 한 점에 주목하여 어떤 신학적 입장에서 민주화운동을 이끌어갔는지 살펴보고자 했다. 사실상 유신체제 출범 초기에 거의 모든 이가 침묵한 가운데 기독교인들은 남산 부활절연합예배를 통해 유신체제에 저항했으며 이것을 시작으로 반(反)유신운동이 신·구교, 학계, 언론계 등으로 확산되었다고 할 수 있다.

박정희 정권은 종교를 물리적으로 탄압했을 뿐 아니라 '정교분리론' 등 종교의 자유를 침해하는 논리를 개발하여 공세에 나섰다. 이는 역설적으로 기독교계 자체의 정교분리론을 발전시키는 계기가 되었다. 뿐만 아니라 기독교계는 '하나님의 선교' 신학, 민중신학을 발전시켰고, 불교계는 1980년대에 심화된 민중불교의 맹아를 이 시기에 싹틔워 유신정권에 저항했다.

제5장 '남북관계 및 통일론'은 7·4남북공동성명 이후 활성화된 통일운동과 통일논의를 살펴보았다. 이 시기에는 분단극복 및 통일 실현에 대한 학술적·실천적 논의가 이어졌다. 김대중 납치사건으로 단절된 남북관계와 정권의 유신헌법 제정으로 정부의 통일의지에 대한 기대가 사라지면서, 통일추진 세력은 정권이 아닌 민중이어야 한다는 주장이 힘을 얻기 시작했다. 이는 통일과 민주화의 선후관계에 대한 논쟁을 불러일으키기도 했다.

제6장 '대외인식'에서는, 1970년대의 급변하는 국제정세와 더불어 미국의 태도 변화가 가져온 대미인식의 변화 및 대일인식에 집중하여 고찰하였다. 달러의 약세 및 독일과 일본경제의 약진, 명분 없는 베트남 전쟁에 대한 비판으로, 미국은 공산권에 대한 포위 전략을 포기하고 미·소·중·일 협력 체제를 추구하게 되었다. 이러한 미국의 변화된 태도는 한반도 긴장완화의 유도, 한국의 대미수출 제한 및 수입개방 요구로 나타났으며 그 결과 한국인들은 미국을 현실적으로 인식하기 시작했다. 또한 미국이 자국의 이익을 위해 한국의 독재정부를 지속적으로 지지하고 있는 것에 비판이 모아졌다. 미국은 자국경제의 어려움을 극복하고자 일본을 아시아의 중심 국가로 키워 방위분담을 꾀하려 했고 그 결과 일본은 정치적·군사적으로 부상하게 된다. 당시 민주화운동 세력은 이러한 일본의 재부상을 우려하면서 한국경제의 일본 예속화, 공해산업의 수입, 정

치자금의 조달을 강하게 비판했다.

위와 같은 내용으로 집필하면서 특히 이미 고인이 된 분들의 사상을 많이 소개하도록 고려했음을 밝힌다. 또한 필자가 WCC 활동을 통해 경험한 기독교 민주화운동의 논의가 어떻게 전개·발전되었는지에 초점을 맞추었다. WCC에서 아시아 31개국의 정책수행과 무상 개발 원조를 책임진 사람으로서, 언제나 한국의 민주화와 남북통일은 우선순위였다. 예를 들면, 제네바에서 아시아 국장으로 있던 1987년 6월 민주항쟁 당시, 이래저래 모금하여 15만 달러를 NCC의 오재식 선생을 통해 민주화운동 자금에 보탠 것은 신선한 충격으로 내 기억에 남아있다.

끝으로 이번 연구가 앞으로 좀 더 알찬 지성사 연구를 위한 특별한 계기가 되어 다른 지성사 연구에 밑거름이 되었으면 하는 바람이다. 공동 집필자로서 이 연구에 처음부터 끝까지 참여한 이나미 박사와 한송이 연구원에게 심심한 감사를 드리며, 아울러 이번 연구를 진행할 수 있도록 지원해준 이화학술원과 이화여자대학교에 감사를 드린다.

이 책을 한국 민주주의의 쟁취와 발전을 위해 소중한 목숨을 바친 분들, 독재정권으로 상처받았으나 아직도 정신적·육체적으로 치유를 받지 못한 분들, 특히 그 공헌이 알려지지 않은 모든 성스러운 분들께 삼가 바친다.

2010년 4월

박 경 서

차 례

II. 인간과 사회

III. 경제와 노동

V. 남북관계 및 통일론

VI. 대외 인식

I. 이데올로기론

　1961년 군사 쿠데타로 집권한 박정희는, 민정이양의 공약을 어기고 1963년 대통령에 취임했으며, 1967년 재차 집권하였다. 박정희 정권은 1969년 대통령의 3선 연임을 가능하게 하는 개헌을 추진하면서 장기독재의 시작을 알렸고, 이후 1971년 치러진 대선과 총선의 결과는 국민이 정권에 대한 지지를 철회했음을 명백하게 보여주었다. 이에 박정희 정권은 1972년 비상계엄을 내리고 대통령 특별선언을 발표했다. 그것은 평화통일의 지향과 한국적 민주주의의 토착화를 위해 구질서를 청산하고 통일을 향한 민족주체 세력을 형성하며, 능률 극대화, 자주적인 총력체제의 구축을 위해 일대 개혁을 단행한다는 것이었다. 특별선언은 국회 해산, 비상 국무회의의 설치, 모든 정치활동의 금지, 언론·출판·방송의 사전검열, 대학의 휴교 등을 주 내용으로 하는 비상계엄으로 이어졌다. 이는 그동안 명목적으로나마 존재했던 자유민주주의의 절차가 완전히 폐기되었음을 뜻하는 것이었다.

　비상계엄을 선포한 상태에서 국민투표로 통과된 유신헌법의 주된 내용은 국민의 시민적 기본권 철폐와 유보라고 할 수 있다. 대통령 임기가 6년으로 연장되고 중임제한 조항이 삭제되어 영구 집권이 가능하게 하였으며, 대통령 긴급조치권이 신설되었다. 대통령은 형식상의 국민주권기관인 통일주체국민회의에서 간접선거로 선출하도록 규정하였으며, 대통령에게 국회 해산권을 부여하였다. 국회의원의 3분의 1은 대통령이 지명하고 통일주체국민회의의 의결을 거쳐 구성되어 그 결과 유신정우회(유정회)가 등장하게 되었다. 유정회는 유신체제 수호를 위한 원내 전위대 역할을 했다. 여기에 국회의 국정감사권까지 박탈되어 국회는 무력화되었다.

박정희 정권의 지배의 특징은 노골적 억압과 더불어 이데올로기적 공세를 강화한 것이라고 할 수 있다. 국제적인 데탕트의 전개가 약소국가의 안보와 생존을 열강들의 이해에 복속시킨다고 평가하면서, 총력안보체제 확립과 더불어 한국적 민주주의의 토착화를 강조하였다. 유신체제 등장 이후 1973년 4월 박형규 목사가 주도한 남산 야외음악당 부활절연합예배사건을 시작으로 반독재 민주화운동이 시작되었으며, 1973년 8월 김대중 납치사건은 유신반대투쟁을 확대시키는 결과를 가져왔다. 학생들, 동아일보·조선일보 기자들, 재야인사들을 비롯한 운동 세력은, 이러한 투쟁과 더불어 박정희 정권의 이데올로기의 모순을 드러내고 비판하는 데 집중하였다.

1. 민주주의론

박정희 정권 시기 민주주의 논의는 주로 '박정희식' 민주주의에 대한 비판에서 비롯되었다. 특히 1970년대 유신체제의 출범과 더불어 등장한 '한국적 민주주의'는, '최소한의' 민주주의라고 할 수 있는 절차적 민주주의마저 부정한 노골적인 독재체제를 의미하는 것이었다. 따라서 이 시기에는 선거, 삼권분립 등 민주주의의 절차와 형식이 무엇보다도 강하게 요구되었다. 또한 유신체제 아래에서 첫

투쟁의 깃발을 올린 기독교계도 민주주의를 주장하면서 그것이 신학적 입장과 어떠한 관련을 갖는지 설명했다.

(1) '박정희식' 민주주의론 비판

1970년대에 벌어진 민주주의 논의 가운데는, 박정희 정권의 민주주의 왜곡에 대한 비판이 가장 큰 비중을 차지한다고 할 수 있다. 특히 '한국적 민주주의' 등 '박정희식' 민주주의에 대한 비판이 많은 부분을 차지한다. 북한에 사회주의를 왜곡한 '우리식 사회주의'가 있었다면, 남한에는 민주주의를 왜곡한 '한국적 민주주의'가 있었다고 하겠다.

박정희는 일본 군국주의체제가 요구하는 사회화 과정을 충실히 이수한 사람으로(전인권 2002, 153), 일제가 말기에 표방한 서구 민주주의에 대한 극단적 증오를 그 또한 공유하였다고 할 수 있다. 그는 민주주의란 용어를 주로 군정 첫해인 1961년과 선거를 치른 1963년에만 사용하였을 뿐(전인권 2002, 142) 그 외에는 별로 언급하지 않았다. 오히려 민주주의를 비판하는 발언을 자주 하였다. 그는 현 상황은 한국인들이 자유를 즐길 때가 아니라고 주장했다. "우리도 남과 같이 주어진 자유라고 해서 이를 다 누리고 싶고, 또 남이 하는 것은 다 하고 싶고 그리고도 자유는 자유대로 지키겠다고 한다면, 또 지킬 수 있다고 생각한다면 이는 세상이 어떻게 돌아가는지를 전혀 알지 못하는 환상적인 낭만주의자라고 하지 않을 수 없다"(1974. 10. 1 국군의 날 유시 ; 매일경제신문사 1977, 190)는 것이다. 자유를 주장하는 사람들과 민주주의에 대해서는, "분단된 땅에 살면서도 머리와 생각은 미국이나 서구에 가 있어서 '왜 우리는 그들만큼 자유를 주지 않느냐'고 말하는데, 이런 것이 바로 환상적인 민주주의"(1975. 1. 14 연두기자회견 ; 매일경제신문사 1977, 194)라고 비판했다. 개인의 자유뿐 아니라 언론과 사상의 자유와 같은 자유민주주의의 중요한 권리에 대해서도 이것보다 민족의 이익이 우선이라고 주장하였다.[1] 그는 서구 자유민주주의가 지상지고의 제도이고, 이에 특수성을 가미한 것은 잘못된 것인 양 생각하는 경향은 민족문화에 대한 긍지와 자주성이 부족한 데서 나오는 사고방식이라고 주장했다(1977. 1. 29 문공부 연두순시 ; 매일경제신문사 1977, 216).[2]

그는 집권 초기부터 아시아의 상황은 대체로 비민주적일 수밖에 없다고 하면서 사실상 전체주의를 옹호하는 발언까지 하였다.

> 아세아에 있어서는 국민대중의 생활조건을 개선하려는 시도와 노력이 효과를 거두기 위해서는 말할 것도 없이 대개 비민주적인 비상수단을 쓰지 않으면 아니되기 때문에 정부가 서구에서 말하는 민중의 정부가 되기에는 거의 불가능에 가깝다. …… 또 한편 현재 아세아의 국민대중은 정부가 전체주의 이름 아래서 강압적인 의무를 부여하는 것을 두려워하는 이상으로 기아와 빈곤을 더욱 더 두려워하고 있다는 것은 또한 부인할 수 없는 사실이다(박정희 1962, 226 ; 존스 1976, 8).

[1] 박정희는 정권 초기부터 자유에 대해 부정적 발언을 했다. "아무리 언론과 사상의 자유라 하더라도 무제한한 것은 아니다. 양식에서 벗어난 방종적 사상과 언론, 민족을 분열시키고 민족을 해롭게 하는 사상과 언론은 도덕적으로나 법적으로도 용인될 수 없을 것이다…… 아무리 언론과 사상의 자유가 보장되어 있다 할지라도 민족전체의 이익을 해치거나 그러한 권리를 보장하고 있는 법적 질서와 사회제도를 파괴하는 것이라면 도저히 용납될 수 없을 것이다."(박정희 1962, 37 ; 존스 1976, 8)

[2] 송병헌·이나미·김면회(2004) 참조, 이하 박정희 정권 시기 이데올로기론에 대해서는 앞의 책 참조.

이러한 그의 사상은 이후 교과서 내용에도 반영되었다. 1970년대 교과서에는 "후진국에 있어서의 민주정치의 시련"이라고 하여 "제2차 세계대전 후 새로이 독립된 많은 후진국가들은 정통적인 서구의 자유민주주의를 그대로 채택"하였으나 "정치가의 무능, 관료의 부패, 경제적 빈곤 등의 혼란 속에서 독재정치 내지는 권위정치가 자행되고, 부정선거가 자행되어 그 실효를 거두지 못하고 있다"고 서술되었다. 따라서 많은 후진국가의 지도자들이 이론적으로는 부패의 제거, 경제계획 등을 수행하려면 서구식 자유민주주의로는 불가능하니, 번영을 위한 과도적 독재나 선의의 독재가 필요하다고 주장하였다는 것이다. 그리고 그 예로서 인도네시아의 초대 대통령 수카르노의 교도민주주의(guided democracy)와 이집트의 정치가 나세르의 군부사회주의 등의 신대통령제를 들고 있다.[3]

당시 진덕규는 이러한 논리에 반박하여, '신생국가의 상황적 여건이 민주주의의 보편적 논리를 변용시킬 수 있다고 생각한다면 그것이야말로 신생국가의 민주화를 위해서는 가장 큰 비극'이라고 지적하면서 그 예로 수카르노의 교도민주주의와 파키스탄의 대통령 아유브 칸의 기초민주주의를 들었다. 그러면서 '과연 오늘날 객관적인 관점에서 교도민주주의를 민주주의 원칙의 단순한 상황적 수용이라고 믿을 사람이 누구이며, 기초민주주의가 민주주의의 보편성을 내포한 더 적절한 파키스탄의 민주주의라고 인정할 사람은 누구

---

[3] 그러나 그러한 정권에 대한 비판과 민주정치의 확립이 과제라는 사실이 뒤이어 강조되고 있다. "그러나 정권이 평화적으로 교체되지 못하고 실력에 의한 정권의 교체가 되풀이되고 있으며, 전통적인 불합리한 사회적 속박과 관습이 지배하여, 여러 가지 혼란이 거듭되고 있다. 따라서, 이 후진지역에 있어서의 민주정치의 확립은 경제적 자립과 함께 당면의 과제가 되어 있다."(박철호 1974, 19) 이처럼 당시 교과서에는 박정희 정치철학을 옹호하는 듯하면서 부수적으로 또는 행간을 통해 박 정권에 대한 비판이 눈에 띈다.

일까'라고 반문했다(진덕규 1974, 29). 함석헌은 정권이 서양식 민주주의를 모방할 수 없고 강력한 지도자가 필요하다고 하는 것은 정권의 진부한 사상을 정당화하고 변명하기 위함이라고 비판했다. 또한 만일 국민이 개도되길 원한다면 자유가 있어야 하지만 정치가들은 일체의 자유를 허용하지 않았으며, 정치가들은 민주주의를 실현할 의지가 없고 오히려 그 실현을 방해했다고 반박하였다.

> 학원에 자유가 없고 종교에까지 정보망이 가고 신문에 보도 비판의 자유가 없는데 무엇으로 국민을 개도하란 말인가? …… 그런데 우리에게 그러한 철저한 민주정신이 결핍된 까닭이 어디 있느냐 하면 역시 정치에 있다고 할 수밖에 없다. 이 4반세기 동안 우리는 이름이 민주주의이지 실지로 실천한 것이 아무 것도 없다. 정치하는 사람들은 매양 서양식 민주주의를 그대로 모방할 수 없다느니, 후진국이기 때문에 아직은 강력한 지도자가 필요하다느니, 그것만 방패처럼 내세워 자기네의 시대에 떨어진 케케묵은 정치사상을 변명이나 하려 들었지 조금도 민중을 민주주의로 성의있게 가르치려 하지 않았다. 아니다, 그보다도 민중은 도리어 민주주의적으로 나가려 하는데 정치인들이 그것을 방해했을 뿐이다(《함석헌 전집》 14권, 74).[4]

윤보선은 박정희의 사상이 가식적이고 이질적이라고 하면서, 서구의 민주주의가 우리에게 맞지 않다고 하는 그의 주장은 그가 과연 민주주의를 신봉하는 사람인지 의심하게 한다고 했다.

---

4) 함석헌의 글 가운데 《함석헌 전집》을 인용할 경우 《함석헌 전집》, 권수, 쪽수의 순서로 표기하였다. 이하 함석헌 관련 논의는 문지영(2002) 참조.

우리는 가식적·이질적 민주주의와 대결하고 있습니다. 나는 오히려 박 의장의 민주사상이나 민주주의 신봉을 의심해 마지않습니다. 또 박 의장의 《국가와 혁명과 나》라는 저서를 보면 '서구의 민주주의가 대한민국에 맞지 않는다'라고 말했는데 이것은 무엇을 말하는 것입니까? 또 이 책을 보면 이집트의 나세르를 찬양하고 히틀러도 '쓸 만한 사람'이라고 했는데 과연 이 사람이 민주주의를 신봉하는 사람인가 의심하지 않을 수 없습니다. …… 여순반란사건의 관련자가 정부 안에 있다는 것을 상기해야 합니다. 여순반란사건은 민주주의와 민족주의를 신봉하는 사람이 한 것은 아니라고 생각합니다(윤보선 1991, 245).

사실 박정희에 대한 윤보선의 비판은 그가 독재자라는 것보다 공산주의자라는 것에 더 강조를 두고 있었다. 이때에는 다른 어느 시기보다도 윤보선에 의해 자유민주주의가 자주 언급되었다. 그의 주장에 따라 박정희는 억압적, 독재적이라는 것보다 공산주의자라는 의혹 때문에 비판받았다.

박정희 씨가 정권을 다시 잡는 한 이 나라에서 자유민주주의를 기대할 수는 없습니다. 이번 선거는 정책과 정책의 대결이 아니고 하나의 사상과 또 하나의 이질적인 사상의 대결인 만큼 어느 것이 옳고 그런 것인가는 여러분이 판단해야 할 것입니다. 대통령에 뽑힐 사람은 독립투지가 철저하고 민주주의 신봉자이며 내외에 널리 알려진 사람이라야지 시비와 의혹이 많거나 사상이 박약하거나 이질적이고 위험한 사상을 가진 사람이 대통령이 된다는 것은 국가적으로 불행한 일입니다(윤보선 1991, 250).

선거운동 기간인 10월 5일, 9일에는 각각 다음과 같은 연설을 하
였다.

나는 묻는다. 공산당이 말하는 민족적 민주주의와 박정희 씨가 말하는
강력한 민족주의를 바탕으로 한 민주주의와 무엇이 다른가? 공화당의 사
전 조직을 실제로 한 사람은 누구이며 막대한 검은 자금의 출처는 어디인
가?(윤보선 1991, 252)

민주공화당은 공산당 돈을 가지고 공산당 간첩이 와서 공산당 식으로
조직한 정당입니다. 북괴 부역 부상 황태성이 20만 달러를 가지고 왔는데
김종필 씨가…… 그런 공화당이 어찌 민주주의 정당이 될 수 있습니까? 공
화당은 보수정당도 아니고 민주주의를 신봉하는 정당도 아닙니다(윤보선
1991, 254).[5]

그러나 박정희의 민주주의 비판은 공산주의에 대한 호의에서가
아니라 오히려 민주주의가 공산주의를 초래했음을 비판하는 것이었
으며 궁극적으로는 자신의 독재를 정당화하기 위한 것이었다.

이렇듯 서구 민주주의를 비판한 박정희 정권은 민주주의보다 능
률과 경제를, 그리고 민족과 국가를 앞세워 자신의 독재를 정당화
하면서 민주주의에 여러 가지 수식어를 붙여 사실상 변질된 민주주
의의 내용을 홍보하고 교육하였다. 5·16쿠데타 직후에는 '행정적

---

5) 윤보선 회고에 따르면, 박정희는 이에 대해 다음과 같이 반응하였다. "싸우다 힘이 부족하
면 빨갱이라는 모략을 하는 것이 바로 야당이다. 과거에 한민당이 이따위 수법을 썼는데
오늘에 와서도 야당은 똑같은 수법을 쓰고 있다. 과거와 양상이 다르다면 과거는 여당이
야당을 잡았는데 지금은 야당이 여당을 잡으려 뒤집어씌우고 있다."(윤보선 1991, 254)

민주주의'를, 60년대 중반에 '민족적 민주주의'를, 70년대에는 '한국적 민주주의'를 주창하였다(김용호 1991, 112). 이러한 수식어가 붙는 민주주의의 제시와 이를 통한 독재의 정당화는 많은 비판을 불러일으켰다. 따라서 박정희 정권 시기의 자유민주주의 논쟁은 주로 '박정희식 민주주의론'과 이에 대한 비판으로 이루어졌다.

우선 1962년 3월 발간한 《우리 민족의 나아갈 길》에서는 "국민들이 스스로를 다스려나가는 힘을 길러 올바른 사회를 이룩하기 위한 임시정책으로 행정적 방법을 사용한다"는 이유로 '행정적 민주주의'를 주장하였으며, '능률 있는 정치'라는 구호로 정당화하였다(조현연 2003, 315). 1970년대 교과서에는 이러한 이념의 내용을 담아 '현대의 민주주의는 행정국가적 경향을 가진다'고 서술하고 있다. 즉 현대 국가에서는 국가의 기능이 확대됨에 따라 행정부의 역할이 매우 중요한 위치를 차지하게 되고, 그 결과 법률을 제정하는 일도 국회의원보다는 행정부에 의하여 추진되고 있다는 것이다. '20세기 국가를 행정국가라고도 한다'고 하면서 이러한 행정국가적 경향이 고전적 권력분립제도를 근본적으로 변질시켜, 권력통합화를 촉진시킨다고 설명하고 있다(박철호 1974, 18).

유신헌법으로 채택된 전무후무한 절대적 대통령중심제에 대해서는, 대한민국 수립 후부터 이때까지 고전적 대통령제와 의원내각제 사이를 방황하던 종래의 정부형태를 청산하고, 대담한 절대적 대통령중심제의 정부형태를 채택하였으며, 이러한 절대적 대통령중심제는 프랑스 제5공화국 헌법, 이른바 드골헌법에 나타난 대통령의 지위와 비슷하다고 보았다. 즉 대통령은 국회를 마음대로 해산할 수 있고 대법원장도 마음대로 임명할 수 있어서 3부에 실질적인 영향

력을 구사할 수 있는 지위에 있는데, 이와 같은 체제를 채택하고 있
는 프랑스의 대통령을, 뢰벤슈타인은 '공화제적 군주'라고 말한 바
있거니와, 이러한 절대적 대통령중심제는 대통령제나 의원내각제와
는 근본적으로 다른 특이한 제도라는 것이다(박철호 1974, 200).[6]

이에 대해 윤보선은 '그의 행정적 민주주의라는 것도 애매할뿐더
러 군사 파쇼의 색채마저 없지 않은 사람이기 때문에 나온 말이었
다'고 회고하고 있다(윤보선 1991, 243~244). 또한 유신헌법은 '전제
군주제도를 방불케 하는 독재법'이라고 비판하였다.[7]

박정희 정권은 유신과 더불어 '한국적 민주주의'를 주창하였다.
한국적 민주주의는 형식적 민주주의조차 완전히 벗어버린 유신독재
를 정당화하고자 등장한 것이었다. 당시 교과서에는 다음과 같이
설명하였다.

> 우리는 지금 밖으로는 냉전체제에서 평화공존체제로 급선회하는 국제
> 정세의 격동기에 처하여 민족의 생존과 번영을 꾀하여야 하고, 안으로는
> 조국의 평화적 통일을 위한 보다 적극적인 남북대화를 진행시켜야 할 시
> 점에 서 있으며, 참다운 자유민주주의의 이념 위에 우리에게 알맞은 한국

---

6) 이러한 설명은 행간에서 절대적 대통령을 비판하고 있다는 느낌도 준다. 다음과 같은 구절
도 그러한 느낌을 준다. "민주공화국 헌법은 대체적으로 국가기관을 규정할 때, 국민대표
기관인 국회를 먼저 규정하고, 다음에 정부 및 법원의 순으로 규정하고 있음이 통례인데,
우리 새 헌법은 국가기관에 관한 규정 중 제1 앞 제3장에 통일주체국민회의를 정상기관으
로 규정하고, 그 다음에 대통령을 제4장에, 정부를 제5장에, 국회를 6장에, 법원을 7장에
규정하고 있다. 이것은 물론 우리나라의 권력구조가 절대적 대통령중심제라는 것을 단적
으로 나타내고 있는 것이다."(박철호 1974, 201)
7) "행정권의 수반인 대통령이 대법원장 이하 모든 법관에 대한 임명권을 장악함으로써 사법
부를 지배할 수 있게 했고 국회해산권을 가지지만 국회의 불신임 대상은 되지 않는다고
규정했다. 말하자면 민주주의의 기본인 3권분립을 정면으로 부정한 것이었다."(윤보선
1991, 364)

적 민주주의의 정착을 과제로 안고 있다. 따라서 우리는 우리 풍토에 맞는 한국적 민주주의를 이 땅에 뿌리박는 국민적 노력을 다해야 할 것이다(박철호 1974, 295).

한국적 민주주의는 자유민주주의의 이념 위에 우리에게 알맞은 민주주의를 정착하기 위한 것으로 제시되었다.[8] 예를 들면 한국적 민주주의는 농촌 주민의 정권 지지를 끌어내기 위한 새마을운동과 연결되기도 했다. 농촌의 생산성 향상 등 잘살기 운동으로 알려져 있는 새마을운동은 '한국적 민주주의의 토착화를 위한 실천도장'으로 제시되었다(전재호 1997 ; 손호철·김윤철 2003, 265). 즉 새마을운동의 특징은 마을 사람들이 모든 면에서 이견백출하는 토론을 거쳐서 만장일치로 결정하여 자기의 이익과 아울러 마을의 이익을 일치하는 데 있는 것으로, 새마을운동은 '기초적 민주주의의 발전과정'이라는 것이다(1976. 3. 8 구주공관장 접견 ; 매일경제신문사 1977, 209). 또한 그 호칭을 '이웃 민주주의' 또는 '직접민주주의'라고 하면서 생활 속에서 당면과제를 해결해 나가는 자치와 협동의 민주적 생활태

---

8) 이후 문교부는 이 시기의 교육을 '국가주의적'인 것으로 평가하고 있다. 1974년이라고 하는 시기는 1972년에 10월 유신이 일어난 2년 뒤로써, 교육에서 국가주의적 경향이 두드러지던 때였다. '국적 있는 교육'이 강조되어 교육은 한국적인 전통에 뿌리를 두고 민족과 국가에 봉사할 수 있는 인간을 길러 내야 한다고 강조되었다. 이러한 배경 아래서, 공민 영역에서도 한국적인 것, 우리만의 특수한 것을 강조하는 방향에서 내용을 구성하게 되었다. 정치·경제와 사회·문화의 첫 단원에는 '우리나라의 현실과 민족중흥', '우리나라의 현실과 민족의 진로'라는 단원이 각각의 맨 처음에 들어가게 되었는데 이는 학생들에게 우리가 처한 특수한 상황을 이해시키기 위한 것이었다(문교부 1989, 101). "(1974년에) 정치·경제는 3가지 목표로 간략화되었다. 그 첫째는 민주주의를 토착화하는 데 이바지하게 하고, 둘째는 법질서를 존중하는 태도를 기르며, 셋째는 경제의 기본 원리를 이해시키는 것이었다. 목표에서 개인의 기본권 존엄성 등 인간 존중에 대한 것은 안 나타나고 정치·경제의 문제에 대한 언급이 일체 없는 것은 목표에서도 국가주의적 경향이 강했다는 것을 나타내 주고 있다."(문교부 1989, 101~102)

도가 우리 사회에 뿌리를 내리고 있다는 사실을 강조하였다. 1976
년 10월 월간경제 동향보고에서 '농촌의 새마을 지도자 선출은 부
락민이 전원일치하여 지도자를 추대함으로써 이루어지는 것으로 이
를 보면 새마을운동은 한국 민주주의의 실천도장이라는 실감이 난
다'고 하고 있다. 또한 이를 신라의 화백제도에 빗대고 있다(류순달
2001, 70~71).

새마을운동은 1970년 4월 박정희가 '새마을 가꾸기 운동'으로 시
작한 관 주도의 국민운동으로, 지방행정기관과 밀착되어 결코 자치
적이거나 민주적이라고 보기 어렵다. 따라서 함석헌은 새마을운동에
대해 농민의 손에 의하지 않은 농촌 자치란 있을 수 없고 국가주의
를 청산하지 않는 한 새마을은 결코 있을 수 없다고 비판하였다.

> 새마을의 생명이 어디 있는지 알기나 합니까? 부락 자치에 있습니다.
> 부락이 자치하지 않고 경제 부흥이 있을 수 없고, 농촌을 농민의 손으로
> 하지 않고 농촌 자치가 있을 수 없습니다. 소위 영도자 의식이라는 국가주
> 의 사상의 찌꺼기를 청산하지 않는 한 새마을은 결코 있을 수 없습니다
> (《함석헌 전집》 8권, 192).

이러한 한국적 민주주의에 대해 지식인들은 강하게 비판했다. 함
석헌은 '한국적 민주주의'에서 '한국적'이라고 하는 말은 전통적·
전근대적, 또는 일제시대의 국가주의적 성격을 띤다고 하였다. 또한
전 세계 민족이 어렵게 이룩한 보편적 가치인 민주주의를 현재 한
국의 비민주적 상황에 맞게 끌어내린 것이라고 비판하였다.

종의 멍에를 벗은 지 30년인데 아직도 한국적 민주주의니 서구적 민주주의가 무엇입니까? 이름은 한국이라고 하지만 그들이 그 명사 속에 담은 내용은 옛날 '대감' '영감'하던 때의 꼴이거나 그렇지 않으면 '덴노헤이까' 대일본제국하던 때의 민중의 꼴입니다. 그리고 경제생활이 넉넉해져야 민주주의는 될 수 있다, 그때까지는 참아라 하는 말은 세계 역사를 왼통 잊어버린 말 아닙니까? 민중이 제 권리를 주장하는 데서 경제발전이 왔지, 어디서 경제가 넉넉해져서 민권을 올렸습니까? 이것은 영원히 지배해먹자는 욕심을 정당화하려는 궤변밖에 되는 것 없습니다. 먹을 것이 있어야 자유가 있다는 그런 식의 소리는 공산주의자의 입에서만 나오는 소리입니다 (《함석헌 전집》 8권, 177).

비전은 밥이 되고 옷이 되는 것이 아니지만, 그것 없이는 한 민족이 국민답게 자라는 법이 없습니다. 툭하면 그 한국적 민주주의라는 소리 참 듣기 싫습니다. 왜 한국을 세계적으로 끌어 올릴 생각은 못하고 세계의 여러 민족이 막대한 희생의 대가를 치르고 얻은 그 민주주의를 한국에까지 끌어내려야 합니까?(《함석헌 전집》 8권, 462)

김관석도 '오늘의 구원' 협의회에서 개최의 취지를 설명하면서 다음과 같이 한국적 민주주의에 대해 언급했다.

최근 우리 주변에서 들려오는 이야기 가운데 한국적 민주주의라는 것이 있습니다. 얼핏 듣기에도 어처구니없는 착각을 불러일으킬 만한 슬로건이라고 생각합니다. …… 분명한 것은 민주주의에서는 한국적, 일본적, 필리핀적인 민주주의가 따로 있는 것이 아닙니다. 민주주의는 어디까지나 보편타당한 하나의 원칙에 근거해야 한다고 생각합니다. 그렇다고 해서 우리가 지향하는 한국의 민주주의가 서구의 민주주의를 그대로 받아들여야 한다는 뜻은 아니고, 그 문제에 대해서는 또 다른 차원의 논의가 있어야 할 것입니다(한국기독교교회협의회 인권위원회 1987,[9] 236).

　　즉 한국적 민주주의를 부정한다고 해서 그것이 바로 서구 민주주의가 우리의 원칙이라고 인정하는 방향으로 나아가는 것은 아니지만 민주주의 자체는 보편타당한 원칙에 근거해야 함을 명백히 밝히고 있다.

　　이렇듯 당시 지식인들은 민주주의를 전 세계의 보편적 현상으로 보아야 한다고 주장했다. 즉 비서구사회를 포함하여 오늘날의 세계는 각 민족국가의 전통에 집착하는 특수성에서 벗어나 하나의 보편성으로의 진운(進運)을 보여주고 있으며, 특히 정치체제의 민주화의 경우 더욱 두드러진 경향을 드러낸다는 것이다(진덕규 1974, 28). 또한 한국의 현실적 여건을 볼 때 당장 민주주의를 지향하기 보다는 사회적 여건과 상황을 먼저 조성하는 것이 급선무라고 하는 논리에 대해서는, 자유당 말기의 민권투쟁과 4·19혁명이야말로 한국사회의 민주주의의 정착 가능성을 입증해 준 것이라고 반박했다. 민주주의를 발전시킬 당시 영국의 경우, 초기에는 사회는 극단적 대립감정으로 분열되어 있었으며 산업화는커녕 농업의 생산성도 떨어졌고 문자해득률도 극히 낮아 특정계급만 문화활동을 하고 있었다고 지적하면서, 오늘날 한국사회가 300여 년 전의 영국사회보다 못한

---

9) 이하 NCCK로 표기함.

것인가 하고 반문했다. 따라서 시급히 민주주의 발전을 위해 매진하는 것이야말로 한국 정치사회의 중요한 과제라고 강조했다(진덕규 1974, 34~36).

(2) 절차적 민주주의의 강조

절차적 민주주의란 법과 제도로 정해져 있는 일정한 절차가 있고 이것이 지켜질 경우 민주주의라고 보는 '최소한의 민주주의'이다. 따라서 이러한 민주주의론은 그 절차의 결과로서 과연 민주주의가 실현되었는지 아닌지는 논외로 삼기 때문에 절차적 민주주의가 실질적 민주주의를 보장하는 것이 아니라는 비판에 마주하게 된다. 따라서 절차적 민주주의에 대한 비판론자들은, 형식적 민주주의가 아닌 실질적 민주주의, 최소한의 민주주의가 아닌 더 크고 강한 민주주의, 정치가들에 의한 민주주의가 아닌 국민들이 직접 참여하는 참여 민주주의를 주장한다.

이렇게 많은 한계를 갖고 있는 절차적 민주주의조차도 박정희 정권은 지키지 않았다. 박정희는 "대의제 민주정치의 제도적 형식과 절차에 앞서 건전한 정치도의의 확립이 절실히 요청된다"(전인권 2002, 144)고 하였다. 사실 그는 처음부터 절차적 민주주의에 대해 전폭적인 수용의사를 밝힌 적이 별로 없었다(전인권 2002, 145).[10] 오히려 실용주의를 앞세워 선거제도와 정당제도에 대해 비판하였다.

---

10) 단 한 번 1963년 12월 17일 제5대 대통령 취임사에서만 절차적 민주주의를 유보 없이 옹호했다. "여기에 또 다시 강력정치를 빙자한 독재의 등장도 민주주의를 도용한 무능, 부패의 재현도 단연 용납될 수 없다."(대통령비서실 1965 ; 전인권 2002, 145)

우리나라 같은 개발도상국, 특히 우리처럼 남북이 분단되어 있는 특수 여건에 있는 나라가 선거 때마다 "천하가 떠들썩하고 나라의 기틀이 흔들흔들할 정도로 소란스럽고 타락된 과열선거는 국력의 배양이 아니라 국력의 소모"이며(연두기자회견 1973. 1. 12), 유신헌법에는 정당 설립의 자유와 복수정당제의 보장을 명시하고 이 조문은 우리나라의 기본질서가 국민의 정치적 자유를 보장하는 민주주의에 뿌리박고 있음을 입증하지만, 그렇다고 해서 이것이 지난날처럼 자유를 빙자한 무질서와, 민주를 빙자한 비능률을 그대로 허용하고 용납하겠다는 뜻은 절대로 아니라는 것이다(1973. 1. 1 신년사).

따라서 당시 많은 사람들이 선거 및 의회민주주의를 포함하여 법과 절차를 지키는 절차적 민주주의에 대해 강조하면서 이를 위해 권력이 제한되어야 함을 주장했다. 장준하의 다음과 같은 주장은 그러한 견해를 잘 보여주고 있다(문지영 2002, 131).

> 더구나 민주국가의 정부기관은 헌법에 의하여 무한한 권한이 부여되어 있는 것이 아니고 제한된 일정한 권한만을 행사하게 되어 있는 것이니만치 어떤 경우에 있어서도 법이 허용하고 있는 범위를 벗어나지 못하는 것이며, 막연히 국가를 위하여 필요하다든지 유익한 일이라고 해서 법이 금하지 않고 있다는 이유만으로 이를 감행하여서는 안 된다(장준하 1992, 103).

> 민주국가의 법을 운용하고 집행하는 공무원이 그 절차상의 질서를 지켜야 한다는 것은 그들의 지위 고하를 막론하고 그들의 권한은 절대적인 것이나 무제한한 것이 아니라 상대적으로 제한된 것이라는 근본 원리에 연유한다(장준하 1992, 107).

박정희 정권의 긴급조치에 대해 천주교정의구현전국사제단은 '현재 정부의 정책이나 현 정부의 존재에 찬동하는 자와 정치적으로 견해를 달리하는 자들과의 사이에 법적인 평등이 없는, 즉 법적인 평등을 해(害)하는 내용의 법률'이라고 비판했다(NCCK 318~319). 인간은 누구든지 헌법에 대해서 어느 정도 국민으로서의 견해를 갖고 있고, 이 생각들은 공·사석에서 토론되기 마련이며 이런 행동은 인간의 최소한도의 자유의 범위"라고 하면서 "이와 같은 자유가 국가안보와 아무런 충돌이 있을 수가 없고 이것은 오히려 국가의 장래를 위해서나, 새로운 것과 보다 나은 것을 향해 전진하는 인류의 행복을 위해 필요불가결한 자유"인데 "이를 금지한 행위는 우리 인간의 도덕적·윤리적 감정으로는 이해할 수 없는 법률"이라고 지적하였다.

또한 긴급조치 1호와 4호는 왕이나 행정부의 권한을 축소하고 국민의 권리와 인간의 존엄성이 확인되고 신장되는 인류 역사의 과정에 역행하는 폭력으로써, 법의 궁극적 목적인 국민 복지와는 거리가 먼 행정부의 전제적이고 자의적인 법률이라고 비판했다. 왜냐하면 현재 문명국가의 법률 중에 그 법률을 공포하면서 '그 법률 자체에 대해서 왈가왈부할 수 없다, 비방하는 자는 사형이나 15년 이하의 형벌에 처한다'는 내용이 어느 나라에도 없으므로 이러한 법률은 세계 어디서나, 누구에게나 그 법률의 정당성을 인정받을 수 없기 때문이다. 또한 이렇게 가혹한 법률은 우리나라의 과거의 역사에도 전제군주제하의 법률에서도 없었으며 더욱이 일제치하에서도 없었다고 비판하였다.

특히 긴급조치 4호는 1974년 4월 3일에 선포되었는데 학생피고인들의 대부분은 이미 3월 말에 구속되었고 또 소급법을 적용한 것은 법정신으로 보면 일종의 사후법(事後法)이라고 지적했다. 따라서 이는 긴급조치 자체가 법이 아니라 폭력의 성질을 띠었음을 말해준다는 것이다. 또한 긴급조치는 국민들로 하여금 자기 양심에 따라 법을 지켜야 한다는 입장과 정신에 입각한 것이 아니라 형벌이 무서워서 헌법도 지키지 않을 수 없게 한 조치로서, 자연법에 위배되는 것임은 물론 문화민족의 체면에 반하는 법률이라고 비판했다(NCCK 318~319).

김재덕 주교는 강론에서, 제3공화국은 후진국가에서나 흔히 볼 수 있는 군사쿠데타로 탄생했고 외형상으로는 민주공화국이지만 실은 군사정권이었다고 평했다. 그리고 1972년 10월 17일에는 이른바 유신헌법이라는 헌법 아닌 헌법을 집권당이 일방적으로 통과, 선포하여 대의민주제의 표본인 국회의 기능은 마비되고, 통일주체국민회의라는 괴상한 이름의 기구가 설치되어 여기서 대통령을 뽑는다는 웃지 못할 일이 벌어졌다고 비판했다. 이어 대통령의 임기는 4년에서 6년으로 연장한데다가 임기의 횟수는 분명한 제한을 두지 않아 일인 영구집권의 문이 활짝 열리고 일종의 총통제가 갖추어지게 되었다고 평했다(기쁨과 희망 사목연구소, 1권, 124~125).[11] 또한 부당하고 불법적인 공권력에는 저항해야 한다는, 제2차 바티칸공의회의 다음과 같은 가르침을 강조하였다.

정치권력은 기계적이거나 폭군적이어서는 안 되고 자유와 책임의식에

---

11) 이후 기쁨과 희망 사목 연구소가 펴낸《암흑속의 횃불》의 내용을 인용할 때,《암흑속의 횃불》, 권수, 쪽수 순서로 표기하였다.

뿌리 박은 도덕적 힘으로써 전 국민의 힘을 공동선에로 지향시키는 권력
이라야 한다. 또한 정치권력의 행사는 언제나 윤리질서의 한계 내에서 합
법적으로 공동선을 목적 삼아 행사되어야 한다. 공권의 월권행위로 국민이
억압을 당하는 경우에도 국민은 객관적으로 공동선이 요구하는 것이면 이
것을 거절하지 말아야 한다. 그러나 공권력 남용에 항거하여 자연법과 복
음이 제시하는 한계 내에서 자신과 동포의 권익을 옹호할 수 있다(사목헌
장 74 ;《암흑속의 횃불》1권, 129).

　　민주주의 국가에서 법과 절차를 지키고 권력을 제한하는 방법 가
운데 가장 대표적인 것이 '삼권분립'이다. 삼권분립은 가장 기초적인
민주적 절차인데도 박정희 정권은 이조차 무시했다. 따라서 이 시기
민주주의론에는 삼권분립을 지키라는 주장이 늘 포함되었다. 사실
그러한 주장은 유신정권 이전부터 존재했다. 1971년 박형규는, 권력
의 집중 확대를 막기 위해 민주 법치 국가에서는 삼권분립을 절대적
전제 조건으로 삼는데, 민주 전통이 얕은데다가 시민의 주권 의식마
저 박약한 우리의 정치 상황에서 삼권의 분립은 명목상의 제도에 지
나지 않고 실제로는 나날이 비대해 가는 엄청난 관료 체제 속에 흡
수되어 국회와 사법부는 집권자의 행위를 합법화해주는 역할을 하
고 있다고 비판했다(박형규《기독교사상》1971. 1 ; 박형규 1984, 187).
이후 인천교구에서 열린 기도회에 참석한 주교와 사제들 1,300여 명
이 서명하여, 천주교정의구현전국사제단 결성의 계기가 된 청원서의
첫째 구호가 "우리는 민주주의의 원칙인 입법, 사법, 행정 등의 삼권
분립의 명확한 실현을 주장하고 1인 장기집권을 반대한다"였다(《암
흑속의 횃불》1권, 86). 신·구연합 기도회에서 채택된 선언문에서도

첫 번째 항목이 "하느님의 주권을 무시하고 참된 민주정신을 무시한 유신체제를 조속히 철폐하고 삼권분립의 민주체제를 실현하라"였다 (《암흑속의 햇불》 1권, 102). 1973년 11월 5일에 발표된 '지식인 15인 시국선언'에서는, 유신정권이 집회, 언론, 학원, 종교의 자유를 누르고 사법과 입법을 완전히 행정부가 장악하는 독재 체제를 구축함으로써 민주주의가 공공연하게 무시되기에 이르렀다고 보았다(NCCK 280). 천주교정의구현전국사제단은 긴급조치 4호의 '반국가단체'라는 표현에 대해 "이는 재판을 통해서만 밝혀질 성질의 것인데도 재판도 시작하기 전에 일방적으로 어떤 단체를 반국가적인 것으로 단정하고 이에 대해 어떤 형벌을 부과한 것은 사법부의 권한을 행정부가 침해한 것으로서 이는 문명국가에서 일치된 헌법원리인 삼권분립의 기본을 뒤흔드는 법률"이라고 비판했다(NCCK 318~319).

문익환은 1976년 〈3·1절 민주구국선언문〉에서 의회정치의 회복 및 사법권의 독립 등 삼권분립을 강력히 요구하면서 민주주의는 '국민을 위해서'가 아니라 '국민에게서'라고 강조했다.

> 그러면 민주주의란 무엇인가? 그것은 남의 나라들에서 실천되고 있는 어떤 특정한 제도를 말하는 것이 아니라 한 사회를 형성하는 성원들의 뜻에 따라 최선의 제도를 창안하고 부단히 개선해 나가면서 성원 전체의 권익과 행복을 도모하는 자세요 신념을 말한다. 그러므로 민주주의는 '국민을 위해서'보다는 '국민에게서'가 앞서야 한다. …… 우리는 유신헌법으로 허울만 남은 의회정치가 회복되어야 한다고 주장한다. 자유로이 표현되는 민의를 국회는 법제정에 반영시켜야 한다. …… 사법권의 독립을 촉구한다 (윤보선 1991, 403~405).

이렇듯 문익환은 '국민을 위한 정치'라는 말이 갖는 의미를 경계했는데 이는 박정희 정권이 국민을 위한다는 명목으로 국민에 의한 정치 곧 의회민주주의 등의 민주적 절차를 무시하는 것을 비판했다고 할 수 있다.

김재준은, 자유인 하나하나가 국가의 주권자라는 것이 소위 '민주'라는 말의 본뜻으로, 주권자들의 투표로 국가의 수반이 선출되고 입법부의 의원이 선출되며 선출된 국가수반의 독재·횡포를 예방하기 위하여 권한을 분립시킨다고 하였다. 그리고 그 예를 "사법부의 독립, 입법부와 행정부의 분립"으로 보았다(김재준 1971, 462 ; 문지영 2002, 166). 이와 달리 일인독재란 한 사람의 '인간악'에 삼권이 독점되어 그 '악성'의 만능을 허용하는 것이라고 지적했다. 따라서 '인간악'의 횡포를 권력분산으로 막고 '인간선'을 다수결로 선용하려는 것이 민주주의인 만큼 민주주의는 절대선일 수는 없다 하더라도 최선은 된다는 것이다. 이런 면에서 민주주의는 사회나 국가의 '체제'이기 전에 인간성 본연의 형태에 직결된다고 했다. 왜냐하면 개인으로서의 자유사고, 자유비판, 자유결단, 자유행동이 법적으로 보장되지 못한 상태에서는 인간이 '인간'일 수가 없기 때문이다. 따라서 "개인자유와 사회정의가 동시에 기대될 수 있는 자유민주체제가 현재로서는 가능한 최선"이라고 주장했다(김재준 1974 ; 김재준 1983, 87~88).

장준하도 삼권분립을 강조했는데, 특히 당시 정부 각료들이 자신의 권리를 넘는 사법권까지 행사하려는 행태를 비판했다.

오늘날의 공무원은 아무리 강대한 권이 부여되었다 하더라도, 한계가 있어 지난날의 군주와 같이 법 위의 존재로서 소위 군주부답책 원칙에 지배되는 신성불가침의 존재일 수는 없다. 하물며 오늘날의 장관은 석일의 대신과 같이 소관사항에 관하여 생사여탈지권을 갖고 있지 않다. 그럼에도 불구하고 우리나라 장관들의 담화문을 보면 사법경찰관도 검사도 아니고 법관도 아닌 것은, 삼권분립의 조직원리만 이해하는 국민이라면 누구에게나 조연한 사리를 혼자만 모르는 듯이 '엄벌에 처한다' '엄중 처벌한다' '무슨 법을 적용하여 엄벌하겠다'는 경고를 발하고 있다. 생각하기에 따라서는 '봉건사회가 아니면 일제 총독정치하의 피해망상을 아직도 완전히 탈피하지 못하고 있는 것이 아닌가'라고 의심이 갈 때가 한 두 번이 아니다. '구속하라' '처벌한다' '엄단한다'는 말은 정부 각료급의 입에서 민주주의 국가에서는 나올 수 없는 일이며 오직 법만이 할 수 있는 일이며 또 법관은 불고불리의 원칙에 의하여 사전에 판결방침을 공개할 수 없는 위치에 있다(장준하 1992, 107 ; 문지영 2002, 131).

일본의 시사잡지 《세카이》는, 당시 박정희 정권이 삼권을 장악하고 모든 것을 거리낌 없이 했으며, 정권을 비판하는 사람을 그대로 두지 않았으므로 야당은 단지 국제관계상 한국에도 정치적 자유가 있음을 보여주기 위한 들러리 역할에 지나지 않았다고 비판했다. 야당은 국내정치적으로는 박정희 씨가 말하는 '한국적 민주주의'도 민주주의 정체의 하나라고 믿게끔 하려는 데 동원된 것으로, 때로는 그 야당으로 하여금 국민의 불만을 토로하게 하기도 했는데 그 정도라면 오히려 국민통치에 플러스가 될 것이라는 생각 때문이었다고 한다. 즉 "박 정권이 일국일당주의를 택하지 않는 것은 그것이 보다 교묘한 통치술임을 나타내"준다는 것이다. 당시 야당에 소속해 있다고 하면서 다소라도 자유롭게 활약하고 있는 사람이 있다면 그것은 정부 또는 CIA로부터 그만큼 허세를 부릴 수 있도록 허용 받았거나 명령받았기 때문이라고 대부분은 생각하고 있다"고 지적했다. 즉 "야당이면서도 자유스럽게 말하는 사람이야말로 더욱 집권자에 가까운 사람"이라고 주장한 것이다(岩波 1986, 26).

(3) 민주주의에 대한 신학적 해석

1970년대 민주화운동을 이끌었던 기독교 인사들은 민주주의를 신학적으로 해석하여 독재정권을 비판하고 민주주의 실현을 주장하였다. 이들에게 민주주의는 무엇보다도 '신앙의 자유'를 보장하고 하나님의 뜻을 따르는 정치체제이기 때문에 실현되어야만 하는 것이었다. 기독교인들은 하나님의 뜻이 이룩되는 나라를 형성하는 데 사람이 만들어 낸 여러 제도 중 인권이 존중이 되고 자유가 확보되는 민주주의가 가장 적절한 제도라고 주장했다(NCCK 293). 이러한 주장은 특히 당시 정권이 기독교 민주화운동 세력을 탄압하면서 종교 활동 일반까지 감시하고 억압하는 비민주적 행태를 보였기 때문에 대두되었다.

〈4 · 27 대통령선거 관련 결의문〉을 통해 민주수호기독청년협의회는 신앙의 자유수호는 바로 민주주의에 의해 가능한 것으로 보고 민주수호를 위한 투쟁에서 공동전선을 구축하여 함께 나설 것을 결의하였다(NCCK 125). 1973년 11월 19일 한국기독교장로회 전북노회의 〈은명기 목사 유죄판결에 대한 성명서〉에서도 '어떤 이유로도 하나님이 주신 신앙양심의 자유를 제한받을 수 없다고 확신하고 자유민주주의가 인간의 존엄을 위한 최선의 체제임을 믿기에 하루빨리 자유민주주의 실현을 목표로 하는 적극적인 정책전환을 촉구한다'고 하였다. 이어 "자유신앙이나 사회정의의 구현을 위한 행동은 창조주 하나님의 요청이요 성서적인 진리라고 믿기에 하나님이 주신 양심과 자유를 방해하려는 그 어떤 악의적인 세력에 대해서도 결코 묵과치 않고 적극적으로 항거할 것"이라고 결의하였다(NCCK 226). 이 시기에 연이은 교역자 구속에 대해서는 결국 신앙과 선교의 자유권이 제약을 받는 것이 아닌가 하는 근본적인 문제와 관계된다고 보았으며, 원칙적으로는 민주사회에서 국민의 기본권인 언론의 자유에도 크게 연루된다고 비판하였다(NCCK 265).

둘째로, 이 시기에 기독교인들, 특히 천주교인들이 민주주의를 촉구하며 정권을 비판한 근거로 자주 제시했던 이론은 자연법 이론이었다. 천주교정의구현전국사제단은 '4월 선언'을 통해 "자연법과 인간의 양심에 반하는 이른바 유신체제와 폭력의 상징으로서의 긴급조치는 철폐되어야 한다는 것이 우리의 변함없는 견해"라고 밝혔다(《암흑속의 횃불》 3권, 109). 즉 긴급조치는 자연법 학자들이 말하는 법 위에 있는 이성법과 자연법에 반하는 정당하지 못한 법이라고 규정했으며(NCCK 318~319), 제2차 바티칸공의회가 공권력 남용에 항거하여 자연법과 복음이 제시하는 한계 내에서 자신과 동포의 권익을 옹호할 수 있다(사목헌장 74 ;《암흑속의 횃불》 1권, 129)고 가르쳤다는 사실을 상기시켰다. 원주교구가 낸 지학순 주교 기소에 반대하는 성명서에는 '지 주교의 구속은 자연법에 배치된다'는 부제를 달았으며 다음과 같이 자연법 원리를 제시하고 있다.

독일 바이말 공화국의 법무장관을 지낸 법 철학자 구스타프 라드부르흐는 히틀러의 나치 곤욕을 겪은 다음 2차대전 종전 후 최소한도의 자연법 원리 하나를 제시하였다.

"국가권력을 위임받은 정부는 모든 시민들에게 정치적 사상적 자유를 허용할 책임이 있고 정치적 견해, 사상적 신념에 대한 관용의 의무가 있다. 다만 이러한 자유와 관용의 혜택을 받을 수 없고 또 받아서도 안 되는 시민이 있다. 즉, 정부가 자유와 관용을 베풀어야 하지만 자연법 자체를 파괴하려는 정치 견해나 사상을 가진 분자들만은 자유와 관용을 받을 자격이 없다. 공산주의자, 나치, 파시스트들이 그 예다."

이 점에서 서독은 기본법에서 공산당, 기타 독재적 견해를 불법화하고 있다. 우리나라도 국가보안법 등의 특별법을 시행하는 것은 자연법적 근거가 있다고 볼 수 있겠다.

그렇다면 지 주교를 내란죄로 기소한 것은 자연법을 거꾸로 적용한 자연법 배치의 표본이 아니고 무엇인가? 지 주교는 공산주의자도 아니고 독재를 옹호한 분도 아니며 오히려 라드부르흐가 제시한 자연법을 사수하려는 분이다.

히틀러는 실정법상 바이말 헌정을 중단시킨 일이 없다. 합법적으로 다수당을 장악하여 총통이 되었다. 하지만 수권법 즉, 국회로부터 국민의 권리를 제약하는 입법사항을 포괄적으로 위임한다는 법에 의하여 마음대로 시민을 탄압, 처단하였다. 라드부르흐는 이러한 역사적 현실을 회고하면서 비록 히틀러가 바이말 헌정을 중단시키지도 않았고 합법적으로 집권하였더라도 자연법을 위반하였으므로 독일 국민은 마땅히 이를 막았어야 했다는 논거를 제시하고 있다(《암흑속의 횃불》 1권, 107~108).

위 글은 자연법이 실정법보다 상위라는 것, 히틀러는 합법적으로 등장하였으나 자연법을 위반하였다는 것, 이러한 자연법을 파괴하는 자들은 정치적·사상적 자유를 가져서는 안 된다는 것을 밝히고 있다.

셋째로, 기독교인들은 예수를 민권투쟁의 선구자로 보고 예수를 모범으로 삼아 민주화운동에 앞장섰다. 1971년 4월 23일 〈(선거 참관 관련) 성명서〉에는, 예수가 눌린 자, 약한 자를 폭력과 권세의 속박으로부터 해방했다는 사실을 상기시키고 "특수 지위에 짓밟히는 민권, 폭력에 박탈당하는 신앙의 자유, 정보사찰에 위협당하는 학원 자유, 부정부패로 죽어가는 국민양심, 금력에 매수당하는 시대판단력, 권력에 조작·탄압당하는 언론자유, 경영주에 유린당하는 가난한 노동자, 이 모든 비참하고 약한 자들을 위해 불의에 항거함이 참 민주수호요 기독자의 사명"이라고 주장하였다. 또한 예수는 민권투쟁의 선구자요 민권, 자유의 쟁취자로서, 예수가 있는 교회와 그 교회가 있는 나라를 원하나 부정에 항거하는 교회도 없고 인간 생명이 아껴지는 민주수호도 없는 살벌한 위기에 살고 있음을 한탄했다(NCCK 125~126).

그러므로 위와 같은 신학적 해석에 따르면 민주화 투쟁은 교회의 의무였다. 즉 한국의 민주주의 확립을 위해서 한국교회가 사명을 가진 것은 분명하며 이를 위해 각 교회는 설교와 교육을 통해 성서의 계시에 근거한 민주주의 사상의 계몽과 민주의식 배양에 힘써야 하고, 이와 동시에 교회 내에 있는 비민주적 요소를 제거하여 기독교가 민주주의의 온상과 원천의 역할을 다하도록 노력해야 한다고 주장하였다(NCCK 238~239). 민주화운동에 앞장서다 구속된 기독학생들은 이 나라의 참된 민주주의를 확립하고자 하는 그리스도 인다운 신앙일념을 가진 것으로 보았다(NCCK 293). 1973년 12월 21일 〈(소장 목회자들의) 제3선언문〉은 첫째, 하나님이 부여한 생존권리를 가장 잘 펼 수 있는 제도는 자유민주주의임을 거듭 천명하였으며 둘째, 오늘의 정치적·경제적·사회적인 모든 위기는 민주주의를 실현치 않은 데서 비롯되었음을 밝혔다(NCCK 307). 1974년 9월 22일 '구속자를 위한 신구교 연합 기도회'의 〈우리의 선언〉에는 유신체제가 민의를 무시한 체제로서 자유민주주의에 역행할 뿐 아니라 '하느님 외에는 절대자가 있을 수 없다'는 유일신앙에 위배되는 것이라고 밝혔다(NCCK 401). 김재준은 더 나아가, 독재권력은 하느님을 대적하고, 자기를 신화(神化)하여 압제와 행포를 일삼는 인간 이상 하느님 이하의 악마적인 세력자, 곧 '공중집권자'라고 규정했다(김재준 1971, 248 ; 문지영 2002, 165). 기독교인들은 민주화운동을 다음과 같이 출애굽의 역사와 연결지어 설명하기도 했다.

…… 우리는 인간이 하느님의 섭리 아래 자유를 향유하고 민주적인 공동체를 형성할 권리가 있음을 믿는다. 출애굽의 역사는 포악한 바로 왕의 정권 아래 신음하던 이스라엘 백성들이 새로운 자유를 찾고 자신들의 민주적 공동체를 형성하던 사실을 나타내고 있다. 자유가 근본적으로 박탈되고, 기본적인 삶이 위협당하던 애굽으로부터의 탈출은 인간이 누려야 할 권리의 편에 하느님이 같이 하고 있음을 알려준다(NCCK 388).

2. 민족주의론

박정희 정권은 자신의 독재 및 민주주의의 후퇴를 정당화하고자 민족을 강조하는 지배담론을 지속적으로 생산해냈으며 차츰 국가주의를 강조하는 방향으로 나아갔다. 따라서 이 시기 민주화운동 세력은 이러한 박정희식 민족주의와 국가주의에 대해 부정적 견해를 보여주고 있다. 그러나 민족 자립과 통일의 중요성은 강조하였으며, 세계주의로 가는 과정의 일정 단계에 민족주의가 필요하다는 점도 인정하였다. 또한 민주화운동 세력이 '민족'을 말할 때 그것은 주로 '민중'을 의미했고 '민족화해' 및 통일의 주체를 의미하였으므로 박정희 정권의 '민족'과는 전혀 다른 내용을 가지는 것이었다.

(1) 민족주의와 국가주의 비판

박정희 정권은 1960년대부터 '민족적 민주주의' 등 민족을 강조하는 지배담론을 꾸준히 만들어냈다. 박정희 정권 시기의 민족주의는 민주주의의 후퇴를 정당화하는 이데올로기로 기능했으며, 점차 거의 종교적 수준에까지 다다랐다. 1973년 기자회견에서 그는 다음과 같이 민족과 국가를 묘사하고 있다.

민족과 국가라는 것은, 이것은 영생하는 것입니다. 특히 하나의 민족이라는 것은 영원한 생명체입니다. 따라서 민족의 안태와 번영을 위해서는 그 민족의 후견인으로서 국가가 반드시 있어야 하겠습니다. 국가는 민족의 후견인입니다. 국가 없는 민족의 번영과 발전이라는 것을 있을 수 없는 것입니다(1973. 1. 12 연두기자회견 ; 전인권 2002, 152).

민족주의와 더불어 국가주의 담론 또한 1960년대 말부터 등장하기 시작했고, 이때부터 박정희 정권은 본격적으로 전통문화 부문의 정책을 강화해 나갔다(전재호 2000, 89). 따라서 이 시기 민주화운동 세력은 이러한 박정희식 민족주의와 국가주의에 부정적 견해를 드러냈다. 김재준은, 민족주의란 어떤 집권자가 자신의 권력유지를 위해 제 맘대로 주무를 수 있는 것이 아니고 어떤 민족이 유구한 과거에 뿌리박고, 현재에서 생동하는 생명적 공동체로서 주체를 규정하는 개념이라고 설명했다. 또한 과거에 편중하면 회고주의 또는 국수주의가 되기 쉽다고 경고하면서 박정희는 한국의 왕조사를 자신의 집권사에 연결시켜 대통령을 왕으로 착각하여 스스로를 왕으로 변질시켰다고 비판했다(김재준 1979 ; 김재준 1983, 329~330).[12]

함석헌은 민족주의를 '피에 잡힌 생각'이라고 했으며 이전처럼 감정에 근거를 두는 그런 민족주의는 이제 해서 되지도 않고 해선 못쓰는 것이며 우리 민족 없이 내가 있을 수 없지만 민족이 우리에게 지상이 아니라고 하였다. 더 나아가 '지난날에는 한 나라를 살리

---

12) 그러나 전재호에 따르면 박정희는 왕보다는 무관인 이순신을 신격화하여 자신의 통치를 합리화하려 했다. 즉 이순신의 구국 영웅적인 이미지를 통해 군인 출신 대통령의 통치를 합리화하려 했다. 다시 말해 무관출신인 이순신이 국가를 구했다는 사실을 지속적으로 주입시켜 군인의 이미지를 제고하는 한편, 암묵적으로 군 출신인 자신만이 국가를 구할 수 있다는 인식을 간접적으로 암시하려 했다는 것이다. 또한 박정희는 충무공 탄신 기념사에서 '간악한 조신들'과 이순신의 관계를 당시 야당 세력과 정권의 관계로 치환하여 박 정권은 이순신과 마찬가지로 민족과 국가를 구하려는 선인 반면, 야당은 조신과 마찬가지로 분열과 당쟁을 일삼는 악으로 묘사하였다(전재호 2000, 98).

기 위해서 개인이 죽음으로써 양심을 지킬 필요가 있었듯이 이제는 세계를 살리기 위해서 개체 국가가 희생될 각오를 하면서도 인간 양심을 살려야 하는 때가 왔다'고 주장했다. 그는 "개인에게 자기희생이 높은 선이면 민족국가에서도 그러해야 한다"고 하면서 개인이 자기희생을 해서 제 나라의 양심을 살리는 것이 진리였다면 마찬가지로 개체 나라가 자기희생을 하여 전체 세계를 살리는 데 가야 한다고 하여 민족보다 세계를 우선시했다. 3·1운동에도 민족정신뿐 아니라 민족주의에 반대된다고도 할 수 있는, '국제적인 협동, 협화를 믿는 정신', '세계의 모든 나라가 우리를 도와주려니 하고 믿는 정신'이 있었다고 해석했다(《함석헌 전집》 17권, 25 ; 14권, 91, 102, 363~364).

장준하 또한 박정희가 히틀러도 쓸 만한 사람이라고 한 것을 언급하면서, '민주주의라는 국민 자치의 원리를 바탕으로 하지 않은 민족 지상주의가 아우슈비츠 수용소의 일대 비극을 가져온 나치스의 광신으로 화하는 것을 경계하자'고 주장하였다. 김재준도 민족주의, 국가주의는 혈연과 국토에 고착된 것으로 민주주의와 반대된다고 보았다(문지영 2002, 139, 155, 174).

> 민주주의는 민족주의, 국가 지상주의 등을 폐기한다. '피'라 '흙'이라 하는 등에 인간을 고착시킴은 인간의 발전을 그 영역에 봉쇄하는 것이다. …… 민족주의, 국가 지상주의는 자기를 '혈연'이나 '국토'에 운명적으로 제한해버린다. …… 그러나 민주주의는 만민의 자유, 평등을 근본이념으로 하느니만치 내가 내 민족 내 나라 일을 하면서도 세계적인 연합체에 의하여 자유 수호의 투쟁을 계속하느니만치 무엇이나 '세계적'인 관심과 '세계적'

인 조화 속에서 내 나라 내 민족의 일을 규정지어야 할 것이다(김재준 1971, 292).

'민족 문화의 자주성'이란 것은 민족 주체성이 그 문화면에서 자기를 표현하는 형태라고 말할 수 있을 것이다. 우리는 이 민족 주체성이란 것을 자기 민족 제일주의, 민족 지상주의적 '흙과 피의 철학'에 연결시켜 생각하는 경향이 많다. 그러나 그것이 그런 의미에서는 안 된다는 것을 두말할 것도 없다(김재준 1971, 310).

김관석은 씨족주의라는 표현으로 민족중심주의를 비판했다. 그는 원시 민족사회 안에서 이 부락과 저 부락 사이에 장벽을 쌓고 생존과 힘겨루기를 위해 패싸움을 하던 그 씨족주의가 오늘의 문명세계에 사는 현대인의 사고방식에 그대로 남아있으며, 여기서 각종 인종 분쟁, 이념적인 동서냉전, 더 나아가 종교 간의 불화가 생긴다고 보았다. 2차대전이 끝난 이후에 일어난 모든 분쟁은 모두 이 씨족주의적 편견에서 비롯되었다고 그는 지적했다. 즉 "사이프러스를 중심으로 한 터어키와 희랍의 살육, 아프리카의 콩고 사태, 중동에서 벌어진 처참한 아랍과 이스라엘의 충돌" 등을 그 예로 제시하면서, 이 씨족주의가 정치적 이념이나 종교적 신념, 그리고 국가적인 문제보다 더 근원적이며 원천적인 인간의 약점이라고 주장했다(김관석 1972, 56).

민족주의와 더불어 국가주의에 대한 비판도 잇달았다. 함석헌은 국가란 인간이 전체 생활을 해나가기 위해 만들어 낸 것이지 진리 자체가 아니라고 하면서, 국가가 할 임무를 다 한 다음에는 사정없이 내버리기를 마치 새 옷이 생겼을 때 낡은 옷을 벗듯이 하여야 한다고 했다. 그리고 그것이 나라 사랑하는 도리요, 그 국가에 역사적 의미를 부여하는 일이라고 하여 국가 지상주의를 비판했다(《함석헌 전집》 14권, 98) 당시 박정희 정권은 '국민총화'라 하여 무조건 국민들이 뭉쳐야 함을 강조했는데 이에 대해서도 국민 각자가 개성을 가지는 것이야말로 국민적 성격을 세우는 길이라고 하면서 아래와 같이 주장했다.

> 여러분 무조건 뭉쳐라, 복종해라 하는 독재자의 말에 속지 마십시오. 우리는 개성을 가져야 합니다. 우리는 하나가 돼야 하지만 그 하나는 분통에 들어가서 눌려서 꼭 같은 국수발로 나오는 밀가루 반죽 같은 하나는 아닙니다. 우리의 하나는 개성으로 하는 하나입니다. 3천만에서 2,999만 9,999가 죽는 일이 있어도 남은 한 알 속에서 다시 전체를 찾고 살려낼 수 있는, 하나 속에 전체가 있고 전체 속에 하나가 있는, 그러한 개성적인 하나입니다. …… 우리는 틀이 잡히지 않은 민족입니다. 거기 우리 과제가 있습니다. 정책보다도 국민적 성격을 세우는 데 일이 있는 것을 알아야 합니다. 국민적 성격이 서려면 우리 하나하나가 개성을 가지고 그것을 발휘해야 합니다. 그것이 민주주의입니다(《함석헌 전집》 14권, 155).

함석헌은 생각은 본래 다양하여 백화난만으로 여러 가지 사상이 자유롭게 나오는 데 진보가 있고 발달이 있으며 사상적 일색이란 죽음이라고 했다. 이념, 구상이 서로 다른 것은 걱정할 것이 아니라 오히려 여러 가지 사상과 의견이 있을수록 좋으며 그래야 네 생각만도, 내 생각만도 아닌, 보다 높은 참에 가까운 생각에 도달할 수 있다고 주장했다(《함석헌 전집》 17권, 38). 사람이란 제 살림을 제가 할 줄 알아야 할 뿐 아니라 제 생각이 있어야 사람이고, 시비선악의 판단을 스스로 할 줄 알아야 비로소 인격적인 사람이며, 마찬가지로 "한 국민도 지적 데모크라시가 발달해서 활발한 여론이 작용하여야 참 자립하는 국민"이라고 주장했다(《함석헌 전집》 14권, 54).

(2) 역사적 단계로서의 민족주의

민족주의와 국가주의에 대한 비판이 곧 민족성의 중요성을 간과하는 것은 아니었다. 함석헌은 소금이 소금 맛을 잃으면 의미가 없듯이 개인이 제 개성을 잃으면 사람 아니고, 민족이 제 민족성을 잃으면 짐승의 무리라고 했다. 또한 "제 몸을 제가 가누지 못하고는 개인이 사람 노릇을 할 수 없고 제 나라를 제 힘으로 세우지 못하고는 한 민족이 역사를 지어나갈 수 없다"고 하여 나라와 민족이 자립하여야 함을 주장했다(《함석헌 전집》 14권, 52, 198). 또한 그는 인류가 세계주의로 가는 과정에서 일정 단계에 민족주의가 필요하다는 것은 인정했다.

> 문명이 달라지고 있습니다. 정권이나 정당 따위 문제가 아닙니다. 그러나 그 달라지는 역사에 있어서도 무시 못할 것이 민족이란 것입니다. 지난날의 민족주의는 물론 다시 있을 수 없습니다. 그러나 공산 진영 속에서도 유고 다르고 소련 다르고 중공 다른 것을 생각하면 자연 알 수 있는 것이 있지 않습니까? 그러기 때문에 공산주의를 선전하자는 배짱이면서도 이름은 민족주의 또는 민주주의라고 하지 않습니까? 공산주의가 세계를 정복

할 것도 아닐 것입니다. 미국의 자본주의가 세계를 휩쓸 것도 아닙니다. 그 둘 자체가 다 달라지고 있지 않습니까? 사상은 사상이니 그대로 늘 있을 것이 아닙니다. 제도는 더구나 늘 그대로 가는 것 아닙니다. 세계는 하나가 되고야 말 것입니다. 그러나 거기 가는 길은 직선은 아닐 것입니다. …… 그리고 가는 때까지는 민족 혹은 국민이라는 차를 타고 가는 수밖에 없을 것입니다(《함석헌 전집》 14권, 180~181).

나는 민족주의는 아닙니다. 세계주의입니다. 하지만 아무리 세계라도 인격 없는 역사, 문화는 없을 것입니다. 그리고 인격은 특정적이지 일반적이 아닙니다. 세계의 일원이 되기 위해 나는 나여야 할 것입니다. 세계적이 되면 변할 것입니다. 민족성도 달라지고 문화도 달라질 것입니다. 그러나 달라질 때는 달라져도 그때까지는 나의 서는 자리가 있어야 할 것입니다. '온고지신'입니다(《함석헌 전집》 14권, 327).

즉 함석헌은 세계주의가 우리의 이상이지만 거기까지 가는 동안에는 민족, 국민으로서 존재할 수밖에 없음을 말한 것이다. 따라서 그에게 민족주의란 제한된 단계에서만 존재했는데, 민주주의와 비교해도 민주주의 이전 단계에 머문 것으로 이해했다. 다시 말해 민족주의는 민주주의와 반드시 반대되는 것은 아니지만 역사에서 단계적인 성장의 관계가 있다고 보았다. 그가 생각하기에 민족주의는 민족감정이 자연적인 것이니만큼 각별한 훈련을 하지 않고도 민족운동을 일으킬 수 있지만 민주주의는 사회과정을 통해서 자란 것이니만큼 민중이 깨지 않고는 될 수 없었다(《함석헌 전집》 17권, 42). 또한 우리 민족이 민주주의에 어두운 까닭은 해방이 될 때까지 우리는 민족적인 분위기 속에는 살았지만 민주적인 체험을 할 기회는 적었기 때문이며 그 관계의 대상이 일본 사람이기 때문에 민족적으로 느꼈지 민주주의적으로 파악하지 못했다고 설명했다. 따라서 해방이 될 때도 단순하게 이제 일본이 갔으니 이제는 우리 손으로 하면 된다고 생각했는데 그 '우리'란 조선 사람 혹은 한국 사람이란 말이지, 자주하는 민중이란 뜻이 아니었다는 것이다. 또한 이제 '민주적 단계'에 접어들었는데 아직도 생각은 민족주의적으로 하고 있었다고 지적했다. 즉 해방 직후 정부 수립을 두고 싸울 때에도 민족주의 대 공산주의였는데, 미국 응원 밑에 민주주의를 택하고 나니 언젠지 분명치 않게 민주주의가 되었고 따라서 사람들 사이에 사상의 혼선이 있었다고 평가했다(《함석헌 전집》 17권, 43).

박상증은 민족을 논할 때 배타적인 쇼비니즘(Chauvinism)과 막연한 코스모폴리탄(Cosmopolitan)을 다같이 극복해야 한다고 하면서 이를 위해 안병무의 이론에 주목할 필요가 있다고 말했다. 우리 역사에 민족은 있어도 민중은 없었다고 하며 민족주의를 경계한 안병무는 기독교적 입장에서 민족을 다음과 같이 이해하였다(박상증 1995, 159).

첫째, 기독교는 민족이라는 공동체적 단위를 존중한다. 그러나 그것은 혈연, 지연 등의 공동체로서의 의미가 있는 것이 아니라 구속사적 측면에서만 존중된다. 둘째, 민족은 하나님의 뜻을 실현하는 장이 될 수도 있으나 동시에 심판의 대상도 된다. 셋째, 민족은 그 자체가 목적일 수 없고 오직 하나님의 역사를 실현하는 단위다. 넷째, 민족은 정치체계화된 국가의 국민과 엄격히 구별된다. 다섯째, 민족은 궁극적인 단위가 아니라 온 민족들이 하나님의 새 역사에 있어서 하나의 동등체가 되기까지의 과도기적 단

위다. 여섯째, 그러므로 기독교에서는 '민족'은 있어도 '민족주의'는 용납할
수 없다(안병무 1986, 242).

이를 보면 함석헌, 안병무, 박상증은 공통적으로 민족주의는 부
정했지만 민족의 자립과 개성은 중요시했으며, 민족주의를 인류가
세계주의로 나아가는 과정에서 어쩔 수 없이 거쳐야 하는 한 국면
으로 보았다는 것을 알 수 있다.

(3) '민중'으로서의 민족

정권이 민족을 강조한 것이 독재를 정당화하고 국민의 복종을 끌
어내기 위해서였다면, 저항 세력이 민족을 말할 때 이는 '민중'을
의미했고 '민족 화해' 및 통일의 주체를 뜻하는 것이었다. 장준하는
민족 세력의 실체를 '민중'으로 규정하면서 민중이야말로 진실로 통
일을 원하는 세력이요, 민족 세력의 실체이자 민족 화해의 주체라
고 강조했다. 장준하는 민족주의를 '자기의 개인적인 인간적인 삶,
고달픔과 보람을 민족의 그것과 함께 하는 것'으로 규정하고 민족
의 생명, 민족의 존재가 없어져 버릴 때는 민족의 한 사람인 그의
개인적이고 인간적인 생명과 존재조차 없어져 버리는 것이라고 하
였다. 따라서 "민족적인 생명과 존재와는 따로 있는 자기, 민족의
생명이 끊어진 뒤에도 살아 있는 자기, 민족이 눌리고 헐벗고 있을
때 그렇지 않은 자기는 이미 자기 아닌 자기이며, 그렇기에 자기의
생명을 실현하는 인간이 아닌 것"이라고 주장했다(장준하 1992,
40~50 ; 문지영 2002, 135). 이러한 구절에서도 민족은 민중과 유사한

개념임을 알 수 있다.

　장준하는 비민족, 반민족적인 길에 빠져 버리는 사람의 '개인적'
이고 '인간적'인 번뇌는 아무리 그것이 절실하고 불가피하고 자기대
로 푸념할 수 있는 것일지라도 이미 진실로 '인간적인' 것은 아니라
고 했다. 그는 민족의 양심에 살려는 사람과 그렇지 않은 사람, 자
기의 삶을 사는 자와 그렇지 않은 자, 참으로 인간적인 자와 그렇지
않은 자를 나누고 이것을 애국자의 길과 매국노의 길, 민족적인 사
랑의 길과 배신의 길이 갈리는 길목으로 보았다. 또한 그는 정치적
자유와 민족적 자유를 비교하면서 정치적 자유는 기본적인 것이지
만 민족적 자유를 확보하기 위한 수단이기도 하다고 했다. 또한 민
족 전체에 정치적 자유와 민족적 자유가 확보되어야 한다고 강조했
다(장준하 1992, 51, 58 ; 문지영 2002, 134~135).

> 우리는 이제까지 정치적 자유의 확보를 위해 싸웠다. 정치적 자유는 그
> 자체도 기본적인 것이지만 보다 큰 민족적 자유를 확보하기 위한 수단이
> 기에 더욱 중요한 것이다. …… 오늘 민족적 자유가 현실적으로는 확대되고
> 있음을 인정 안 할 도리가 없다. 다만 그 과정, 그 방법에서 정치적 자유의
> 억압으로 민족적 참여가 실현되지 못했다. 하지만 이제 그 과정을 탓함에
> 그칠 것이 아니라 적어도 집권자에 의해 확대된 만큼의 자유를 민족 전체
> 가 향유할 정치적 자유가 확보되어야 함을 주장해야 할 것이다. 당연히 이
> 를 위한 법적인 또는 현실적인 제조치가 단행되어야 한다. 왜냐하면 민족
> 전체에게 확보되지 못한 민족적 자유란 민족 전체에게는 새로운 외압이며
> 따라서 이것은 말만 있고 실체가 없는 자유이기 때문이다.

민족 전체에 확보된 민족적 자유란 바로 민중적 자유라고 해석될 수 있을 것이다. 1970년대에 등장한 민족사학은 자유를 위한 민중 투쟁의 역사에 주목했다. 해방 후 친일 세력의 정권 장악과 그 뒤의 한국전쟁은 냉전논리를 전면에 내세웠고 민중은커녕 민족주의조차도 불온한 것으로 여기게 했다. 그러나 4·19혁명 이후 1960년대 들어 민족의식이 점차 고양되면서 민족사학이 제창되어 식민사관을 극복하기 시작했다. 그러나 이때까지도 민중운동이나 사회주의 계열의 운동은 경시되었다. 1970년대 중반에 등장한 강만길의 민족운동사론은 이러한 한계를 극복하고 민중론에 입각한 새로운 민족해방론을 모색하는 출발점이 되었다. 강만길은 독립운동과 복벽운동의 차이를 구별하고 독립운동을 민족운동의 측면에서, 특히 근대민족국가 수립을 위한 전체 역사과정의 한 부분으로 볼 것을 제안했다(강만길 1978). 또한 사회주의운동도 민족운동노선의 발전 속에 정당하게 위치시키고자 시도하였다. 이러한 강만길의 민족운동사론은 민중론을 통해 계승되어, 1970년대 후반에는 역사학계에서도 '민중사학'이 등장하게 되었다(정용욱 1989, 16~21).

안병무는 우리 역사에서 "민족은 있어도 민중은 없었다"[13]고 주장했다. 그에 따르면 "정말 실재하는 것은 민중이고 민족이란 대외관계에서 형성되는 상대적 개념인데, 언제나 내세운 것은 민족이었고 민족을 형성한 민중은 계속 민족을 위한다는 이름 밑에 수탈 상태에 방치"되어 왔다(안병무 1975, 78~79).

---

13) 이 표현은 1979년 11월 23일 한국기독자민주동지회 회의록에도 나타나 있다. 〈재일 한국인 보고〉에 따르면 "민족은 있었으나 민중은 없었다"는 안병무의 언급과 "재일 청년을 한국에 보내서 훈련시키자," "교포운동을 민중운동으로!"라는 슬로건이 메모되어 있다(국사편찬위원회 소장, 1979년 11월 23일 회의록).

우리 역사는 계속 외세의 침략과 위협을 받아왔기에 민족의식이 강했으며 민중은 나라 사랑을 지상의 과제로 알았기에 민족의 운명을 내세우는 정부에 무조건 충성을 보여왔으나 민중은 정부로부터 가장 푸대접받는 역사가 계속됐다. 민중이 민족을 형성하고 그것을 지킬 대권을 정부에 맡겼는데 바로 이 민족이 개념화되어 민중을 혹사 착취하는 데 이용되는 일이 오늘날까지 계속됐다는 말이다. 이것은 결국 민족도 없고 민중도 없고 그것을 이용하는 정부만이 있다는 말이다. 그러므로 중국대륙의 세력들과의 굴욕적 협상이나 특히 한일합병 등은 집권자 몇 사람의 손에서 처리됐을 뿐 사실상 민족도 민중도 가담하지 않았다.

그런데 그동안 참아왔던 민중의 분노가 터진 사건이 있으니 바로 "최근사의 홍경래 사건이나 동학혁명 사건"이다. 이는 모두 학대받는 민중, 특히 농민의 봉기로서 '민중의 자발적인 혁명의 불길'이었다고 평가했다(안병무 1975, 79). 안병무는 동학혁명이 민족을 위기에서 살리고 동시에 민중의 빼앗긴 권리를 도로 찾겠다는 운동이었지만, 후자에 강조점을 두었기 때문에 폭정을 제거하고 민중을 구하겠다는 슬로건을 내세웠다고 했다. 그러나 집권자는 이들을 난민으로 몰아 외국군대까지 동원해서 무자비하게 탄압했다는 것이다. 그런데 그는 이 동학혁명의 주체였던 민중의 힘이 이념화된 사건이 3·1운동이라고 보았다. 즉 독립선언서에는 인류평등, 항구일여한 자유발전을 전제로 하여 동양의 항구적 평화와 세계개조의 뜻을 천명한 평화이념이 드러나며 구세대의 유물인 침략주의와 강권주의가 몰락할 것이 예견되었다는 것이다.

그러나 해방 후 세워진 정부는 권력을 안겨준 민중을 무시했다.

심지어 날이 갈수록 민족도 없고 정권만이 있었고 그것을 유지하기 위해서 민중을 기만하고 민중을 누르고 민중을 공포 속에 몰아넣었다. 따라서 민중의 분노가 폭발하여 동학혁명, 3·1운동의 뒤를 이어 4·19혁명이 일어난 것이다. 이러한 민중의 봉기로 민주당 정권이 세워졌지만 이 정권은 민중의 소리를 집약할 겨를도 없이 민중과 상관없는 군사쿠데타로 쓰러졌다. 이렇게 강권으로 정권을 잡은 현 정권은 '민족'을 앞장세워, '민족적 민주주의', '조국의 근대화' 등을 구호로 내세웠다. 현 정권은 민중을 안중에 두지 않기 때문에 민족을 강조했는데 그 민족도 근대화라는 명목 아래 일본 자본과 노력을 강력으로 끌어들여 퇴색해 버렸다. 이에 민중이 저항하자 정부는 강권으로 짓눌렀고 급기야 민중의 소리를 배제하는 '유신체제'를 만들어 냈다. 그러나 민중의 일부가 민중의 입이 되기로 결심하고 일어섰는데 그들이 김동길이고 김찬국이며, 지학순이요 박형규이다(안병무 1975, 79~80).

저들은 썩고 부패한 정부의 폭정에 견디다 못해 개혁운동을 일으킨 최수운에게도 미치지 못했으며 최해월이나 전봉준처럼 폭동을 일으켜 관청을 불지르고 세금을 거부한 일도 없었다. 저들은 단순히 민중의 소리를 전했을 따름이다. 그런데 저들을 투옥한 것은 이 정부가 결국 민중의 소리를 들어서는 안 될 체질이 됐다고 보는 수밖에 없다. 그것은 동아일보 사태에도 그대로 반영된다. 동아가 법에 걸리면 재판에 걸면 된다. 그런데 음성적 교살 시도는 결국 민중의 소리를 들을 수 없기 때문이 아닌가?(안병무 1975, 81)

3. 반공주의

이 시기 정권이 내세운 가장 대표적인 이데올로기는 '반공주의'였다. 박정희 정권은 반공을 제1의 국시로 내세웠으며 이때 반공교육은 한층 더 강조되었다.[14] 국민교육헌장에서는 아예 자유민주주의가 언급되지도 않고 '반공민주주의'라는 해괴한 용어가 등장하였다(홍윤기 2001).

반공주의는 무엇보다도 정부에 저항하는 민주인사들을 탄압하기 위해 강조되었다. 그 가운데서도 기독교인들을 궁지로 몰기 위해 이들이 공산주의자라고 주장하는 내용의 책을 유포하기도 했다. 즉 '한국종교문제연구회'라고 하는 정체불명의 단체가 1976년 1월에 펴낸 《한국기독교와 공산주의─기독교인을 가장한 공산주의를 경계하자》라는 책을 정부 관리가 계속 배포하였는데, 그 주요 내용은 한국 및 세계 기독교계 일부, 특히 WCC가 용공주의자 또는 반국가분자라는 것이었다. 이에 한국기독교교회협의회는 성명을 내어 '한국종교문제연구회라는 유령단체가 《한국기독교와 공산주의》라는 소책자를 불법 발행하여 유포함으로써 마치 한국기독교의 일부가 국제공산주의와 관련되어 있는 것처럼 선전하여 인심을 미혹시키고 있는데, 이는 반공을 기본정신으로 역사적으로 활동해온 한국

---

14) 제2차교육과정(1963~1974)에서 국민 윤리가 신설되었는데 이는 반공교육의 강화를 의미한다(문교부 1989, 99). 교육과정의 편제는 교과활동, 반공·도덕 활동, 특별 활동의 세 영역으로 나뉘었는데(문교부 1988, 34) 이는 교과, 도덕, 특별활동의 3대 영역으로 편성된 일본의 체계와 흡사하다(문교부 1988, 67~69 참조).

기독교를 분열시키려는 계획적인 음모로 본다'고 주장했다. 아울러 "이 책자의 출처를 밝혀 당사자를 색출해 줄 것을 강하게 요청한다"고 주장했다. 일본 NCC도 이 책의 내용을 반박하는 소책자를 펴내서 배포하였고 미국, 유럽에서도 이를 영어로 번역하여 반박문을 냈다.[15]

그럼에도 이어 1976년 4월 비슷한 내용의 《한국기독교의 이해》라는 책이 유포되었는데 그 내용에 따르면 해방신학사상이 사회구원을 주장하면서 사회와 국가의 개혁을 신앙적 기원에서 보다 투쟁적인 행동으로 쟁취할 것을 주장하며 신앙의 자유라는 이름을 내걸고 실제로는 정치운동 내지 혁명운동의 자유를 교회가 부르짖게 유도한다는 것이었다. 또한 그러한 사상을 신봉하는 조직으로 도시공장근로자들을 대상으로 하는 도시산업선교회, 도시빈민지대를 대상으로 하는 수도권특수지역선교회, 학생사회를 대상으로 하는 한국기독학생회 총연맹이 있다고 주장했다(강문규 1976, 24~26 ; 기독교사상편집부 1992, 100 ; 강원용 1976, 37).

강문규는 기독교인과 세계교회를 향한 이러한 용공 음해에 대해 "WCC는 지금 그 어느 세계민간기구보다도 강한 발언권과 영향력을 가진 非로마교회들의 세계적인 단결체"라고 설명하면서 "UN이나 77개국으로 형성된 비동맹회의들이 한국의 특수한 반공체제와 생존권을 이해하지 못하거나 부정할 때도 세계보편교회로서의 양심

---

15) 일본 NCC가 낸 반박문의 몇 가지 내용을 살펴보면, 그 책에서 열거된 재일 친북단체들은 실제로는 존재하지 않으며, 마찬가지로 열거된 일본인 친북 기독교 인사들은 대부분 10~20년 전에 은퇴했거나 이미 사망한 사람들이라는 것이다. 강원용은 이 책이 일본을 예로 든 목적은 일본의 일부 교계인사들을 비판하자는 데 있는 것이 아니고 WCC와 한국의 에큐메니컬 운동을 용공으로 몰아버리려는 것이라고 파악했다(강원용 1976, 38).

적 발언으로 정치적 블럭을 넘어서서 우리를 대변했다"고 지적함으로써 WCC의 용공설을 일축했다. 또한 지난날의 친미식 반공주의 이외의 세계성에는 조건반사적 거부반응을 보임으로써 WCC와 같은 민간국제단체가 갖는 세계적 의미나 영향력 및 제3세계국에 대한 자멸적 경시로 우리나라와 교회를 본의 아니게 고립으로 몰아가서는 안 된다고 지적했다. 더불어 그는 남한이 북한처럼 세계를 외면한 폐쇄체제로 가지 않으려면 반공논리만을 강조해서는 안 된다고 주장했다. 즉 자유민주사회의 강점은 현대를 사는 민주국가와 민주국민들이 국제교류나 나라건설에서 우리가 사는 복합적 기능사회에서 다양하게 참여하고 연대하여 더욱 충실히 이루어지는 것을 신념으로 하는 데 있다고 지적했다(강문규 1976, 31~32).

그러나 박정희 정권은 자유민주주의도 반공주의로 파악하고 그렇게 선전했다. 당시 교과서에는 민주주의가 자유주의를 전제로 하여 성립·발전하였기 때문에 민주주의를 자유주의와 결합된 민주주의, 즉 자유민주주의라고도 한다고 하면서 정치적 민주주의의 기본 원리인 국민주권의 원리, 법치주의, 권력분립주의는 모두가 국민의 자유를 보장하려는 자유주의적 요청에서 나왔다고 설명하였다. 따라서 공산주의자들이 말하는 소위 인민민주주의나 모택동이 말하는 신민주주의는 참다운 민주주의가 아니라는 것이다(박철호 1971, 22). 또한 아이러니하게도 자유민주주의와는 가장 거리가 먼 유신헌법에서 "자유민주적 질서를 공고히 하는 새로운 민주공화국을 건설"한다고 하여 대한민국의 기본질서가 자유민주주의임을 헌법을 통해서는 최초로 밝혔다(문지영 2002, 106). 서구 자유민주주의에 대해서 좋게 평가하지 않은 박정희 정권이 이렇게 자유민주주의를 주장한 것은 자신이 주장하는 민주주의가 사회주의권에서 말하는 인민민주주의와 다른 것임을 강조하기 위해서였다. 당시 교과서는 유신헌법의 자유민주적 질서를 다음과 설명하였다.

> 헌법 전문은 '자유민주적 기본질서를 더욱 공고히 하는 새로운 민주공화국을 건설'한다고 하여, 우리나라의 기본질서가 자유민주적 기본질서라는 것을 선언하고 있다. 즉, 우리나라는 동구의 인민민주주의가 아니라, 자유주의와 민주주의가 결합된 자유민주주의(서구식 민주주의)를 근본원리로 한다는 것이다(박철호 1974, 197).

사실상 1980년대 이전까지 반공주의는 집권 세력뿐 아니라 야당 및 민주화운동 세력에게도 일반적이었다고 할 수 있다. 왜냐하면 그때는 아직 자유민주주의도 실현되지 못한 단계였으므로 당시의 정치적 과제가 사회주의와는 멀었고 사회주의를 신봉하는 세력도 뚜렷이 형성되지 않았기 때문이다. 또한 정권은 저항 세력을 공산주의자로 몰아 탄압하였기 때문에 이를 피하기 위해서라도 반공을 표면에 내세울 수밖에 없었다. 따라서 당시 민주당(신파)과 민정당(구파)이 결합하여 민중당을 만들면서 "민중당은 자유민주주의를 터전으로 전진적 민주주의를 지향하며 진보와 혁신을 위하는 진정한 반공정당으로 이질 세력에 항쟁하는 민주정당이 될 것"이라고 주장하였다(윤보선 1991, 313). 이후 신한당도 '자유민주 원칙에 따른 국토통일에 총력을 기울인다'고 선언하여 반공적 입장에서 자유민주주의를 역설하였다(윤보선 1991, 326).

반공주의는 박정희 정권의 독재를 비판하고자 강조하기도 했다.

윤보선은 비상군사재판에 임했을 때도, "오직 이 나라에 진정한 반공과 함께 인권이 존중되고 자유가 보장되는 참된 민주주의가 성취되길 바랄 뿐"이라고 회고하고 있어 누가 더 진정한 반공주의자인가에 초점을 맞추고 있다(윤보선 1991, 382). 또한 1974년 11월 27일 민주회복국민회의 선언대회에서는 "우리의 체제가 공산주의의 체제적 특질을 날로 닮아가서 그 격차가 좁혀진다면 국민의 공산주의에 대항하려는 의지는 둔화될 수밖에 없으며 현 체제의 억압에 반대하는 국민 각계각층의 저항은 계속 확대될 것이다"라는 내용이 선언되기도 하였다(윤보선 1991, 391).

장준하는 공산주의를 막을 방법은 민주주의라고 주장했다. 그는 우리가 그 어느 때보다도 지금 공산 제국주의의 도전을 받고 있으며 공산당의 전체주의적 공포 세력을 분쇄할 수 있는 최대의 사상적 무기는 민주주의적 자유의 선용에서 구해야 한다고 주장하였다(문지영 2002, 137). 김재준도 공산주의를 비판했는데 그는 무엇보다 공산주의에는 자유가 없다는 점을 가장 큰 문제로 보았다.

> 공산주의 국가가 가장 심하게 지탄받는 것은 자유가 없다는 것이다. 인간을 물건으로 다루고 생각하는 자유까지 박탈한 사회에서는 살 수 없다는 것이다. …… 아무리 '잘 살게 한다'고 꼬인다 할지라도 자유 없이 잘 산다는 것은 '배부른 종이나 편한 개 팔자'에 지나지 않기 때문이다. 인간이 인간인 한, 견디어 내지 못하는 것이다(김재준 1971, 235).

목사이자 월남한 실향민이었던 김재준은 그러한 개인적 신앙과 경험 때문에 더욱 공산주의를 비판한 것으로 보인다(문지영 2002,

176). 따라서 그는 특히 남북이 대치하고 있는 상황을 심각하게 여겼다. 사실상 우리는 평화 상태에 있는 것이 아니고 38선에서 우리 젊은이들이 밤낮 총부리를 맞대고 적과 대결하고 있으니 결국 위험한 분화구 위에서 살고 있는 것과 마찬가지라는 입장이었다. 그는 심지어 민주국가에 살고 있는 공산주의자에게는 자유를 주어서는 안 된다고 했다. 즉 민주국가 내의 공산주의자에게 무슨 자유가 있느냐고 반문할 경우 그들은 스스로 자유진영을 거부하고 전체주의적 노예로 자처할 뿐만 아니라 다른 자유인까지도 그 자유에서 떠나게 하려고 결심한 자들이니만치 '자유'를 요구할 까닭도 없으며 그런 사람들에게 구태여 자유를 줄 우자(愚者)도 없으리라는 것이다(김재준 1971, 65, 223~224).

그럼에도 반공을 국시로 내거는 것에 대해서는 많은 반대가 있었다. 함석헌은 다음과 같이 반공을 국시로 삼는 것을 비판했다.

> 사실 반공이 국시란 것은 잘못입니다. 그것은 무식해서 한 소리입니다. 국시란 그런 것 아닙니다. 반공은 수단이지 목적이 될 수 없습니다. 반공을 국시로 한 나라는 공산주의가 없어지는 날 그것도 없어질 것입니다. 국시야 첨부터 환한 데모크라시가 국시지, 반공은 그 영원한 진리를 수행하기 위한 수단입니다. 오직 하나의 수단도 아닙니다(《함석헌 전집》 14권, 148).

심지어 반공주의를 강하게 표방했던 김재준도 국시는 자유민주주의이어야 한다고 주장하면서, 반공을 국시로 삼는 것은 수동적인 태도이고 결국 공산주의가 우리 국시를 결정해준 것이 된다고 보았다(문지영 2002, 178).

'반공 국시'는 '국시'가 아니다. 자유민주주의를 국시로 한다고 해야 떳떳하게 일대일이 된다. '우리는 공산주의를 국시로 한다', '우리는 공산주의 반대를 국시로 한다', '그건 공산주의가 너희 국시를 결정해준다는 말이 아니냐?' 그러므로 '우리는 자유민주주의를 국시로 한다'고 정직하게 긍지를 갖고 선포해야 한다. 지금까지의 군사 독재는 국시를 짓밟는 변태 정치라 하겠다(김재준 1984, 166).

김재준의 위의 주장은 통일 논의가 활발해지기 시작한 1980년대에 들어 그가 초기에 가진 반공적 입장이 많이 변화되었음을 보여준다(문지영 2002, 177~178). 또한 이는 남한의 상황이 북한보다 나아지면서 북한의 침략 가능성이 낮아진 것과도 관계가 있다. 아래의 주장은 이러한 그의 생각을 보여준다.

남한에서의 국시를 헌법에 있는 대로 자유민주주의로 명실 공히 실시해야 합니다. 국시를 '반공'으로 한다는 것은 소아병적이고 수동적입니다. 똑똑하게 '우리는 자유민주주의를 국시로 한다'고 천하에 공포해야 민심이 바로 집히고 '폭력 정치'가 설 자리를 잃게 될 것입니다. 지금은 군사, 정치, 경제, 사상, 학문, 예술 등등 모든 면에서 남한이 우세합니다. 북한이 군사적으로 남침할 가능성은 없다는 것이 공인된 사실입니다. 그렇다면 비상조치령의 필요성이 희박해집니다. '군정'보다는 민정, 진정한 민주주의 체제가 실시돼야 할 것입니다(김재준 1984, 214).

4. 사회주의와 사회민주주의

아이러니컬한 것은 이 시기 가장 강고한 반공주의를 표방한 박정희 정권이 사회주의와 사회민주주의에 대해 어느 정도 누그러진 태도를 보였다고 하는 점이다. 이는 가장 기본적인 민주적 절차도 무너뜨린 장본인으로서 자유주의에 반하는 사회주의에 대해 자신의 독재를 정당화하고자 어느 정도는 긍정적 평가를 허용했다고 보는 편이 적절할 것이다. 당시 교과서는 박정희의 통제경제를 정당화하고자 전통적인 자유주의 사상보다는 수정된 자유주의, 즉 홉하우스(L.T. Hobhouse)와 그린(T.H. Green) 등 '신자유주의'(New Liberalism)라 불린 '사회적 자유주의'를 주장한 사상가들을 더 높이 평가하였다.

신자유주의란 국가가 사회정책적으로 국민의 경제 활동에 적극 간섭함으로써 자본주의 즉, 자유방임주의의 폐단을 제거하고 모든 국민으로 하여금 도덕적 자유를 실현할 수 있도록 하자는 사상을 말한다. 이를 이상적 자유주의라고도 하는데, 홉하우스, 그리인은 이 사상의 대표자이며, 신자유주의는 그리인의 자아실현설을 그 이론적 기초로 하고 있다. 신자유주의는 경제상의 자유주의의 파탄을 극복하려는 것으로, 신자유주의에 와서야 자유의 개념이 올바르게 파악되었다고 할 수 있다(박철호 1971, 21).

시민적 자유의 위대한 창설자라고 불리우는 루소의 사상은 독일의 철인 칸트에 큰 영향을 주어, 이상주의적 입장에 바탕을 둔 칸트의 도덕적 자유론을 낳았고, 이는 다시 그리인의 자아실현설로 발전되어, 신자유주의의 이론적 기초가 되고 자유주의의 발전에 큰 전환점이 되었다(박철호 1971, 21).

이는 이전의 교과서에서 로크와 밀 등 전통적인 자유주의를 강조한 것과 뚜렷한 대조를 보여주는 좋은 예라고 하겠다. 더 나아가 사회주의를 사회민주주의라고 규정하면서 이를 공산주의와 구분하여 정당한 것으로 평가하였다.

> 사회주의는 마르크스주의에 입각하여 생산수단의 공유화를 주장하는 점에서는 같으면서도 폭력혁명과 프롤레타리아의 독재를 반대하고, 의회를 통한 정치절차에 의하여, 평화적·점진적인 사회개량을 주장하는 사상을 말한다. 이것을 공산주의와 구별하기 위하여 사회민주주의라고도 한다(박철호 1974, 34).

> 사회민주주의는 최근에 와서는 계급정당의 성격의 완화와 함께 정권의 평화적 교체를 인정하면서 점진적으로 이상 사회를 실현하려는 경향으로 기울어지고 있다. 이러한 사회주의를 특히 민주사회주의라고도 하는데, 영국의 노동당, 서독의 사회민주당의 사회주의가 바로 그 예이다. 이러한 민주사회주의는 민주국가에서도 충분히 인정될 수 있다(박철호 1974, 35).

그러나 조봉암의 진보당 사건에서 알 수 있듯이 한국에서 사회주의 운동이나 정당의 성공은 사실상 불가능한 것이었다. 4·19혁명 이후 사회주의를 표방한 사회대중당이 1960년 원내에 진출하였고 통일사회당이 1967년에 창당되기도 했으나 5·16군사쿠데타 이후

사회주의 운동은 다시 침체에 빠졌다. 민주적 사회주의를 표방한 통일사회당은 창당 이후 별다른 활동을 하지 않다가 1970년 4월 제3차 전국대의원대회를 개최하고 그해 12월 대통령 후보로 김철을 지명했다. 그러나 김철은 재야 세력의 통합을 위해 중도사퇴하였으며 1971년 총선에서도 의석을 얻지 못했다. 1972년 10월 유신으로 정당활동이 정지되고 1973년 6월 김철이 반공법 및 국가보안법 위반으로 형이 확정되자 정당등록이 취소되었다. 다음의 글은《세카이》가 소개한 통일사회당 창당발기 취지문으로, 당시 통일사회당이 제시한 '민주사회주의'의 목표가 무엇이었는지 알려준다(岩波 1985, 24~25).

우리들은 절실한 민족사적 요청에 따르려고 하는 불굴의 의지로 여기에 재차 통일사회당(가칭) 창당을 발기한다. 절실한 민족사적 요청에 의한 민족정당은 권력의 단순한 편의적인 처분으로 결코 말살되어서는 안 된다. 민족사의 뿌리 깊은 혁명적 전통을 계승하는 민주사회주의 노선만이 이 나라를 종속의 지위로부터 벗어날 수 있게 하며, 자주권을 확립하고, 총 매판화의 위협에 직면한 국민경제를 시정하여 그 건전한 자립적 발전을 보장하고 우리사회에 자유, 평등, 정의를 실현할 수 있다. 나아가서는 남북의 상이한 지배체제에 분단된 조국의 현상을 성실한 민족이성으로 극복하고 민족의 발전적 재통일을 성취할 수 있다. …… 외세가 이 땅에서 물러나지 않는 한, 이 나라 국민이 압제에서 신음하고 있는 한, 이 나라의 대중이 실업과 생활고에 허덕이고 있는 한, 우리들의 이 신념을 어떠한 권력도 분쇄하지는 못한다.

인간적 신의도 사회적 양심도 또 민족적 긍지까지도 땅에 떨어진 지 오래고, 타락해버린 언어의 사기와 공포에 의한 대중조작만이 난무하는 우리 사회는 외부가 아닌 내부자체의 심층부로부터 근본적인 사회개혁이 절실히 요구되고 있다. 우리들은 이 절규가 자본주의도 공산주의도 아닌 민족주체성에 뿌리를 내린 민주사회주의적 개혁을 갈망하고 있는 것이라고 확신한다.

한편 이 시기 지식인들 가운데 진보적인 인사들도 사회민주주의를 대안으로 생각했다. 그 이유는 자유주의가 애초의 해방적 성격에서 벗어나 기득권층으로 자리잡은 부르주아지의 계급적 이익을 유지·강화하는 보수이념으로 작동했다고 보았기 때문이다. 이 무렵 필자는 사회민주주의와 관련하여 독일 사회민주당의 이념을 소개했다. 특히 독일 사민당이 1959년 11월 임시전당대회에서 결의한 강령으로 사회주의와 공산주의의 차이점을 다음과 같이 소개했다 (박경서 1977, 63~64).

> 공산주의는 사회주의 전통을 오도하고야 말았다. 분명히 공산주의는 사회주의 이념을 현실적으로 기만하고 말았다. 사회주의와 공산주의의 근본적인 상이점은 공산주의가 사회의 파괴를 최대 악용하여 그들 몇몇의 독재를 달성하려고 하는 반면 사회민주주의는 자유와 정의를 실천함을 목적으로 한다.

이렇듯 사회민주주의의 등장은 '공산주의와의 근본적인 결별'을 선언하며 새로운 정치, 경제, 교육, 문화 정책, 즉 의회민주주의를 통한 개개인의 자유와 상호책임의 보장, 새로운 시장경제 질서의 확립과 세제의 개혁, 사회보장제도를 통한 부의 재분배 등을 제시하는 것을 의미했다. 강령은 노동조합에 대해 임금노동자, 공무원, 사무직 종사자는 노동조합원이 될 권리를 갖고 있으며, 파업권은 노동자나 노동조합원의 기본권임을 천명했다. 또한 노동조합의 기본적인 과제는 조합원이 사회경제적인 생활에 공동으로 참여함으로써 사회 생산의 정당한 일부가 그들의 몫으로 돌아올 수 있도록 투쟁해야 하는 것임을 밝혔다.16)

5. 제3의 길

정권이 사회민주주의 이념을 옹호한 배경에는 자본주의와 공산주의가 갖는 한계를 모두 비판하고 새로운 대안을 찾아보자는 사고가 존재한다고 할 수 있다. 이 시기 이데올로기와 관련하여 많이 대두된 주장 가운데 하나가 자본주의, 공산주의 양자를 모두 비판하는 것이었다. 특히 기독교계에서 그러한 주장이 강하게 제기되었는데, 이는 자본주의와 공산주의가 모두 유물론적 가치관에 바탕을

---

16) 아울러 이러한 과제를 수행해 나가기 위해 당시 1959년 말 현재 철강산업체와 석탄광산업체에서만 실시되었던 경영참여제도를 경영의 새 체제 확립의 획기적인 전환점이라 지적하고 이 제도를 전 사업장에 계속 확장할 수 있도록 당으로서 뒷받침하겠다는 말로 끝맺고 있다(박경서 1977, 64). 사회민주주의와 종교와의 관계는 다음과 같이 설명하였다. "사회민주주의는 종교적인 대치물은 결코 아니다. 진정한 의미에서의 기독교 기관과 교회와의 협력을 위한 모든 준비는 다 되어 있음을 천명한다. 기독교의 교리나 선교가, 일개 정당의 당리나 반민주적인 목적에 오용되어서는 안 될 것이다. 이러한 의미에서 우리는 자유의사에 의한 양자의 대등관계가 가장 이상적이라 생각하는 바이다."(박경서 1977, 64)

두었다고 하는 사고에서 비롯된 것이었다. 김재준은 "공산주의와
자본주의의 대립이 첨예화한 양단된 한국에서, 기독교가 제3의 차
원에서 인간구원의 미래 역사를 지향하는 '새벽'의 고지자"라고 주
장했다(김재준 1974 ; 김재준 1983, 56). 그는 공산주의 진영이나 자본
주의 진영이나 꼭 같이 '물건'(Things)은 있고 하나님은 없으며, 또
한 인간도 없다고 비판했다(김재준 1973 ; 김재준 1983, 126). 아래의
글도 기독교계의 그러한 인식을 보여준다.

> 그러기 때문에 우리는 오늘 한국사회를 내다보면서 구체적으로 오늘의
> 한국에서 교회가 사회에 참여하는 가장 큰 목표로 설정할 것은 바로 유물
> 론의 극복이 아닌가 생각합니다. 그 유물론이란 것이 공산주의적 유물론이
> 든지 아니면 지금 우리나라에서 보고 있는 자본주의적 유물론이든지 관계
> 없습니다. 공산주의적 유물론이나 자본주의적 유물론이나 근본적으로 인
> 간을 타락시키는 데 있어서는 꼭 같습니다.
> 우리나라는 경제제일주의로 조국 근대화를 이룩하려는 중대한 착각에
> 빠져 있습니다. 당국은 경제를 신장시키고 수출로 외화를 획득함으로써 고
> 층 건물을 짓고 고속도로를 닦음으로써 이 나라가 근대화되었다고 생각합
> 니다(《암흑속의 횃불》 1권, 156).

함석헌은 7 · 4남북공동성명을 발표한 뒤의 통일논의와 관련하여
민주주의를 넘어서자고 하면서(문지영 2002, 146) 민주주의와 공산
주의를 모두 비판하였다. 민주주의와 공산주의는 '한 끝에서 붙어
불어오고 있는 두 개의 단청한 서까래'로, 그 멸망을 향한 정치 화
재에서 빠져 나와서 자유의 살길로 가는 것이 '같이 살기 운동'이라

는 주장이었다(《함석헌 전집》 14권, 8). 그는 데모크라시니 공산주의니, 양극의 대립이니 다원적 공존이니 하지만 그것이 다 국가 지상주의인 점에서 마찬가지고 지금 인류를 지배하고 있는 이런 식의 국가주의는 이미 그 막다른 골목에 들어선 것으로 보았다(《함석헌 전집》 17권, 48). 그는 국가주의를 '국가가 주인이요 국민은 그것을 위해 있는 물건이고, 따라서 국가를 위해서는 한 몸을 희생하는 것이 아름다운 도덕이라는 사상'으로 정의했다(《함석헌 전집》 14권, 77). 그는 공산당이 바로 국민의 자유를 뺏고 나무나 돌 같은 물질을 만들어 그것으로 벽을 쌓고 그 안에서 압박자의 쾌락을 누리려는 것(《함석헌 전집》 14권, 126)이라고 비판했다. 그는 이러한 공산주의도 변하리라 생각하고 지금 민주주의를 무조건 긍정하는 것도 바람직하지 않다고 주장했다.

> 내가 중립이라 하는 데는 두 가지 의미가 있다. 하나는 사상적으로 하는 것이요, 하나는 정책적으로 하는 말이다. 사상적으로는 민주, 공산 두 주의가 대결하는 태도를 버리고 그 둘의 대립을 지양한 보다 높은 자리를 찾자는 말이다. 이데올로기의 싸움은 어느 한 편이 다른 편을 내몰아서 될 것이 아니다. 그렇게 해서는 사상의 진전이 오지 못한다. 그러므로 그 싸움의 의미는 보다 높은 사상을 찾아 둘의 대립이 자연 해소가 되는 자리에 가야만 된다(《함석헌 전집》 14권, 60).

그는 어떤 의미에서 보면 통일을 대비한 복합사회를 지향했다고 할 수 있다. 그는 이스라엘의 정치 운영 방법을 보고 나서 공산주의와 자유민주주의가 반드시 서로 대립적이라는 생각에서 벗어났다.

따라서 한국사회도 이스라엘처럼 공산주의, 민주주의, 자유주의를
모두 포괄하거나 또는 이러한 이념이 공존할 수도 있다고 생각했
다. 즉 '복합 사회는 이스라엘의 경우만이 아니고 분단의 고민을 안
고 있는 우리 민족에게도 가능하지 않은가'라고 생각한 것이다. 다
시 말해 연방이든지 또는 복합국가로든지 그 형태가 어떻든 '서로
서로를 공적으로 인정하는 자리에서 적극적인 자세를 취하면서 장
차 올 기회를 마련해봐야 되지 않겠느냐'는 생각을 한 것이다(장준
하 1992, 396~397).

해방 후 김규식, 안재홍, 여운형 등 중도파를 지지하며 좌우합작
위원 활동을 시작으로 이데올로기 대립으로 말미암은 분열을 막기
위해 꾸준히 노력해온 강원용은, 자신이 운동권이나 가진 자의 편에
선 적이 없다고 하면서 '나의 일관된 삶은 중간이며, 중간을 넘어 제
3의 길이었다'고 회고했다(《국민일보》 2005. 1. 2). 또한 대립의 해소
를 위해 '대화'의 방법을 모색했다고 하면서 다음과 같이 설명했다.

> 독선적이고 폐쇄적으로 대립하는 역사 속에서 나는 양극을 넘어선 제3
> 지대에 내가 설 자리를 마련하려고 애쓰며 살아왔다. '중간 그리고 그것을
> 넘어서'(between and beyond) 살고자 했던 나는 항상 양극 사이에서 좁고 험
> 한 길을 걸어야 했고, 나를 잘못 이해하는 사람들에게 중간파, 때로는 회색
> 분자 취급도 받았다.[17) 그러나 어느 편은 절대 선이고 그 반대편은 절대
> 악이란 사고방식은 옳지 않다고 보았기에 이를 해소하고자 1959년 크리스

---

17) 이와 관련하여 김대중 구명과 관련된 사례를 들 수 있다. 강원용은 전두환이 광주학살의
주범이라 여겨 국정자문위원을 맡아달라는 요청을 거절했으나 김대중의 사형선고를 막기
위해 그 일을 맡고 전두환을 설득하여 결국 사형을 막는 데 기여했다(《프레시안》 2003.
6. 14).

챤 아카데미 운동을 시작하면서 '대화'로 각 방면의 대립을 해소하고 화해의 길을 열기 위해 노력했다(박명철 2003, 78).

　1960년대만 해도 요즘 흔히 쓰이는 '대화'란 말이 사용되지 않았다. 그런데 그러한 분위기에서 강원용은, '나와 다르면 원수다'라고 생각하지 않고 서로 솔직하게 대화하는 가운데 서로의 차이를 줄이고 공통점을 찾아가며 협조하자는 '대화운동'을 시작했다(《크리스천투데이》 2005. 4. 29). 이러한 대화운동의 기본 철학은, 앞서 언급했듯이 '자신은 절대선이며 상대는 절대악'이라는 사고방식에서 벗어나고, 양극화하여 서로 대립하는 세력들 사이에서 화해를 지향하는 것이라고 할 수 있다. 그러기 위해 자신은 중간지대인 제3지대에서 제3의 길을 모색하고자 했던 것이다. 크리스챤 아카데미의 '중간집단' 육성 프로그램도 그와 같은 사고에서 비롯되었다고 볼 수 있다.

　제3의 이념을 향한 움직임은 1980년대에 들어서면서 해외 기독교 운동에서도 나타나기 시작했다. 이는 10·26사태로 말미암은 정국의 불안정 및 군사정권 재집권과 광주민주항쟁 이후 나타난 사상의 급진화를 반영한 것이라고 하겠다. 또한 이 시기는 국제적으로는 탈냉전이 시작된 시기이기도 하다. 해외 민주화운동을 주도했던 한국민주화기독자동지회는 1981년 WCC 간부와 모인 자리에서 독점자본주의적 체제와 공산독재체제의 비리와 모순을 지양할 수 있는 제3의 이념의 가능성을 모색해야 한다는 합의에 도달했다. 또한 1980년대 민주화운동 이념의 설정은 1970년대를 이어온 이념의 핵심이었던 민주·민중·민족, 다시 말해서 정치적 자유, 경제적 평등, 민족적 주체와 자립의 가치개념들을 새로이 전개되고 있는 국내외적 정치

상황과 여건에서 구현하는 방향에서 찾아야 하며, 이념적 목표와 함께 실천적 방법론이 구비된 새로운 체제와 사회의 설계도로서 부각되고 구체화해야 한다고 결의하였다(김흥수 2007, 212~214).

1981년 4월 30일 〈한국민주화기독자동지회 회의록〉(국사편찬위원회 소장)에는, 앞으로의 이념의 방향은 동서간 이념에서 극단적인 한 가지를 선택할 것이 아니라 반외세운동과 결부하여 우리가 역사 속에서 이미 시작되어온 것을 다시 회복하는 길이어야 하며 신학적으로는 이념 비판을 통하여 구체적인 역사적 실천 속에서 제3의 길을 찾는 것이어야 한다고 기록되어 있다. 또한 '우리 투쟁의 현주소는 제3세계 민중과 더불어 있다'고 씌어 있다. 1981년 5월 2일 회의록에도 '반독재, 반외세, 반매판을 이념으로 발전시켜야 하며, 현 정권의 극우 파시즘과 반체제의 극좌화 위험을 경계하고 제3의 새로운 이념을 모색한다'고 기록되어 있다.[18] 또한 '기독교의 공헌자세'로 '민중신학, 사회선교신학의 개발 노력 및 뜻을 같이 하는 모든 전 세계 동지들과 연대를 공고히 한다'고 씌어 있다. 이러한 민주동지회의 입장은 기존의 반공·반북적 태도에서 자본주의와 공산주의 모두를 비판하고 제3의 길을 모색하는 방향으로 변화되었음을 알 수 있다.

---

18) 회의록에 따르면 문동환은 "제3의 이념은 양극의 중간적 자세가 아닌 양극의 악을 모두 제거하고 새로운 기독교의 이념을 제시하는 것"이라고 발언했다.

II. 인간과 사회

　　1970년대 민주화운동을 이끌어낸 대표적 사상은 무엇보다도 '인 권사상'이라고 할 수 있다. 이는 이 시기가 다른 어느 때보다도 인권 유린이 가혹했던 시기였음을 증명하는 것이라 하겠다. 박정희 정권 은 집권부터가 쿠데타를 통한 것이었으므로 정권 출범부터 국민의 기본권인 참정권을 유린하면서 통치를 시작했다고 해도 지나치지 않다. 집권한 뒤에도 정권의 위기가 있을 때마다 군의 동원, 비상계 엄 선포, 위수령 발동, 무고한 시민의 체포·고문, 공안기구를 통한 국민 감시, 조서 위조 및 재판기록 조작, 무죄한 사람들의 처형 등 통치 기간 내내 인권을 탄압함으로써 국민들을 공포로 몰아넣었다. 정치범은 어떤 구체적 행위를 근거로 규정하여 검거한 것이 아니라 잠재적인 위협 요소를 가진 모든 사람들을 망라하였으며 중앙정보 부는 일반 국민을 빈틈없이 감시하고 통제했다. 심지어 술자리에서 한 발언이 문제가 되어 체포되기도 했다(홍석률 2004, 58~60).

　　이 시기 인권 탄압에 대한 비판은 개인의 인권 보호라는 주장을 넘어 여성 등 사회적 약자의 권리, 민중의 생존권 보장 등 사회적 주장으로 확대된다. 특히 이 시기 각종 선언문 및 성명서에는 '민 중'이란 용어가 등장하는데, 이는 그만큼 박정희 정권이 반민중적이 었음을 증명하는 것이며 이와 더불어 민주화운동이 민중지향성을 띠기 시작했음을 의미한다. 이때의 저항운동은 학생, 지식인뿐 아니 라 노동자, 농민 등 전 계층으로 확산되었으며, 무분별한 경제성장 정책으로 사회모순이 심화됨에 따라 민중들의 생존권투쟁도 활발히 전개되었다.

1. 인권론

　1970년대 '인간'에 대한 논의는 정권의 인권유린에 대한 비판에서 비롯되었다. 이 시기는 다른 어느 때보다도 인권유린이 심했다. 박정희 정권은 무고한 시민들을 마구 체포·고문하여 국민들을 공포로 몰아넣었다. 따라서 민주인사들은 인권의 절대성과 인간의 주체성을 강조하면서 이를 침해하는 정권을 비판했다. 특히 기독교계는 기독교 특유의 천부인권 사상을 근거로 인권문제를 강력히 제기했다. 또한 1970년대는 본격적인 여성운동이 시작된 시기로, 여성운동가들은 과거 여성운동이 소수 명망가나 중산층 여성단체를 중심으로 소극적인 활동에 그친 것을 반성하고, 여성 노동자 및 하층여성을 포함하여 여성이 당면한 억압과 고통을 극복할 수 있는 사회변혁운동을 모색하기 시작했다.

(1) 인권유린 비판

　이 시기 민주인사들은 무엇보다 정권의 인권침해에 대해 강력히 비판했다. 김재준은 박정희가 중앙정보부, 방위사령부, 경찰, 비밀경찰, 끄나풀 등을 동원하여 학원과 언론기관, 일반시민, 심지어는 교회집회에까지 숨어들어 죄인잡기 운동을 벌였으며, 그 모습이 마치 사냥꾼이 짐승 찾는 것과 같아 전 국민은 범죄인같이 기를 못 폈다고 비판했다(김재준 1974 ; 김재준 1983, 47). 그런데 이 당시 가장

"

공포스러운 인권 탄압은 무엇보다 '고문'이었다.

일제통치시대의 고문에다 다른 방법의 고문이 합쳐졌습니다. 박 정권의 집권기간과 더불어 고문방법도 점점 다양해졌습니다. 고통을 주는 것만이 목적이었지 달리 캐내려는 것도 아니었습니다. 활동했다고 해서 그러는 것이 아니라 전면 협력하지 않았다고 해서 그러는 것입니다. 위협하기 위한 것입니다. 육체고문에서 점점 정신고문으로 바뀌는 경향이 있습니다. 이빨을 뽑은 살무사가 우글대는 방에 처넣는 고문도 있다고 합니다. 믿기지 않겠지만 물론 이런 얘기들을 퍼뜨려서 비판적 행동을 미리 체념하게끔 하는 점도 있다고 생각합니다(岩波 1985, 28).

김형욱에 따르면, 중앙정보부의 직업 수사관들은 주로 사찰계 형사, 방첩부대 문관, 헌병하사관, 심지어 일제치하에서 설치던 조선인 헌병과 밀정 출신들로, 그 가운데는 일제치하에서는 일본 순사로 독립운동가들을 때려잡다가, 한때 공산당이 서울을 점령했던 시절에는 우익 민주인사를 때려잡고, 나중에는 공산당 간첩을 때려잡은 '천의 얼굴'을 가진 사나이도 있었다고 한다. 그들에게 이데올로기란 겉치레에 지나지 않았으며, 어떤 이데올로기의 이름으로도 사람들을 때리고 고문할 수 있는 천부적인 재능을 가진 무정부주의자들이었다. 다시 말해 그들은 누구든지 증오할 수 있고, 어떤 고문술도 개발할 수 있으며, 피의자를 학대함으로써 자신을 확인하는 사디스트들이었다(홍석률 2004, 62). 1975년에 작성된 국제사면위원회의 《한국에 파견된 사면사절단의 보고서》에 따르면 당시 수사관들은 다음과 같은 고문을 했다(NCCK 2122).

① 물고문: 호스를 사용하여 코에다 찬물을 강제로 부어넣는 고문. 이때 수건으로 입을 막아 피고문자는 호흡이 곤란해지게 된다. 몸에 고문의 흔적이 남지 않지만 정신적인 결과들을 초래한다.

② 전기고문: 특히 발가락이나 생식기 등 몸의 민감한 부분에 전류를 흐르게 하여 충격을 가한다.

③ 잠을 못 자게 한다. 어떤 경우에는 15일 동안이나 잠을 못 자게 하였다.

④ 구타. 특히 발바닥을 심하게 구타한다.

⑤ 천장에 거꾸로 매달아놓고 빙빙 돌린다.

⑥ 손가락 사이에 볼펜을 끼워 비틀고 볼펜으로 손가락을 으깬다.

⑦ 영하의 날씨에 옷을 다 벗긴 다음 찬물 속에 집어넣는다.

⑧ 불이나 담뱃불로 몸을 지진다.

⑨ 고문당한 상태로 치료를 하지 않고 방치한다.

⑩ 6일 동안이나 잠을 못자게 하고 흰 벽을 바라보고 앉아 있게 한다. 이런 경우 이틀 후면 환각작용을 일으킨다.

⑪ 정강이뼈를 구둣발로 찬다.

⑫ 계속 서 있게 한다.

⑬ 옆방에서 비명소리를 내게 하여 위협한다.

이러한 고문을 당하면 고막이 파열되고, 폐에 종양이 생기며, 항문이 탈항되고, 심장마비 증세, 뼈와 신경조직에 타박상이 생긴다.[1]

---

[1] 기타 수감자의 진술 및 가족들의 성명서에 따르면 다음의 고문들도 사용되었다. ① 비녀꽂기: 머리 뒤로 두 손에 수갑을 채우고 그 사이에 각목을 넣어 주리를 트는 고문. ② 통닭구이: 두 손을 뒤로 묶고 거기에 각목을 끼워 천장에 매어다는 고문. ③ 남녀를 불문하고 옷을 다 벗기고 팬티 차림으로 있게 한다. ④ 살해의 위협을 한다. ⑤ 강간의 위협을 한다. ⑥ 강간·윤간을 한다. ⑦ 욕조에 머리를 처박아 질식하게 한다. ⑧ 구둣발로 온몸을 짓밟는다. ⑨ 칠성판에 알몸으로 묶고 구타한다. ⑩ 고추가룻물을 코에 붓는다. ⑪ 앞

감옥에 수감되어서도 가혹행위는 지속되었다. 1979년 1월 30일 양심범가족협의회가 작성·발표한 〈법무당국에게 보내는 공개장〉을 보면 '일찍이 일본제국주의자들이 식민지 조선인의 탄압과 수탈을 위해 도입된 사법제도와 행형제도는 해방과 더불어 민주적 사법과 행형으로 탈바꿈되어야 하지만 지배집단의 이익과 보전을 위해 오히려 더욱 비민주적이며 비도덕적이고 비인간적인 양상으로 발전되어 왔다'고 지적하고 있다. 또한 "'때리고' '조져'야만 조선놈들은 말을 듣는다는 일본제국주의자들의 치욕적 인식은 오늘날 통치의 편의를 위해 그대로 수용되고 있는 실정"이라고 밝혔다. 대구교도소에서는 교도관들이 제소자를 집단구타하여 갈비뼈를 부러뜨리는 일이 발생했으며, 정당한 요구에 대한 응답이 왜 주먹과 발길과 욕설, 그것도 '칙소' '빠가야로' '고로' 등의 일본말로 행해졌는지 반문하였다(NCCK 1342~1343). 김재준은 1945년 8월 15일에 하나님으로부터 3천만 한국 민족에게 주어진 해방과 자유가 일개 일본식 장교2)에게 유린되고 3천만 인간이 죄수같이 되었다고 비판했다(김재준 1974 ; 김재준 1983, 96).

당시 천주교 주교단은 교서를 통해 "오늘의 사회에는 유괴, 투옥과 수감자들에 대한 고문이 자행"되고 "때로는 적법한 절차 없이 사람을 함부로 연행하고 구금하여 인간 증발의 가공할 죄악이 예사로이 저질러지고" 있다고 폭로했다. 또한 무신론을 신봉하는 정부

아! 일어서!를 수백 번 계속하게 한다. ⑫ 원산폭격: 군대 속어로, 머리를 땅바닥에 박은 채 양다리를 쭉 펴고 양손을 허리에 얹게 하는 고문. ⑬ 빈대붙어있기: 벽에 다리와 팔을 벌릴 수 있는 만큼 최대로 벌리어 밀착시키게 하거나 뒤로 바짝 젖힌 자세를 계속하게 하는 고문. 위 고문의 결과로는 타박상, 정신쇠약, 심신쇠약, 정신병, 반신불수, 내장파열 등의 증세가 나타난다고 보고되고 있다(NCCK 2123).
2) 박정희를 뜻함.

의 체제하에서 수백만의 무수한 사람들이 신앙 때문에 고통을 받고 있다고 했다(《암흑속의 햇불》 60~61). 기독교계 또한 〈한국 그리스도인의 신학적 성명〉에서, '인권을 보호할 목적으로 만든 법이 권력에 유린되어 영장 없이 체포되어 고문을 받고 정당한 변호의 길이 막힌 채 재판을 받는 일, 인권의 구체적 발휘의 방법인 언론의 자유를 봉쇄당하는 일, 부당한 것을 고발하고 불의한 것을 견제하기 위한 집단행위인 시위나 정치행위를 정당하지 못한 법으로 억압하는 일 등은 다 인권이 유린되는 일'이라고 비판했다(NCCK 406).

한국인권운동협의회는 기본권을 우리가 한사코 지켜야 할 인권이라고 표현하면서 5가지로 분류했다. 첫째는 굶어죽지 않고 먹고 살 수 있는 생존권, 둘째는 생각하며 살 자유와 권리, 셋째는 제 생각을 말과 행동과 창작활동으로 표현할 자유와 권리, 넷째는 제 생존권을 지키고, 제 생각을 펴고, 표현의 자유를 누리기 위해서 필요한 결사의 자유와 권리, 다섯째는 모든 사람이 제 인권을 지키고 북돋우며 키울 의무와 함께 이를 빼앗고 짓밟는 자들에게 저항할 권리였다. 그런데 유신헌법과 긴급조치 9호는 이러한 기본권을 침해하는 법이었고 따라서 마땅히 철폐되어야만 했다(NCCK 1633).

이렇듯 박정희 정권의 인권유린을 포함한 비민주적 처사에 대해 사회 각층의 비판이 잇따랐다. 이에 대해 박정희는 10월 1일 국군의 날 대통령 치사에서 "유신체제에 대하여 의도적으로 사회 일각에서 민주가 어떠니 자유가 어떠니 하고 물의를 일으키며 유신체제에 또다시 도전하고 있다는 사실을 나는 매우 중요시하고 이를 지켜보고 있다"고 협박조로 말하면서 큰 자유를 지키기 위해 작은 자유는 일시적으로 희생할 줄 알고 절제할 줄도 아는 슬기를 가져야 한다고 했다. 또 자유와 기본권을 이야기하는 국민들을 환상적 낭만주의자라고 일컬으면서 "악몽에서 깨어나지 못하는 사람은 참으로 한심한 일"이라고 비난했다. 그러나 이러한 '큰 자유론'도 강한 비판을 받았다. "큰 자유는 무엇이고 작은 자유는 무엇인가?"라고 반문하면서 기본권마저 짓밟히는 현실에서 큰 자유란 사치스런 얘기에 지나지 않고 이것이야말로 권력과 금력에 취한 환상주의적인 발상에서 나온 산물일 뿐이라고 반박하였다(《암흑속의 햇불》 1권, 203).

이 시기에는 생존권 등 사회·경제적 인권유린에 대해서도 비판하였다. 예를 들면 기독교계는 '권력의 부당한 개입과 경제구조의 병폐에 의한 물질의 편중으로 가난한 사람은 더욱 가난해져서 생존권마저 침해받는 일도 하나님께 속한 인권이 유린되는 일'이라고 주장했다(NCCK 406). 또한 주교 시노드(세계주교대의원회)는 '인공유산과 피임을 강요하는 행위와 유아와 노인, 병자와 무기력한 사람들을 아무런 양심의 가책도 없이 유기하는 죄악과 신문, 방송 등 매스미디어의 진실 결여도 현대사회를 의식적으로 허위로 오도하는 큰 죄악'이라고 강조했다(《암흑속의 햇불》 1권, 60~61).

이처럼 이 시기 종교계는 인권을 침해하는 절대권력 비판에 앞장섰다. 비판의 신학적 근거로는 첫째, 인권은 국가가 있기 전부터 하나님에게서 받았다고 하는 것이다(NCCK 405). 함석헌도 본래 사람이 있어서 사람 노릇을 더욱 잘하기 위해 나라를 세운 것이지, 나라가 먼저 있어서 사람이 생긴 것은 아니라고 주장했다. 그런데 그것을 알려주어도 듣지 않으려 한다면 반국가적인 행위라고 하면서 그럴 때는 국민의 이름으로 국가를 갈아치울 의무가 있다고 했다(《함석헌 전집》 8권, 464~465).

둘째, 국가는 이러한 인간의 기본권을 지킬 의무가 있으며 이를 어기는 것은 하나님의 뜻을 어기는 일이라는 것이다. 즉 국가는 하나님에게서 받은 기본권을 지키는 것이 첫째 임무라고 보았다. 1974년의 〈신학적 성명〉에서는 인간의 기본권인 생존과 자유를 빼앗는 권세는 하나님의 뜻을 배반하는 것으로 절대권은 하나님에게만 속해 있다고 선언했다. 또한 성서에는 이 절대권을 도용하여 상대적인 것이 절대화할 위험성을 막기 위해 땅 위에 어떤 형상(우상)도 만들지 말라고 기록되어 있다고 해석하였으며, 계시록에 하나님과 대결하는 세력을 무서운 짐승으로 상징한 것을 전거로 인간권리가 절대화된 권력에 의해 유린될 때 교회는 그것에 대해 투쟁해야 함을 주장하였다(NCCK 7~8). 천주교 주교단 또한 국민의 권리를 지켜주고 보호해주는 것은 공권력의 직무라고 하면서 그 근거로 교황 요한 23세의 《지상의 평화》 회칙의 내용을 다음과 같이 제시했다.

인간의 권리를 보호하고 자신의 직무를 완수할 수 있도록 해주는 것은 모든 공권력의 가장 주된 관심사이어야 한다. 다시 말해 어떤 공권력이든지 인간의 권리를 인정하지 않거나 이를 침범한다면 자기의 직무를 태만히 하였을 뿐만 아니라 그 명령들은 법적 효력을 결하게 된다(《암흑속의 횃불》 1권, 71).

〈신학적 성명〉은 다음과 같이 국가와 종교, 국가와 정부에 대해 논함으로써 당시 독재권력을 비판했다(NCCK 405).

인간의 기본권은 국가가 있기 이전에 하나님에게서 받았다. 국가는 하나님의 주권 아래서 인간의 기본권인 생명과 재산과 자유를 지킴으로써 인간으로서의 축복받은 삶을 즐길 수 있게 보장하는 정치적 한 단위이다. 정부는 이와 같은 목적으로 나라 살림을 위임받은 공복이다. 따라서 국가와 정부는 차원이 다르며 정부에 대한 충성이 곧 국가에 대한 충성은 아니다.

"모든 권세가 하나님에게서 왔다"(로마서 13장)는 말은 그것에 대한 복종을 말하기에 앞서 집권자의 한계를 규정하는 것이다. 집권자는 위와 같은 기능을 위임받은 자로서 그 한계 안에서 그 권세를 행사해야 한다는 말이다. 인간의 기본권인 생존과 자유를 뺏는 권세는 하나님의 뜻을 배반하는 것이다.

유신정권의 인권유린은 정권 스스로 민주주의 정부가 아님을 증명하는 것이었다. 유석종은 민주주의의 실현만이 개인의 자유와 권리를 최대한으로 보장한다고 주장했다(NCCK 297~298). 김재준은 민주주의를 개인의 인권과 '인간 위에 인간 없고 인간 아래 인간 없다'는 인간의 기본적인 평등을 중시하는 것으로 보았다. 그는 정치, 경제, 문화, 교육 등 모든 시책은 오직 인간을 위한 것일 때에만 의미를 가지며, 인간을 위한다면 우선 자유가 충분히 허용되어야 한다고 주장했다. 왜냐하면 자유를 제압·박탈당한 인간은 허수아비거나 기계, 종에 지나지 않기 때문이며 따라서 "민주주의는 인간에게 자유를 보장한다"고 보았다(김재준 1971, 462).3) 그는 민주주의의 생명을 개인의 인격적 결단, 개인의 양심과 양지(良知)로 보았다.

---

3) 이하 《김재준 전집》(1971) 관련 내용은 문지영(2002) 참조.

공산주의 사회에서는 집단 의지인 당 의지에 권위의 소재를 두는 것이
다. 그러나 민주주의 사회에 있어서는 궁극의 결정권은 '자기 자신'의 인격
적 결단에 있다고 보는 것이다. 어느 개인이 집단이나, 기타 어떤 외적 권
위에 봉사하며 복종한다 할지라도 그것은 자기 자신의 안으로서의 자유로
운 결단에 의하여 하는 것이다. 신앙의 자유, 양심의 자유 등이 헌법에 규
정되는 것은 이 내재적인 권위를 인정하기 때문이다. 개인의 양심을 억압
하거나 양지(良知)를 무시하는 것은 민주주의의 가장 싫어하는 바이다. 이
원칙은 결코 양보하지 못한 민주주의의 생명이다(김재준 1971, 289).

또한 김재준은 "인간의 잔학, 인간의 비인간화는 용납할 수 없으
며 인간잔학의 가장 두드러진 실례는 정치권력의 악용"이라고 지적
한 뒤 결론적으로 "인간의 자유란 전 인간(Total Humanity)으로서의
자유를 의미한다"고 주장했다. 또한 인권을 옹호하고 주장하는 것
은 결국 인간을 인간답게 대하자는 운동이며, 궁극적으로 억울한
사람을 사건별(Case by case)로 풀어주는 식의 흥정의 것이 아니라
인간의 발견, 존엄 그리고 인간의 구원과 완성을 위해서 인간 전체
를 완성하기 위한 행군이라는 넓은 의미에서 이해되어야 한다고 천
명하였다(NCCK 297).

(2) 인간론

이 시기 인간에 대한 논의는 인권의 절대성과 인간의 주체성을 강
조하는 쪽으로 전개되었다. 인권의 절대성은 주로 기독교의 천부인
권사상에 의해, 인간의 주체성은 당시 지식인들에 의해 강조되었다.

앞서 살펴보았듯이 주로 기독교 인사들이 정권의 인권유린을 비판하였다. 기독교계는 천부인권 사상을 근거로 인권문제를 강력히 제기했다.4) 인권문제가 1970년대 민주화운동에서 중심적 저항 의제로 다루어지게 된 이유는 교회의 영향을 받았기 때문이라는 것이 일반적인 평가이다(문지영 2002, 163~164). 이 당시 인간론 또한 기독교사상에 바탕을 둔 논의가 많았다.

첫째, 인간은 하나님의 형상대로 만들어진 존재이므로(창세기 1 : 27) 존엄하며, 인간의 권리는 절대적이라는 주장이다(NCCK 6).

> 인간은 하나님의 형상으로서 존엄한 존재이기 때문에 아무 것도 그것을 수단으로 삼지 못한다. 또한 어떠한 제도도 사람의 동등성을 유린할 수 없다. 하나님은 살인자 가인에게도 생명의 표를 달아 그 생명을 보호했으며, 사람의 생명은 천하를 주고도 바꿀 수 없다고 하셨으며, 예수님은 99마리 양을 두고 잃어진 한 마리 양을 찾는 목자의 심정으로 개개의 생명의 존엄성을 가르쳤다(NCCK 406).

국내외 많은 인사들의 구명운동을 일으킨 김지하의 양심선언 가운데 마지막 부분은, 민주화 투쟁의 이유를 '인간을 위해, 또한 자

---

4) 그러나 서구 역사를 볼 때 중세 교회는 인권에 대해 부정적이었다. "중세기 운동으로 일어난 또 하나의 줄기는 이른바 인문주의(Humanism)다. 그것은 계몽주의라는 물결을 타고 등장했다. 계몽주의의 본질은 자율, 이성, 자연, 그리고 조화를 근간으로 삼고 있다(P.Tillich). 그런데 서구 그리스도교 보수파들은 이것에 거세게 반발하고 '정통은 바로 반휴머니즘'이라는 어처구니 없는 도식을 만들어내기에 이르렀다. 그 이유는 그런 개념들에 대해서 무지해서라거나 그 개념들이 비성서적이기 때문이라서가 아니라, 그 개념들을 표방한 프랑스혁명 등이 교권을 뿌리로부터 흔들어 놓고 있었기 때문이었다. 그래서 교회는 인권에 대해서도 부정적인 태도를 취했다. 인권 개념은 바로 이 개념들을 전제로 하고 있었던 것이다."(NCCK 5~6)

유롭고 해방된 인간을 위해, 신이 창조한 인간을 본래의 모습으로 회복하기 위해'라고 밝히고 있다(김정남 2005, 134).

기독교인들은 예수의 십자가 사건이야말로 하나님이 인간의 존엄성을 증명한 사건이라고 주장했다. 김재준은 인간이란 온 천하를 주고도 바꿀 수 없을 만큼 존엄하고 고귀한 존재임을 하나님이 예수의 사건으로써 증명해주셨다고 했다(NCCK 297). 또한 그는 창조의 질서에서 인간의 존경을 말할 때 그것은 평등이라고 보았다. 사람은 사람이라는 적나라한 '인간성' 자체에서 출발하며, 여기에 '평등' 사상도 살아 빛난다는 것이다.

그러나 그는 이어 창조의 질서에서 인간의 '평등'이지 사회 실태에서 인간이 다 '균등'하다는 뜻이 아님에 주의해야 한다고 덧붙였다. 사회생활을 할 때 부지런한 자와 게으른 자가 똑같은 보수를 받고 기술자와 막벌이꾼이 꼭 같이 대가를 받아야 한다는 것은 아니며 직분의 차, 역량의 차, 남녀의 분야, 직장의 다양성 등은 저마다 그 능력에 따라 그에 합당한 정의가 수립되어야 한다고 했다. 즉 사회생활의 구체적 실태를 말할 때 거기에는 '수학적 균등'은 없다고 설명하면서 균등은 권위주의를 낳고 차이는 유기체적 조화를 가져온다고 주장했다. 또한 절대 균등이면 사회 교류가 안 되므로 생활이 불가능하다고 덧붙였다(김재준 1971, 285).

둘째, 인간은 하나님으로부터 권리를 받았으며 어떤 권력도 이를 침해할 수 없다는 것이다. 우선 하나님은 인간에게 자연을 가꾸고 살 권리를 주었으며 이는 하나님이 인간에게 자율권을 주셨음을 의미했다(NCCK 6). 김재준에 따르면 인간은 물건과 같은 존재가 아니라 물건의 세계를 초월하여 그 세계를 관조하고 비판하고 통치하는 존재로서 자유로운 존재였다(김재준 1971, 77). 〈신학적 성명〉은 하나님이 인간(아담)을 창조하시고 그에게 생육과 번성의 축복과 자연을 지배하고 다스릴 권리를 주셨는데(창세기 1 : 28), 이 권리로부터 생존, 창조, 개발의 자유권이 동등하게 주어졌다고 보았다. 그러므로 오늘날 생존, 언론, 신앙, 결사의 자유를 주장하는 것은 바로 하나님에게서 받은 권리라는 주장이었다(NCCK 406). '신앙과 인권' 협의회는 1973년 11월 24일 〈인권선언〉을 통해 인권은 하나님이 주신 지상의 가치이고, 하나님은 인간을 모든 속박에서 해방시키며 인권의 침해가 없는 사회를 이루어 나아가고 계신다는 것, 그리고 하나님의 역사하심을 따라 교회는 인권의 확립을 지상의 과제로 믿고(누가복음 4 : 16) 교회의 시대적 사명이 개인 생존의 근거이며 사회발전의 기초인 인권 확립을 확신한다는 것을 천명했다(NCCK 298).

지상의 제도와 법 또한 인권에 봉사하는 한도 안에서 인정하였다. 제도나 법이 사람을 위해 있지 사람이 제도와 법을 위해 있는 것이 아니기 때문이다. 그 근거로 '사람이 안식일법을 위해 있는 것이 아니라 안식일이 사람을 위해 있다'고 말한 예수의 가르침을 제시하였다. 즉 인간은 안식일의 주인(마가복음 27 : 28)이며 이것은 억압하는 제도나 법에 대한 첫 인권선언이고 예수님의 인권선언의 제1호라고 주장하였다. 이 선언은 인간이 자연을 다스리도록 되어 있는 창조질서에도 들어맞는다고 보았다. 따라서 국가의 안전보호, 경제발전, 그리고 온갖 제도와 조직도 인간(인권)을 위해서 있을 때에만 의미가 있고, 그것이 인권을 제물로 삼는 일은 용인될 수 없다고 주장하였다(NCCK 8, 406).

(3) 사유재산권과 공공선

인간은 하나님의 형상을 따라 창조되었으므로 절대적 권리를 갖는 존재이긴 하나 자연인으로서의 인간은 반드시 선한 본성을 갖는다고 할 수 없다. 이는 김재준이 창조의 질서에서 인간의 존엄성과 사회생활의 실태에서 인간이 갖는 한계를 구분한 것과 관계가 있다고 하겠다. 그는 마키아벨리가 생각한대로 인간성은 본래 악하고 이것이 인간 진실의 전부라고 말할 수 없으나 확실히 인간의 사실성을 잘 드러낸 관찰의 결과라고 생각했다(김재준 1971, 476). 그는 바로 이러한 인간 본성이 민주주의 체제를 필요로 하게 되었다고 보았다. 즉 플라톤의 국가론에서처럼 절대적인 철인이 없기 때문에 민주제도가 생겨났으며(김재준 1971, 373) 국민들로부터 위임된 권력을 제대로 행사하느냐 안 하느냐를 확인할 민주주의가 반드시 요구된다는 것이었다. 왜냐하면 다수결에 따라 선출된 집권자라 할지라도, 그리고 선한 뜻에서 제정된 법률이라 할지라도, 그 집권자 또는 집행자가 인간으로서 온전히 선할 수는 없기 때문에 이를 감시하고 고발하고 시정하는 대립적인 세력이 형성되어야 한다는 입장이었다(김재준 1971, 464).[5]

김재준은 특히 '자기중심적이고 이기적인 인간 권세욕, 소유욕 등 사욕의 화신같은 인간들'을 비판했는데(김재준 1971, 421) 이는

---

5) 문지영은 인간 본성에 대한 이러한 견해가 그의 기독교 신앙에서 비롯된 것으로 보았다. 즉 인간의 성악설에 대한 김재준의 입장은, 원죄를 지고 태어나는 인간을 그리스도의 죄 사함의 은혜를 얻기 전까지 '죄인'으로 여기는 기독교적 관점에서 이해해야 하는 것이었다(문지영 2002, 168).

나길모 주교의 강론에서도 드러난다. 즉 그는 인간의 사유재산권에 대해 "교황 요한의 말씀에 따르면 이 권리는 각자의 인격을 보장하고 다방면의 책임을 수해토록 하는 최저의 수단을 마련해 주는 것"이고 견실하고 안정된 가정생활 및 평화롭고 질서 있는 사회 발전의 요소가 되는 것으로 사유권에는 사회적 의무가 포함되어 있다는 사실을 각성해야 한다고 주장했다(《암흑속의 횃불》 1권, 85). 그리고 인간은 공생활에 적극적으로 참여하고 시민들의 공동선을 위하여 헌신할 권리가 있으며, 인간 자체를 사회생활의 대상이나 수동적 요소처럼 생각하여서는 안 되고 도리어 주체, 토대, 목적으로 추대하여야 한다는 교황 비오 12세의 언급을 지적했다. 인간은 공동선을 위해 다른 사람들의 권리를 보호할 의무가 있으며, 다만 자신의 권리만을 위하고 다른 사람들의 권리들에 대해 무관심하면 공동선은 손상되고 결국에는 무정부 상태가 된다는 것이었다(《암흑속의 횃불》 1권, 85). 더 나아가 모든 물질은 인간이 소유한 것이 아니라 단지 일시적으로 맡겨진 것이라는 주장을 펼쳤다.

이 세상의 모든 물질은 인류의 공동선을 위하여 인류 공동체에 맡겨진 것입니다(창세기 1 : 9). 이 세상의 모든 소유자는 하느님이 인류에게 주신 공동 재산의 일시적인 관리자에 지나지 않습니다. 남의 재산을 관리하는 사람일진대 그 재산을 주인의 뜻대로 관리해야 할 것입니다. 그렇다면 이 세상에서 크든 작든 물질의 관리자인 인간들은 물질을 사용함에 있어서 하느님이 원하시는 법칙대로 사용해야 할 의무를 지닌 것입니다. 내가 노력해서 획득한 것은 절대적으로 내 것이라는 사상이 우리 국민들과 지도자들에게서 불식되지 않는다면 내일의 암담한 상태를 막을 수 없습니다.

“너는 이웃을 억압하거나 약탈하지 말라. 날품팔이의 삯을 다음날 아침까지 밤새도록 가지고 있지 말라”(레위기 19 : 13)고 하셨습니다(《암흑속의 횃불》1권, 159~160).

이 같은 현실에서 인권옹호를 위한 신학적 작업은 새로운 차원에서 전개되어야 한다. 이러한 신학적 작업에서 가장 뚜렷한 거점은 모든 것은 하나님께 속했다는 사실이다. 하늘도 땅도, 그 위의 인간 그리고 물질이 모두 하나님에게 속해 있다는 사실, 이것을 법적, 사회학적 개념으로 바꾸어 말한다면 ‘공’(公) 개념의 회복이다. 하나님이 세계를 창조했을 때 그것은 어디까지나 공적인 것으로 창조한 것이다. 그런데 ‘공’(公)을 사유화하는 데서 인권유린이 시작된 것이다. 대지는 경작해서 먹고 살도록 있는 것이지 사유화하라는 것이 아니었다(NCCK 11).

즉 이런 세상에서 신학이 할 일은 하나님의 것, 그 공(公)의 영역을 사수하는 일이라고 강조하면서 하나님의 것은 하나님에게, 공적인 것은 공으로 되돌리지 않고는 인권옹호가 성취될 수 없다고 주장하였다. 그리고 이러한 신학적 주장은 이미 성서에 제도적으로, 즉 안식년과 희년제도로 나타나고 있다고 했다. 이는 사유화했던 것을 공(公)으로 되돌리는 제도로서 예수가 희년제도를 하나님 나라와 결부시킨 것은 큰 시사를 준다는 것이었다. 이 같은 주장은 사회 일부 계층의 기득권 사유화를 비판한 것이며 동시에 정권의 권력 사유화를 비판한 것이라고 할 수 있다.

하나님 나라는 오직 하나님의 주권만이 있는 현실이다. 그것은 바로 공

(公)만 있고 사유나 독점은 없다는 말이다. 그러므로 하나님 나라 도래와 심판은 나뉘어질 수 없는 동전의 양면과 같은 것이다. 심판은 바로 사유화 한 모든 기득권을 공(公)으로 돌리는 일이다. 그런 의미에서 하나님 나라는 신천지 개벽이다. 그러므로 인간을 위한 투쟁은 하나님 나라 건설이라는 궁극적 소망 아래서 진행되어야 한다(NCCK 11~12).

함석헌도 사사로움에 우선하는 공정과 양심을 강조하면서 공정을 나타내기 위해 일체의 강제나 수단을 쓰지 않아야 한다는 점, 양심은 지극히 연약하지만 그 연약이 권위라는 점, 양심의 명령을 들으려면 모든 사사로운 감정과 힘을 버려야 한다는 점, 제도나 폭력의 위협이 있는 곳에 양심의 작용이 있을 수 없다는 점을 강조했다(《함석헌 전집》 8권, 194). 또한 양심은 개인 속에 있지만, 그것은 개인의 것이 아니고 전체의 것이라고 했다. 즉 전체가 현실의 어려운 생활을 통해 얻은 정신적 유산의 결정이 곧 인생의 양심이라는 주장이었다(《함석헌 전집》 14권, 80).

(4) 여성의 인권

1970년대는 본격적으로 여성운동이 시작된 시기이기도 하다. 1950~1960년대 여성운동은 대체로 체제유지의 성격이 짙었고 자체교양과 친목, 자선사업 등 봉사활동에 치중했다. 또한 반공, 반북을 주장하면서 정부 정책에 호응했다(이우정 1994, 366).

이우정에 따르면 우리 역사에서 여성운동이 시작된 것은 18세기 후반 천주교 신앙운동 때부터이다. '하나님의 형상대로 지음받은 인

간은 누구나 귀중하고 동등한 인격체로서 대우를 받아야 한다'는
천주교의 교리는 당시 전통적인 가부장제도하에 사는 여성들에게
큰 충격을 주었다. 또한 1869년 발생한 동학운동의 이념 또한 남녀
의 구별을 부정하였다. 제2대 교주 최시형은 "나는 비록 부인, 소아
의 말이라도 또한 천어(天語)로 알고 배울 것은 배우고 스승으로 삼
을 것을 스승으로 삼았노라"라고 하여 여성과 아이에게도 인시천
(人是天)으로서 인격이 있음을 선언했다(이우정 1994, 350~352). 개화
기에 전해진 기독교 또한 서구 개인주의에 바탕을 둔 인격적 존재
로서 여성문제를 다루기 시작하면서 폐쇄적 봉건주의의 전제로 잔
존해 있던 남존여비의 가부장제도에 간접적으로 도전했다.

그러나 박상증은, 총체적으로 볼 때 필리핀의 경우에서 보여지듯
이 기독교는 제도적인 측면에서 여성차별을 지속해왔으며 이것을
극복하는 것이 기독교의 과제라고 주장했다(박상증 1995, 146). 김순
환도, 기독교가 여성교육에 힘쓰면서 여성의 문명퇴치에 공헌을 했
지만 시간이 흐름에 따라 지식층 여성들의 규합에만 주력을 두고
정치, 사회 의식개조에는 관심이 없었을 뿐 아니라 일제의 착취와
억압으로 말미암은 노동자, 농민, 여공들의 빈곤과 고난의 현실을
외면하면서 오히려 그 원인을 개인의 죄과로 미룬다거나 저 세상으
로 모든 것을 도피시켜 현실에서 능동적이고 자주적으로 삶을 영위
해야 하는 여성들의 의식을 마비시키는 악 역할을 해왔다고 비판했
다. 더 나아가 일제 말기 여성 기독교인들이 내선일체를 부르짖으
며 여성들에게 전쟁의식을 고취시키고 일제를 미화하여 징병, 학도
병, 심지어 20만 명의 처녀들을 위안부로 공출하는 데 앞장섰다고
지적했다. 해방 후에도 여성단체는 독재 정권과 미국의 정책을 도

와 빈민층 여성들이 여러 방식으로 착취당하고 인권을 유린당하는 것을 외면했다고 비판하였다(김순환 1994, 167~169).

1970년대의 여성운동은 이러한 과거의 여성운동에 대한 반성과 비판으로 시작되었다. 그동안 여성운동은 소수 명망가나 중산층 여성단체를 중심으로 소극적인 활동을 해왔으며 민족분단이나 하층 여성의 고통에 무관심하고 오직 현상유지에 기여했다는 것이다. 때로 어용여성단체들은 오히려 여성들을 억압하는 데 동조했다고 지적받았다. 그러나 1960년대 후반에서 1970년대에 걸쳐 여성, 특히 하층 여성들이 대거 사회진출을 하게 되면서 여성들에 대한 시각이 달라지기 시작했으며, 여성이 당면한 억압과 고통의 원인을 구조적으로 분석하고 그것을 극복할 수 있는 사회변혁운동을 모색하기 시작했다. 그리하여 여성학, 여성신학의 논리를 개발하였으며 여성운동가들은 하층 여성의 생존권을 위한 치열한 투쟁과 연대하여 참여하기 시작했다(이우정 1994, 366~367).[6]

그러나 이우정은, 이 시기 여성들이 생존권문제에 대해서는 치열하게 투쟁하면서도 여전히 성차별적 인식을 갖고 있었다고 지적한다. 즉 여성들은 현모양처를 최고의 미덕으로 보고 여성의 일차적 역할은 가정에 있다고 생각했으며 직업도 결혼하기 전까지만 갖거나 가계에 보탬이 되는 수입을 위한 것이라고 여겼다. 또한 순종과

---

6) 또한 이 시기 여성운동에서 특기할 만한 것은 교회여성운동이 핵문제에 관심을 갖고 그 파괴력에 대해 경고하기 시작했다는 것이다. 교회여성연합회는 일본에 투하된 원자폭탄의 한국인 피폭자들의 참상을 알리고 그들을 후원했으며 일본정부와 한국정부에 보상을 요구했다. 또한 재일 동포에 대한 일본의 차별문제, 산업화에 따르는 공해문제 등으로 관심을 넓혀갔다. 이러한 1970년대 교회여성의 평화운동은 1980년대 반전평화운동으로 발전하였다. 또한 여성노동자들의 각성과 조직적 활동은 1987년 21개 여성단체가 연합된 한국여성단체연합을 결성시켜 여성의 권익 및 생존권을 위한 여성운동 세력의 전국적 조직화를 이루었다(이우정 1994, 368~370).

수동적인 태도가 여성답다고 생각했다. 고용주들은 이러한 여성의 가치관을 이용하여 남성보다 낮은 임금으로 고용하였고 결혼을 하면 퇴직하는 것을 당연하게 여겨 이를 강요했다. 그러나 이러한 1970년대의 경험은 여성노동자들의 문제를 새롭게 인식하게 하였으며 이후 직장에서의 성차별문제를 비롯하여 사회의 성차별문제를 구조적으로 바라보게 하는 계기가 되었다(이우정 1994, 367~368).

1970년대 인권에 관한 논의는 여성의 권리에 대해서도 제기하도록 했다. '여성과 인권'을 주제로 한 강연에서 이태영은 "여성의 인간으로서의 자기상실을 회복하는 길은 멀고 어둡다"고 지적하면서 여성은 인간으로서의 권리 침해로 인하여 죽은 인생이 되었고 수단으로써의 인생으로 전락하였다고 비판했다. 왜냐하면 기본적 인권인 인식에 대한 자유, 신분에 관한 자유, 사회적 행위의 자유, 재산권·노동에 관한 권리, 사상·학문의 자유, 신앙의 자유, 교육을 받을 권리 등의 측면들을 고려할 때 어느 한 측면에서도 여성의 권리가 바로 보장받고 있지 못하기 때문이다. 또한 여성의 인권문제가 해결된다면 그것은 인류문제의 절반을 해결한다는 것과 상통한다고 역설했다(NCCK 297~298).

이 시기 여권과 관련해서 많이 등장했던 논의 가운데 하나는 정부의 관광매춘 조장과 관련된 것이었다. 한국기독교교회협의회 인권문제협의회는 '인권선언'을 통해 한국사회 속에서 여권의 신장은 가장 시급한 과제라고 하면서 "'관광진흥'이라는 미명 아래 방관 내지 조장되고 있는 관광기생의 국제 매음행위는 중지되어야 한다"고 주장했다(NCCK 299). 이들은 "외화획득이라는 명목으로 진행되는 타락풍조와 특히 여성의 도덕적 희생이 공적으로 용납되고 있는 사

태는 교회의 양심이 이를 묵과할 수 없으며, 이를 막기 위해 기독교
여성들이 분발하여 사회정화운동을 전개해 줄 것"을 강하게 요청했
다(NCCK 239). '여성의 도덕적 희생이 공적으로 용납되고 있는 사
태'란 정부가 앞서서 성매매 관광을 권장하고 있는 현실을 뜻한다.
선우학원은 관광산업이 매춘산업을 의미한다고 잘라 말했다. 그는
매춘산업으로 벌어들인 수입 8억 달러로 박 정권의 차관 상환액 약
26억 달러(1981년도 책임)의 30%를 담당하게 할 모양이라고 꼬집으
면서 그 때문에 금년도에 정부는 50여 개의 여행사 대표를 소집하
여 1978년 내로 50% 이상의 비즈니스 증가를 명령했다고 지적했다.
또한 이 상황에서 착취를 당하는 여성들은 대부분 빈민촌과 빈농
출신이며 이런 상태가 지속될수록 인간의 존엄성이 무시될 것이라
고 비판했다(선우학원 1978, 25).

김관석은 일본인들을 경제적 동물이라고 비난하기에 앞서 돈에
몸을 팔고, 문화재를 헐값에 팔아먹는 우리 자신을 비판해야 한다
고 주장했다(김관석 1973b, 40). 김재준도 '기생관광'이 정부 수입예
산의 중요한 세입항목이라는 사실을 지적하면서, 박정희 정권은 돈
이 무한정 필요하여 "돈이 부족하면 인간도 염가로 떰핑"하는 정권
이라고 비판했다. 이는 인신매매와 다르지 않고, "일본 놈팽이들에
게 한국 아가씨들을 여관티켓에 붙여 넘겨"준 것이라고 강하게 비
난했다(김재준 1974 ; 김재준 1983, 47~48, 330).

김재준은 또한 여성이 가정 안에서 당하는 인권유린을 비판했다.
그는 집단 자살이라고 하는 한국사회의 특이한 현상과 함께 여성의
예속성에 대해 언급했다.

한 집안 식구의 '집단 자살' 같은 것도 한국사회에 특유한 비극이라 하
겠다. 그것은 한 가정의 성원 하나하나가 불가침적인 개인권을 갖고 있다
는 엄숙한 '개인주의'를 이해하지 못하고 다만 '집'이라는 집단으로서의 의
미만을 생각하기 때문에 감행되는 일이라 하겠으며 여자의 목숨은 부모
특히 가장의 권위에 속해 있다고 생각하기 때문에 자기들과 함께 여자도
죽게 만들면서 그것을 당연한 것 같이 여기는 것이 아닐까 한다(김재준
1971, 394).

위의 언급은 여성의 인권이 유린되는 이유 가운데 하나가 여성을
하나의 인간으로 보지 않고 남성, 가장에 속해 있다고 보는 가부장
적 이데올로기 때문이라는 사실을 알려준다.

크리스챤 아카데미는 1975년부터 중간집단 교육을 실시했는데,
그 가운데 가장 중점적으로 강조한 프로그램이 여성사회의 인간화
프로그램이었다. 직업여성 교육 및 주부아카데미 등 각계각층의 여
성들에게 여성권리, 양성평등, 사회구현 등의 프로그램을 수행하여
큰 성과를 거두었다. 이러한 프로그램의 주 강사였던 강원용 목사
는 당시 WCC의 실행위원으로서 서구의 여성해방 프로그램과 유기
적 관련을 맺으면서 그 프로그램의 세계성에 치중하여 여성 의식화
을 이끌어내는 데 성공했다는 평가를 받았다. 이 프로그램의 영향
은 여성 문인, 여성 기자, 여성 교사, 여성 대학교수, 주부들에게까
지 폭넓게 확산되어, 한국 여성운동 개척사의 한 장을 장식하였다
고 할 수 있다.

(5) 인권 보호를 위한 교회의 역할

1970년대 기독교인들의 선교활동은 인권옹호와 궤를 같이했다고 평가되고 있다. 빈민선교, 산업선교, 농민선교 등 구체적인 삶에 관심을 갖는 선교 개념들이 등장했다는 점이 그 증거이며, 이는 교회 인권운동의 출발부터 신학적 이론보다 구체적 실천이 앞섰다는 사실을 보여준다고 할 수 있다. 즉 교회의 인권운동은 신학적 연구의 귀결이라기보다는 구체적인 실천이 가져온 결과라는 것이다. 이 시기 인권과 관련된 선언들이 많이 쏟아져 나왔는데, 그 가운데서도 1974년 11월 〈한국 그리스도인의 신학적 성명〉은 당시의 인권에 대한 신학적 입장을 잘 집약하고 있다. 이 〈신학적 성명〉은 그 시대를 세 가지 시각, 즉 권력이 그 한계를 알고 정의를 위해 행사되고 있는지, 하나님께 속한 인간의 기본권이 보장되고 있는지, 신앙행위의 자유가 보장되어 있는지에 초점을 맞추었는데, 그 결과 이 세 가지 모두에 철저히 부정적인 결론이 내려졌다. 한마디로 인권유린의 장본인이 국가를 등에 업은 정권이라는 사실을 인식하고 있었다(NCCK 4~5).

이와 더불어 〈신학적 성명〉은 교회의 본질을 천명하였는데 그 내용은 무엇보다 하나님이 이 세상을 구원하고자 보낸 그리스도를 권력자가 처형했다는 것, 그러나 하나님은 그를 다시 살렸다는 것, 그리고 이 십자가와 부활의 사건이 하나님의 구원행위이며 교회는 이 신앙 위에 세워졌다는 것이다. 따라서 교회는 언제나 권력자와 긴장관계에 있을 수밖에 없으며, 무엇보다도 가난한 자와 눌린 자들의 편에 서서 그들의 인권을 찾아주는 일을 직접적 사명으로 해야 한다고 주장하였다(NCCK 7~8).

고범서는 인권의 근거를 성서에 두면서, 인권문제는 본질적으로 기독교의 문제요, 크리스천의 책임에 속하는 것으로서 교회는 인권의 수호와 신장에 대한 책임을 느끼고 그것을 실천하는 데 필요한 행동을 취해야만 한다고 주장했다. 또한 크리스천과 교회는 인권을 침해당하고 있는 개인을 돌아볼 책임과 더불어 그러한 인권침해의 근원이 되는 사회적·정치적 원인을 제거하는 책임도 있다고 하면서 크리스천이 인권수호와 신장에 기여하려면 연대성을 갖고 모든 힘을 집중적으로 기동성 있게 동원하지 않으면 안 된다고 강조하였다(NCCK 297~298).

천주교 주교단은 교서를 통해, 1971년 로마에서 개최된 주교 시노드가 채택한 〈세계정의〉라는 문헌에서 교회가 불의한 사회체제와 조직구조로부터 폭행과 억압을 당하여 고통 받고 있는 사람들의 부르짖음을 귀담아 듣고 또 창조주의 계획에 위배되는 죄악으로 말미암은 세상의 애원을 경청하여 가난한 이들에게 복음을 전하고 억압 받는 이들에게 자유를, 괴로움을 당하는 이들에게 기쁨을 선포해야 할 소명을 가졌음을 밝히고 있다고 주장했다. 또한 교황 바오로 6세의 〈민족들의 발전 촉진에 관한 회칙〉은 특히 개발도상국의 평신도들이 현세의 질서를 쇄신하는 것을 그들 고유의 사명으로 알고 이를 수행해야 한다고 언급했음을 강조했다. 다시 말해 주교들의 역할은 이 같은 문제에 대하여 도덕적 규범을 가르치고 유권적 해석을 내리는 데 있으며, 평신도들은 피동적으로 지침이나 명령만을 기다릴 것이 아니라 자발적인 창의와 계획으로 사람들의 정신과 풍습, 사회공동체의 법제와 조직을 그리스도화하는 것을 자신들의 의무로 생각해야 한다고 주장한 것이다(81항)(《암흑속의 햇불》 1권, 60~61).

또한 앞서 언급했듯이 공동선을 위해 재산권이 제한되어야 하는 것처럼, 인권 보호를 위한 교회 및 신자의 역할도 마찬가지로 사회의 공동선을 실현하기 위한 것이라고 주장하였다. 〈현대세계의 사목헌장〉은 모든 인간의 존엄성을 가르치면서 우리들이 결코 사회문제에 무관심하거나 비겁한 나머지 단지 개인주의적 윤리관에 만족해서는 안 됨을 깨우치고 있으며, 각 사람이 자신의 능력과 타인의 필요에 따라 공동선에 기여하고 사적·공적 제도들을 촉진하고 원조하여 생활 조건 개선에 이바지할 때 정의와 사랑의 의무는 더욱 잘 충족된다고 천명했다고 밝혔다(현대세계의 사목헌장 30항). 이는 크리스천이면 누구나 자기가 살고 있는 사회와 세계의 문제, 그 가운데서도 불우하고 가난한 이웃 또는 부당한 인권침해로 고통 받고 있는 이웃에 대한 문제에 무관심해서는 안 된다는 것으로, 무관심은 사랑의 결핍이며 사랑이 없는 곳에 하나님은 계시지 않다는 뜻이었다(《암흑속의 햇불》 1권, 60~61).

더불어 주교단은 교황 요한 23세가 유명한 회칙 〈지상의 평화〉를 통해, '한 사회의 공동선은 그 사회를 구성하는 모든 사람들의 인간 존엄성과 인권이 그 사회의 공권력에 의해 존중되고 수호될 때 비로소 달성된다'고 했다는 사실을 상기시키면서(지상의 평화 제2부), 이 같은 교회의 가르침에 비추어볼 때 주교들은 인간의 기본권과 공동선 수호를 위해 말해야 할 중차대한 의무와 책임을 지고 있고, 이 책임과 의무는 결코 순수 종교적 분야에만 국한되지 않고 인간 기본권과 공동선에 관한 한 정치·경제·사회의 모든 도덕적 분야에까지 미친다고 강조했다(《암흑속의 횃불》 1권, 62).

2. 문인과 언론인의 역할

1980년대가 학생과 노동자의 투쟁이 고무되는 시기였다면 1970
년대는 지식인의 실천이 요구되는 시대였다. 리영희 등 당대를 대
표하는 지식인은 1970년대를 지나 그 뒤에도 민주화운동에 광범위
한 영향을 미쳤다. 또한 김지하 등 문인들은 문학으로 사회모순을
밝히고 양심선언 및 시국선언을 통해 직접적인 저항운동을 벌였다.
또한 대다수 언론이 이전 시기와 마찬가지로 권력의 지시에 따르는
행태를 보였으나, 경향신문, 조선·동아투위(동아자유언론수호투쟁위
원회) 등, 지배권력의 언론이기를 거부하고 민중과 민족을 위한 언
론을 지향하는 언론인들도 등장했다.

(1) 문인의 역할

이 시기에 비판적 문인들은 문학을 통해 정치적·사회적 모순을
폭로하거나 시국선언에 동참하는 등 직접적으로 저항운동을 벌였
다. 1971년 결성된 민주수호국민협의회에는 김지하, 이호철, 남정
현, 한남철, 염무웅, 조태일, 박태순 등의 문인들이 참여했으며 1973
년 '지식인 15인 시국선언'에는 김지하와 이호철이 참여했다(김정남

2005, 80). 1974년 1월 문인 61명은 '개헌청원 1백만인 서명운동'에 동참한다는 성명서를 발표했다. 성명서에는 고난에 찬 민족의 현실을 직시하고 인간의 인간다운 삶을 이 땅에 실현하겠다는 열의에 불타는 문인만이 참다운 민족문학의 역군이 될 수 있다고 믿는다는 것, 인간다운 삶의 실현을 위해서는 양심의 자유와 표현의 자유를 포함한 국민의 기본적 인권이 제도적으로 보장되어야 한다는 것, 민주적 질서를 회복하기 위한 헌법개정을 청원하는 것은 국민의 당연한 권리며 우리는 이 권리를 결코 포기하지 않을 것, 우리는 국민의 편에 서서 용기와 신념을 갖고 민주주의와 사회정의를 위해 싸우는 모든 양심적인 지식인들과 더불어 어떤 가시밭길도 헤쳐 나갈 것을 다짐하는 내용이 담겨있었다(NCCK 311). 같은 해 11월 백낙청, 신경림, 고은, 이문구, 한남철, 조태일, 황석영, 최민, 이성부 등은 '문학인 101인 선언'을 발표하고 자유실천문인협의회를 결성했다. 이후 이 협의회는 1987년 6월항쟁을 거치고 그해 민족문학작가회의로 확대개편한 뒤 오늘에 이르기까지 꾸준한 활동을 보이고 있다(김정남 2005, 85~86).

이 당시 대표적 저항시인으로 김지하를 들 수 있다. 특히 그의 시 〈오적〉은 당시 큰 반향을 불러일으켰다. '오적'이란 재벌, 국회의원, 고급공무원, 장성, 장·차관을 가리킨다. 그는 시를 통해, 재벌은 "세금받은 은행돈, 외국서 빚낸 돈, 왼갖 특혜 좋은 이권은 모조리 꿀꺽"하고 "귀띔에 정보얻고 수의계약 낙찰시켜 헐값에 땅샀다가 길뚫리면 한몫잡고 천원공사 오원에 쓱싹, 노동자임금은 언제나 외상"이라고 풍자했다. 국회의원은 "혁명공약 모자쓰고 혁명공약 배지차고" 혁명과 근대화를 외치면서 "구악은 신악으로" "부정축재는 축재부정으로" "부정선거는 선거부정으로" "빈농은 이농으로"
바꾸기만 했을 뿐이라고 비꼬았다. 고급공무원은 "공은 쥐뿔 없는
놈이 하늘같이 높이 앉아 한손으로 노땡큐요 다른 손은 땡큐땡큐"
하면서 "되는 것도 절대 안돼, 안될 것도 문제없어, 책상위엔 서류
뭉치, 책상밑엔 지폐뭉치 높은놈껜 삽살개요 아랫놈껜 사냥개라, 공
금은 잘라먹고 뇌물을 청해" 먹는다고 묘사했다. 장성은 "쫄병들 줄
쌀가마니 모래가득 채워놓고 쌀은 빼다 팔아먹고 쫄병 먹일 소돼지
는 털한개씩 나눠주고 살은 혼자 몽창먹고 엄동설한 막사없어 얼어
죽는 쫄병들을 일만하면 땀이난다 온종일 사역시켜 막사지을 재목
갖다, 제집크게 지어놓고 부속 차량 피복 연탄 부식에 봉급까지, 위
문품까지 떼어먹고 배고파 탈영한놈 군기잡자 주어패서 영창에 집
어넣"는다고 군대의 부패를 비판했다. 장·차관에 대해서는 "검정
세단 있는데도 벤쯔를 사다놓고 청렴결백 시위코자 코로나만" 탄다
고 하면서 "예산에서 몽땅먹고 입찰에서 왕창먹고" "켄트를 피워물
고 외래품 철저단속 공문"을 쓴다고 비판했다. 재판에서 김지하의
이 시는 "계급의식을 조성, 북한의 선전자료에 이용되었으므로 유
죄로 인정된다"는 판결을 받았다. 그러나 이후 대학가 및 노동운동
계에서는 이와 비슷한 형태의 글들이 많이 지어져 돌아다녔다(김정
남 2005, 186~187).

　김지하는 1970년대를 대표하는 시인으로, 김지하의 등장과 함께
1970년대의 시에는 민주화와 사회경제적 평등이 중요한 문제로 부
상했다. 그는 저항시, 민중시, 사회시 등 참여시의 방향을 제시했고
전통 판소리 형식을 빌려 전통과 현대의 접맥을 시도하기도 했다
(임영태 2008, 491). 김지하는 1974년 민청학련사건으로 구속되어 사

형선고를 받았다가 이후 무기징역으로 감형되었는데 그는 최후진술에서 다음과 같이 말했다.

> 나는 시인입니다. 시인이라는 것은 본래부터가 가난한 이웃들의 저주받은 생(生)의 한복판에서 서서 그들과 똑같이 고통 받고 신음하며 또 그것을 표현하고 그 고통과 신음의 원인들을 찾아 방황하고 그 고통을 없애며 미래의 축복받은 아름다운 세계를 꿈꾸며 그 꿈의 열매를 가난한 이웃들에게 선사함으로써 가난한 이웃들을 희망과 결합시켜 주는 사람입니다 (《암흑속의 횃불》 3권, 86).

그는 그 뒤로 여러 차례 투옥되었고 사형선고를 받을 가능성이 커졌다. 그때 나온 대책이 '김지하의 양심선언'이었다. 즉 김지하의 주변 인사들은, 옥중의 김지하로 하여금 진실을 담은 양심선언을 작성하게 하고 그것을 반출해 국내외에서 광범위한 구명운동을 전개해서 국제적인 여론의 힘을 빌려 김지하를 구출하자는 계획을 세웠다. 이 일은 성공적으로 이루어져 국내는 물론 세계 각지에서 김지하를 구출하기 위한 구명운동이 광범위하게 전개되었다.

'양심선언'에서는, 김지하 자신을 공산주의자로 몰아가는 것은 "나 개인에 대한 모략만이 아니라 우리들의 민주회복운동 전체와 사회정의구현을 위해 투쟁하는 신·구교회에 대한 중상·모략 소동의 일환이며, 특히 천주교정의구현전국사제단의 활동과 민주회복국민회의 및 일체의 청년학생운동을 용공으로 몰아 압살하려는 대탄압의 예비작업인 것이다"라고 밝혔다. 정권의 용공조작에 대해 김지하는 다음과 같이 말했다(김정남 2005, 127~133).

어제오늘에 시작된 것이 아닌 이 지긋지긋한 반공법 제4조의 상투적·견강부회적·무차별적·모략적 적용이야말로 우리 사회의 정신적 성장과 발전을 가로막아온 최대의 질곡이며, 우리 민중으로부터 말의 자유를 빼앗아 숨막히는 암흑과 침묵의 문화를 보급함으로써 민주주의를 압살하고 부패특권의 압제권력을 유지해온 최대 억압의 무기이다. 나는 이에 대하여 자유의 이름으로, 머리끝부터 발끝까지 치떨리는 분노로 항의한다. 나는 나에게 들씌워진 이 더러운 질곡을 단호히 거부한다. 인간을 인간답게 하는 개성의 허용, 사상의 자유, 표현의 자유를 온몸으로 요구한다.

김지하 외의 다른 많은 문인들도 이 시기에 탄압을 받았다. 1977년 6월 시인 양성우가 국가모독 및 긴급조치 9호 위반 혐의로 구속되었는데 문제가 된 그의 시는 〈노예수첩〉으로, 일본 《세카이》지 1977년 6월호에 번역·게재되기도 했다(NCCK 1634). 그 내용 가운데 "날마다 숨어앉아 만드는 법률, / 천만 개의 법률로 배를 채우고" 등은 국가의 긴급조치가 자행하는 인권유린을 비판했다는 죄로, "시멘트에 파묻혀서 금수강산이 / 펭키 속에 파묻혀서 금수강산이 / 숨막힌 채 회색으로 잠들어 있다"는 부분은 정부의 무리한 공업화 정책을 비판했다는 죄로, "알고 있느냐 처녀들아 / 논둑에서, 학교에서, 출근길에서 / 아무도 모르게 묶여간 / 사람들, / 검은 차에 실려가서 돌아오지 않는 / 사랑하는 사람들을 알고 있느냐"와 "꿈속에도 들려오는 / 비명소리를, / 남산이나 서대문, 영등포의 냉기뿐인 마룻방에서 / 밤새도록 앓고 있는 신음소리를"은 민주인사들이 수사기관에 끌려가 고문과 학대를 받고 있는 모습을 묘사했다는 죄로, "누이들은 떼지어 / 서울로 가고, / 종로나 무교동의 그늘 밑에서 / 얼마나 그 젊음을 / 미워하는가 / 들리느냐 누이들은 걸어채이며 / 썩은 자궁으로 숨을 쉬면서 / 쌓이는 깊은 밤을 / 참아내는 소리"는 농촌을 떠난 여성들이 도시에서 창녀, 접대부로 비참하게 살아가는 묘사를 했다는 죄로, "월남으로 팔려간 / 내 친구들도 / 이제는 죽어서 돌아오지 않고" "몇닢의 동전에 총알받이로 / 팔려간 친구들을" "남의 땅 잡초들의 거름으로 스민 / 친구들의 이름을 알고 있느냐"는 우리나라 군인들을 월남으로 보내 죽게 한 것으로 묘사했다는 죄로 구속되었다(NCCK 1637~1638).

이 시기에는 시뿐 아니라 소설에서도 독재와 근대화의 희생양이 된 사람들이 주요 소재가 되었다. 특히 노동소설과 농민소설이 탄생했는데 황석영의 《객지》, 《삼포 가는 길》이 노동소설의 효시라고 할 수 있다. 특히 조세희의 《난장이가 쏘아 올린 작은 공》은 노동자 가족의 삶을 그린 소설로 당시 베스트셀러가 되었다. 난장이네 가족은 경제성장의 역군이었으나 그 결실을 전혀 누리지 못하는 1970년대 노동자의 전형으로 묘사되었고, 빈부격차와 불평등을 은유적으로 비판하였다(임영태 2008, 493).

(2) 언론인의 역할

당시 대다수 언론은 과거에 그래왔던 것처럼 권력을 비판하지 않고 권력의 지시에 따르는 행태를 보였다.[7] 그러나 이 시기에는 지

---

7) 김관석에 따르면, 민족독립운동 시기 한국 언론은 독립운동에 앞장섰으나 일본이 물러나자 항거의 대상이 사라졌다고 인식했다. 사실상 해방 후 북한의 공산정권과 남한 내의 비민주적 요소가 새로운 항거의 대상으로 떠올랐으나 후자의 경우 극복되지 않았다고 김관석은 지적했다(김관석 1970b, 163).

식인에 대한 기대가 컸던 것만큼 언론에 대해서도 진실 규명 및 현실 비판의 역할이 강하게 촉구됐다. 1971년 3월 26일 언론규탄준비위원회는 언론을 '민족에 대한 반역, 조국에 대한 배신자'로 규정하고 '전 민중의 이름으로 화형에 처하려 한다'는 내용의 〈언론화형선언문〉을 작성하였다.

그 내용에 따르면, 오늘의 언론은 민중의 지표를 설정하는 지도적 기능은커녕 사실마저 보도하지 않아 보도적 기능까지 몰각해 가고 있으며 그 예로 '와우아파트, 정인숙 여인사건'의 보도를 들었다. 또한 반민주, 반민족 행위자들에 대한 사회고발은 물론 수많은 영세민들의 생활참상을 한 번도 진실되게 보도하지 않았음을 비판했다. 신문사 부·차장들은 대학마저 군부에 예속시키고 병영화하며 온 국가를 침묵과 암흑의 세계로 바꾸려는 것을 조상님 신주 모시듯 하고 있다고 비난하면서 이들이 민주주의를 암장시키고 있다고 했다. 같은 날 발표된 서울대 문리과대학생총회의 〈언론인에게 고한다〉는 언론이 공정해야 하고 편파적이어서는 안 되는데 신문이 과연 언론인이 내는 신문인가, 상인이 내는 신문인가 하고 반문하면서 역사와 전통을 자랑하는 신문들도 국가 병영화의 일익을 담당하고 있고 국민을 소시민화하며 비정치화하는 데 일조하고 있다고 비판했다(NCCK 186~187).

정연주는 1977년 크리스챤 아카데미에서 발간되는 월간 《대화》 10월호에 실린 〈언론계 선배·동료들에게〉[8]라는 글에서 언론이라

---

8) 이 글의 내용이 문제가 되어 《대화》 편집장 임정남과 필자, 정연주(당시 동아투위 활동을 했음)가 중앙정보부로 연행되었다. 그후 월간 《대화》(발행인 강원용)는 1977년 폐간당하고 말았다. 그 뒤 1978년 유명한 크리스챤 아카데미의 반공법 조작사건으로 이어진다.

는 직업에는 윤리가 따르는데 그런 종교와도 같은 신문에 몸담고 있는 언론인들이 모든 것을 다 포기하고 알량한 촌지와 해외여행이란 화대(花代) 때문에 해야 할 책임과 의무를 포기한 채 화간(和姦)을 계속하겠느냐고 반문하고 사실과 다른 왜곡된 기사, 뒤틀린 사고에 바탕을 둔 비뚤어진 활자를 쓰는 엄청난 범죄를 저지르고 있다고 비판했다(NCCK 1665).

이러한 언론인들 내부의 반성의 움직임은 사실 1970년대 초부터 있어 왔다. 예를 들면 1971년 3월 31일 한국기자협회는 언론자유수호투쟁에 전위가 될 것을 다짐하는 결의문을 채택하기도 했다. 이어 4월 중순부터는 전국 일선기자들을 중심으로 언론자유수호운동을 전개하기 시작했다. 기자들의 언론자유수호운동은 1971년 4월 15일 동아일보 기자들의 〈언론자유수호선언〉을 시발로 전국 언론계에 퍼져 나갔다. 그 선언에 따르면 기자들 자신들은 "수년래 강화된 온갖 형태의 박해로 자율의 의지를 빼앗긴 채 언론부재, 언론불신의 막다른 골목까지 밀려나왔다"고 평가했다. 그 원인은 "뉴스원(源)의 봉쇄로부터 기사의 경중과 보도여부에까지 외부의 손길이 미쳤고, 이른바 정보기관원의 '상주'(常駐)가 빚어내는 모든 불합리한 사태"로 보았다. 따라서 헌법이 보장하고 있는 언론의 자유가 어떤 구실로도 침해받아서는 안 되며, 즉각적이고 완전하게 회복되어야 한다고 확신한다고 주장했다(NCCK 188). 경향신문의 선언문은 아래와 같은 내용을 담고 있다.

창간 이래 우리 선배들이 자신과 긍지로 이어 오던 전통을 외면했던 우리들 스스로의 무책임을 반성하면서 언론을 이토록 일그러지게 만들어 온

'권력' 앞에 다시는 이러한 오욕의 역사를 되풀이하지 않기 위해 모든 희생과 형극을 각오하면서 저항할 것을 아울러 선언한다. 신문은 권력의 시녀일 수 없다. 과거 몇 해 동안 계속되어 왔던 신문 제작에 대한 외부로부터의 간섭을 우리는 이 시점부터 허용할 수 없다. …… 유형무형의 압력과 회유에 진실을 왜곡하고 사실을 묵살함은 언론인의 양심을 사장하는 것이며 사명을 포기하는 것이다(《기자협회보》 178호, 1971. 4. 23 ; 박형규 1984, 184).

이후 조선·동아투위는 1977년 12월 30일 〈민주민족언론선언〉을 발표하여 오늘의 사이비언론을 타도하고 민주민족언론을 세우는 역사적 책무를 통감하며 민주언론은 민중의 아픔을 같이하는, 민중을 위한 민중에 의한 민중의 것이어야 한다고 주장했다. 또한 자신들은 지배자의 언론이기를 거부한다고 하면서 체제와 정권은 유한하나 민중과 민족은 영원하므로 자신들은 이러한 민중과 민족을 위한 언론을 지상과제로 삼는다고 밝혔다(김정남 2005, 118).

박형규는 국민이 주인 노릇을 할 수 있게 하려면 언론과 매스컴의 역할이 매우 중요하다고 강조했다. 그럼에도 권력은 안정과 질서와 번영을 내세워 언론 탄압을 정당화하고 매스컴과 어용학자를 내세워 정당화의 논리를 국민에게 강매한다고 지적했다. 또한 권력구조와 떼려야 뗄 수 없는 관계 속에 있는 상업 자본을 바탕으로 하는 매스컴은 대중 민주주의의 타락 과정에서 가장 중요한 역할을 하는데 그것은 바로 대중으로 하여금 유행, 오락, 스포츠 등 소위 소비의 우상이 범람하는 속에서 카를 만하임이 말하는 '대중 망아 상태'에 빠지게 하는 것이라고 설명했다. 이 '대중 망아 상태'는 정치적 무관심의 증대를 가져오는데, 그것은 다시 권력과 지도자에 대한 감시의 결여 또는 부재라는 결과를 낳게 되고 권력은 이를 이용해서 대중의 객체와 대중 조종의 핸들을 쉽게 쥘 수 있게 된다는 것이다. 박형규는 지난 선거에서 권력이 언론과 매스컴에 미치는 작용과 이 작용을 통해 대중을 조종하는 방식을 너무나 선명하게 볼 수 있었다고 비판했다(박형규《기독교사상》 1971. 7 ; 박형규 1984, 187).

3. 민중론

이 시기 정권 비판운동 세력의 선언문 및 성명서에는 '민중'이란 용어가 등장하는데, 이는 그만큼 박정희 정권이 반민중적이었음을 증명하는 것이며 이와 더불어 민주화운동이 민중지향성을 띠기 시작했음을 의미한다. 이 시기 저항운동은 학생, 지식인, 언론인, 정치인뿐 아니라 노동자, 농민 등 전 계층으로 확산되었으며, 중공업과 대기업 중심의 경제성장정책으로 각 부문에서 사회모순이 심화됨에 따라 민중들의 생존권 투쟁도 활발히 전개되었다(김인걸 외 1998, 310). 이 시기 등장한 '민중'이라는 용어의 개념이 확실하게 정립되었던 것은 아니지만 대체로 현 사회체제에서 억압받는 계층을 모두 포괄하는 개념으로 사용되었다. 1970년대 초반 전태일 분신사건과 광주대단지사건에서 민중들의 힘이 표출된 뒤로 학생운동권에서 수용되기 시작한 민중이란 개념은 민청학련의 '민중·민족·민주 선언' 이후 학생운동의 중심개념으로 자리잡았다. 기독교에서도 1971

년부터 민중이라는 단어를 사용하기 시작했으며, 서남동의 '예수 · 교회사 · 한국교회'와 안병무의 '민족 · 민중 · 교회'라는 강연에서 본격적으로 제기되었고, 이는 민중신학으로까지 발전해 나갔다(김 인걸 외 1998, 360).

민중 개념의 사용과 더불어, 민중을 역사발전의 주체로 파악하는 '민중론'이 등장하는데, '민중지원투쟁', '민중문학운동', '민중신학' 등은 모두 민중론을 기초로 하고 있다. 1970년대에 민중들의 생존 권 투쟁이 성장해 가자 학생들은 민중지원투쟁을 모색하는 한편 노 동자들과 접촉할 수 있는 노동야학을 설치하고 노동자 의식화 작업 을 전개해 나갔다. 노동야학활동이 전개되면서 노동자 수기 등이 중심이 된 민중문학도 등장했다. 기독교계에서는 목회자들의 현실 참여를 촉구하는 민중신학이 대두했는데, 이들은 도시산업선교회를 중심으로 노동자들을 조직하고 그들의 권익을 보호하는 데 앞장섰 다(김인걸 외 1998, 361).

이 시기 대표적인 민중론으로 함석헌의 '씨알' 사상을 들 수 있다. 함석헌은 나와 너, 개별과 전체를 구분하지 않는 개념으로써 민중을 제시했다. 그는 '나 내놓고 민중은 없다'고 하여, '나'라는 개별적 존 재와 민중과의 구별을 부정했다. 즉 내가 민중이요, 민중이 나이며, 또한 민중은 추상이 아니고 구체적인 것이라고 주장했다(《함석헌 전 집》 14권, 161). 그는, '내가 민중이고 내가 전체'라는 증거는 민중 또 는 전체가 우리에게 공감과 힘을 준다는 데 있다고 설명했다. 다시 말해 민족 시대에는 민족이 전체기 때문에 민족이란 말이 감격적이 었고, 민주주의 시대에는 민중이 전체기 때문에 민중이라 하면 힘이 난다는 것이다(《함석헌 전집》 17권, 73). 그렇기 때문에 "네 것은 네

것이요, 내 것은 내 것", "네 가족은 네 가족, 내 가족은 내 가족"이
라는 인식은 잘못된 제도와 철학에서 나왔으며 그것은 바로 '생존
경쟁' 사상이라고 보았다. '생존경쟁'은 거짓된 철학인데, 왜냐하면
생명과 역사는 하나이기 때문이다(《함석헌 전집》 14권, 169).

함석헌에 따르면, 삶이란 투쟁이나 경쟁을 통해서가 아니라 서로
도우면서 살아가는 것이다(《함석헌 전집》 14권, 169). 특히 현대로 올
수록 그러한 필요성은 증가한다고 그는 주장한다. 왜냐하면 과거에
는 어떤 특정 부분이 무시되어도 괜찮은 경우가 있었지만 오늘날에
는 모든 부분이 중요해졌기 때문이다. 그 증거로 그는 오늘날 정치,
경제, 교육, 예술, 종교, 스포츠, 문화의 각 방면에 수많은 세계적 기
관이 있다는 점을 들었다. 또한 자유주의와 공산주의가 어제까지
서로 불공대천지수(不共戴天之讎)로 싸웠는데 오늘 와서 갑자기 서로
공존을 하자고 타협을 하기 시작했으며 따라서 이 시대를 '탈이데
올로기의 시대'라고 부른다는 것이다. 반대파들은 서로 죽이고 싶어
하지만 죽일 수가 없는데 왜냐하면 "저놈을 죽이면 저놈만 아니라
나도 죽기 때문"이라는 것이다. 함석헌은, 지금은 세계적인 시대로
서 모든 가치의 표준이 세계에 있다고 했다(《함석헌 전집》 14권, 72).

또한 현재는 '유기적 사회의 시대'라고 그는 주장한다. 20세기 초
까지는 개인주의의 시대로서, 그때는 아무리 복잡한 사회라도 인간
관계는 기계적 관계에 지나지 않았으나 이제는 극도로 발달한 기술
로 말미암아 인간관계는 복잡하다 못해 그 도를 넘어 질적으로 변
해 유기적인 관계에 들었다는 것이다. '기계적 관계'는 개체를 전체
에서 떼놓을 수 있고 떼놓아도 질적으로 바뀌는 것이 없지만, '유기
체'는 한 몸이기 때문에 그 지체를 가를 수 없고 억지로 가르면 전

체도 그 지체도 다 죽어버린다는 차이가 있다. 그는 '유기'를 '하나의 산 몸'으로 해석하면서, "이제 사회는 많은 개인이 모인 곳이 아니라 사회 전체가 하나의 산 생명체"가 되었다고 보았다(《함석헌 전집》 14권, 72). 사람의 몸은 여러 부분이 하나가 되어 살아있게 되는 것이지만, 신체의 해부한 부분들을 전부 모아놓는다고 살아있는 사람을 만들 수 있는 것이 아니다. 즉 사람은 해부 분석으로는 알 수 없는, 크기도 무게도 없는 어떤 무엇이 더 있어야 살아있게 된다. 사회도 마찬가지로서, 이날까지 개인이 전체 없이도 있는 줄 알고 전체가 개인을 떠나서도 있는 줄 알았던 것이 잘못이라고 그는 주장했다(《함석헌 전집》 14권, 335~336). 사람은 개체로서 존재하지만 생리적으로도 심리적으로도 도덕적으로도 살리는 힘은 전체에 있다. 따라서 자기 속의 전체를 체험했을 때 개체는 참으로 삶을 얻고 힘을 얻고 지혜를 얻는다고 그는 주장했다(《함석헌 전집》 17권, 73).

그가 말하는 '전체'란 정신, 힘, 영혼을 뜻한다.[9] 그에게 '전체'란 겉에서 보이는 것을 의미하지 않는다. 보이는 것은 모든 지체지만 전체는 그 모든 지체를 합한 것보다 크며, 따라서 그것은 "속이요 정신"이다(《함석헌 전집》 14권, 72). 또한 그는 전체가 소리를 낼 때 개인으로서는 누구도 할 수 없었던 혁명이 이루어진다고 보았다. 그때에 소리가 개인들의 입에서 나와도 개인의 소리가 아니며 그 개인을 통해 전체가 직접 외치는 것이다(《함석헌 전집》 14권, 335~336). 이는 혁명 가운데서도 "정말 깊은 마지막이요, 또 처음인

---

9) 문지영은 이와 같은 '전체' 개념을 루소의 '일반의지' 개념과 유사하다고 평가했다(문지영 2002, 152). 이는 "하나님이라, 부처라, 도라, 진리라 하는 말을 역사, 사회적으로 하면 전체다"(《함석헌 전집》 14권, 10)라거나, "전체는 곧 하나님의 다른 이름이다. 절대이기 때문이다"(《함석헌 전집》 14권, 12)라는 언급에서 더욱 확실하게 드러난다는 것이다.

혁명은 혼의 혁명"이라고 그는 주장했다. 그에게 혼이란 '사람의 개인적 또는 단체적, 육체적 또는 정신적 모든 살림이 엄청난 전체 생명과 직결되어 있는 것'이다. 혼은 넋, 영으로도 불리는데, 그것이 얼마큼 씩씩한가에 따라 모든 활동이 결정된다고 그는 보았다(《함석헌 전집》 14권, 352).

이렇게 '개체 속에 있는 전체'가 바로 '씨알'이다. 씨알은 생명이며, '깊은 신'이다. 따라서 썩는 씨알이 무수히 많이 있어도 그 가운데 작은 어느 한 알이 전체를 건질 수가 있다(《함석헌 전집》 17권, 60). 그는 씨알의 속에는 일단 일어나기만 하면 못 이길 것이 없는 정신의 힘이 있다고 말했다(《함석헌 전집》 14권, 62). 그러한 씨알을 사람에 적용하면 바로 제 본성 곧 인간성, 민족성을 잃지 않은 맨 사람이다. 씨는 제 속에 알갱이가 있어 그것이 산 생명이기 때문에 썩지 않듯이 사람 씨알도 마찬가지라고 한다. 그는 이렇게 제 속에 알갱이로 들어 있는 전체를 드러내는 것이 목적이며 존재의 의미라고 말했다(《함석헌 전집》 14권, 199).

그리고 지혜는 바로 민중, 전체 씨알에서 나온다고 그는 주장했다. 따라서 어떤 정책의 시비가 문제됐을 때 이를 판단하는 표준은 민중에 두어야 한다. 왜냐하면 지혜는 결코 천재로부터 나오는 것이 아니라 전체 씨알에서 나오기 때문이다(《함석헌 전집》 14권, 351).

> 민심이 천심이라 하지 않았습니까? 씨알이 제 소리를 내면 천지 환판이 됩니다. 세계 혁명을 하기 위해 씨알이 제 소리를 내야 합니다. 사람이 제 소리를 내고 그것을 귀로 들으면 달라집니다. …… 씨알이 이날껏 자기네 지배자, 그 지배자에게 아첨하는 학자들의 입을 통해서만 제 소리를 들어

왔는데 그것이 온통 협잡이란 말입니다. 그러기 때문에 직접 우리가 하고 우리가 들어보잔 말입니다. 큰 일이 일어납니다(《함석헌 전집》 14권, 333).

씨알이 제 소리를 내는 것은 우리 속에 계신 '그이', 곧 전체가 소리를 내게 하기 위한 것으로 어느 씨알도 완전한 것은 하나도 없지만 믿음으로 전체를 부를 수 있다고 그는 말했다(《함석헌 전집》 14권, 336).

함석헌의 이러한 씨알 사상은 그의 기독교 신앙의 표현이라고 할 수 있다. 김재준 또한 인간이란 개체가 절대적인 존재, 전체, 사회와 떨어져 존재하는 것이 아니라고 강조했다.

개체와 전체는 서로 분리될 수가 없다. 몸과 그 몸의 지체에 비유하는 사람이 있지만 그 지체 하나하나가 단순한 부분이 아니라 그 자체가 존엄한 독자적인 주체이면서 전체로서의 몸에 대하여 지체적인 역할을 한다는 데 인간관계의 독특한 존엄성이 있는 것이다. 전체주의자들은 전체만을 알고 개인의 독자적인 주체성을 모른다. 무정부주의자들은 개인의 자유만 알고 전체로서의 현실을 모른다. 전체와 개체는 자유와 정의와 질서의 삼위일체적인 관련과 운영에서 완전해진다. 전체는 전체로서의 주체성이 있고 개체는 개체로서의 주체성이 있으나 전체는 모든 개체들의 선한 행복을 위하여 책임을 지고 개체의 선한 발전과 위신을 위하여 책임적인 입장에 서는 때 둘이 한 몸으로서의 공동 책임을 수행하면서 공동사회로서의 실적을 거둘 수 있을 것이다(김재준 1971, 394).

이런 의미에서 인간은 개별적인 주체적 존재인 '나'이면서 동시에 그

'나' 안에 모든 우리를 포함한 존재인 것이다. 그러므로 '나'는 우리에 대하여 책임적인 존재이며 우리도 '나'에 대하여 그러하다. 그런 의미에서 인간은 Individual person임과 동시에 Cooperate person이다. 이 '협동 인격'의 범주 안에 소위 민족적 주체성이 들어 있을 것이다. …… 인간이 역사를 무시하고 제 혼자만이 잘 살려는 것을 이기주의라고 하는데 그것은 자기를 구성한 주체의 다른 하나인 '너' 또는 '우리'를 거부하는 것이어서 결국 '자기' 자신을 파멸하는 이기 아닌, '해기주의'가 되고 만다(김재준 1971, 311).

따라서 사람은 '자존자'도 아니요, 모든 관계와 단절되어도 존재할 수 있는 독존자도 아니라고 그는 주장한다. 즉 나 자신이 내 존재의 근거가 아니라는 것이다. 사람은 제 욕심만 부리며 살 까닭이 없으며 이웃을 생각하지 않는 자는 스스로 자기 삶을 거부하는 사람인데, 왜냐하면 이웃 없이는 살 수 없는 것이 바로 인간이기 때문이다(김재준 1971, 276~278). 그의 민주주의론은 이러한 그의 인간론에 근거한다.

민주주의는 개인의 자유와 존엄을 확보한다는 원칙 위에 서 있는 것이 사실이나 그 개인은 모래알 같이 따로 떨어져 구르는 '개체'가 아니라 사회에 대한 책임적 존재자로서의 개인을 말함이다. '백성'은 절대 다수의 인간을 말함이며 이 다수는 오합지졸이 아니라 한 사회를 이룬 다수인 것이다. 그러므로 이 다수를 위한 '민주주의'는 사회적인 연대성에서만 규정될 수 있을 것이다(김재준 1971, 289).

그는 링컨의 유명한 게티스버그 추도사에서 '국민의 정부, 국민에 의한 정부, 국민을 위한 정부'라는 말을 민주주의 정체의 금언으로 인용하고 있는데 이는 민주주의가 '사회적 연대성'에서만 성립될 수 있음을 뜻한다고 했다. 즉 '국민'이란 다수의 '인민'을 포괄한 명사라는 것이다(김재준 1971, 288).[10]

1970년대 크리스챤 아카데미의 주요 활동 가운데 하나였던 '중간 집단' 교육 프로그램을 통해 양극화된 사회의 모순을 해결하고 비인간화된 인간을 억압으로부터 해방하여 다시 인간화를 회복하고자(박인혜 2009, 147) 노력했던 강원용은 허균의 '호민론'을 들어 자신의 민중관을 피력하였다. 허균은 백성을 항민(恒民), 원민(怨民), 호민(豪民)으로 나누었는데, 그중 첫 번째 항민은 그저 자신의 눈앞의 이익만을 바라보며 위에서 시키는 대로 행동하며 살아가는 사람들을 말한다. 두 번째 원민은 모질게 모든 것을 빼앗기고 살과 뼈가 뜯겨져 나가는 고통을 겪은 사람으로, 윗사람을 원망하지만 겉으로는 드러내지 못하는 사람들이다. 마지막으로 호민은 "자취를 푸줏간에 숨기고 몰래 딴 마음을 품고서 외진 곳에서 천지 사이를 흘겨보다가 혹 시국에 변고라도 생기면 다행으로 여기고 자기의 소원을 실현하고자 하는 사람들"로서 통치자가 가장 두려워해야 하는 존재이다(이종호 2004, 246). 왜냐하면 이들이 앞장서면 원민은 자신의 원한을 풀기 위해, 항민은 자신의 이익을 위해 이들을 뒤따르게 되기 때문이다. 강원용은 집권층이 "쓴소리를 해주는 호민의 지혜를 얻어야 한다"고 조언하면서 다음과 같이 덧붙였다(《동아일보》 2005. 10. 20).

---

10) 김용복은 김재준이 "민주화운동 과정에서 인권문제의 근본적 성격을 간파하고 이것의 성서적 기초를 공고히"했으며, "인권 안에 개인적 자유와 인권을 주장함과 동시에 사회적 차원에서 인권을 강조하고 있다"고 지적했다(문지영 2002, 172).

민심은 천심이라고 한다. 조선시대 정치철학자 허균은 민심에 세 가지가 있다고 했다. 하나는 권력을 가진 사람이 하자고 하면 순종하는 '항민'이고 또 다른 하나는 사사건건 반대만 하는 '원민'이다. 이 둘은 어느 사회에나 있지만 민심은 아니다. 진짜 민심은 건전한 비판의식을 갖고 잘잘못을 가릴 줄 아는 '호민'이다. 정치는 호민의 지혜를 얻어야 하며, 호민이 지지하면 모든 것이 순조롭게 잘돼 갈 것이다.

III. 경제와 노동

박정희 정권이 추진한 성장일변도의 경제개발정책은 지금은 그 공과(功過)에 대해 찬반의견이 분분하지만 당시에는 무분별한 외자 도입, 부실기업 양산, 농업의 희생을 가져와 농민과 노동자의 생활을 파탄시켜 거대한 빈민층을 형성시킨 것에 대한 우려가 있었다. 그리고 수출 지향적이고 외자에 의존하는 경제정책은 한국경제의 대외종속성을 심화시켰기에 이를 비판하고 대안을 찾는 경제이론, 즉 민족경제론과 대중경제론이 대두되었다. 또한 이 시기 최저생계비에 미달하는 저임금에 세계 최장의 노동시간, 산업재해의 급증과 임금체불, 여기에 실업의 위협까지 겹친 노동자의 고통은 전태일 분신사건을 가져왔으며 이는 반독재 민주화운동의 가장 직접적인 촉매제가 되었다.

1. 근대화의 모순

박정희가 경제를 발전시켜 빈곤에서 벗어나게 해주었다는 '박정희 찬양론'은 사실 김영삼 정부의 잇단 실정 이후 대두되었다. 그러나 한국경제가 IMF 관리체제를 받게 된 근본 원인은 박정희 정권 시절 조성된 정경유착, 관치금융, 재벌독점체제 등 비민주적인 경제체제의 결과라고 평가할 수 있다. 무엇보다도 박정희식 경제정책은 빈부격차, 사회 양극화를 가져왔다. 급격히 추진된 공업화는 농업낙후와 더불어 대규모적인 식량부족을 초래했고 불합리한 분배구조는 계층 간 소득격차를 심화시켰다.

(1) 개발독재론 비판

박정희 정권은 집권 이래 외양만을 중시한 성장일변도의 경제개발정책을 펼침으로써 부실기업을 속출시키고 무분별한 외자도입으로 원리금 상환에 대한 부담을 키웠다. 유인호는 국민경제 내부에서 성장요인이 작용하여 한국경제의 성장이 이루어진 것이 아니라 단지 외채에 기대어 나타난 숫자상의 변화에 지나지 않는다고 지적했다. 즉 외채도입의 다소에 따라 경제의 성장률이 고율·저율로 바뀌었으므로 "성장률 몇 %라 하는 말로써 경제활동의 내부적 움직임을 나타낼 수 없다"는 것이다(유인호 1971). 또한 정권은 수출을 국민경제 존립의 토대로 삼음으로써 농업을 비롯한 기초산업의 희생을 강요하였다(유인호 1991, 301). 즉 박정희 정권의 성장제일주의와 저곡가·저임금정책은 농민과 노동자의 생활을 파탄으로 몰고 갔으며, 대도시 외곽에는 이농민들로 구성된 거대한 빈민촌이 형성되었다. 수출 지향적이고 외자에 의존하는 중화학공업화는 무역의존도를 증가시켜 한국경제의 해외의존성을 심화시켰으며 그러한 가운데 내수산업과 중소기업은 몰락해갔다(김인걸 외 1998, 309~320). 1974년 민청학련의 〈민중, 민족, 민주 선언〉의 내용은 그 사실을 잘 묘사하고 있다.

기아수출입국, GNP 신앙을 교리로 내걸고 민족자본의 압살과 매판화를 종용하여 수십억 불의 부채를 국민에게 전가시키며 혈세를 가렴하여 절대 권력과 폭압정치의 밑천으로 삼고 기간산업을 포함한 주요 경제부문의 족벌 사유화를 획책해 온 저들 매판족벌이야말로 오늘의 돌이킬 수 없는 참상을 초래한 장본인이다. 극소수의 특권 족벌들은 국민경제가 전면적 파탄 상태에 돌입하자 마치 그 원인이 전적으로 국제적 원자재 폭등에 있다는 등 책임을 전가하고 진실을 은폐하기에 급급할 뿐이다. 이러한 국민경제의 전면적 파탄은 자원과 노동력을 헐값에 팔아버리고 외국 독점자본을 이 땅의 경제종주로서 뿌리박게 한 매판특권체와 부정부패의 여파가 확대 재생산되는 창부경제의 산물이라는 것은 명백한 사실이다(NCCK 356).

이러한 총체적 위기에 처한 박정희 정권은 독재체제를 강화하여 이 상황을 극복하고자 했다. 사실 박정희는 집권 초기부터 "민주주의의 건전한 발전도, 복지국가의 건설도, 승공통일을 위한 국력배양도 결국 경제건설의 성패 여하에 달려 있다고 하여(1964. 8. 15 광복절 경축사 ; 매일경제신문사 1977, 153) 민주주의보다 경제건설이 우선임을 강조했다. 그는 개인의 자유, 자유민주주의라고 하는 것은 정국의 안정, 강력한 지도체계의 확립, 자립경제의 재건을 달성하지 못한다면 전부 공염불에 지나지 않는다고 주장했다(박정희 1967, 51).

이러한 민주주의에 우선한 경제력 강조에 대해 문익환은 오히려 우리가 길러야 할 힘은 민주역량이라고 반박하였다. 국방력도 경제력도 길러야 하지만 민주역량의 뒷받침이 없을 때 그것은 모래 위에 세운 집과 같다는 것이다. 또한 현 정권은 경제력이 곧 국력이라는 좁은 생각을 가지고 모든 것을 희생시키면서 경제발전에 온 힘을 쏟고 있는데, 그 결과 국민경제의 수탈을 발판으로 한 수출산업은 엄청난 무역 적자를 냈다고 지적하면서 "차관기업들이 부실기업으로 도산하고 난 다음 이 엄청난 빚은 누구의 어깨에 메어질 것인가?"라고 반문하였다. 그는 현 정권이 이 나라를 경제파탄에서 건질 능력을 잃은 지 이미 오래라고 비판하였다(윤보선 1991, 403~405).

한편 박형규도 경제가 모든 문제를 해결하고 경제가 인간을 인간답게 만들어 준다고 생각하는 사고방식은 유물론적 사고방식이라고 비판했다. 그는 사람이 서로의 인격과 권리와 자유를 존중하고 하나님과 이웃을 사랑할 때 인간답게 사는 데 필요한 경제건설이 이룩되는 것이지 하나님과 인간의 존엄을 무시한 경제건설은 인간 사회를 증오와 억압과 착취로 가득 찬 사탄의 소굴로 만들 뿐이라고 비판했다(박형규 1974. 1. 13 설교 ; 박형규 1984, 72).

박정희 정권의 성장주의적 경제정책이 가져온 부실공사 등 많은 부작용과 무분별한 공해산업의 도입도 비판받았다. 당시 기독교계는 공해산업을 한국에 도입하는 일이 일시적으로는 국가적 이익으로 간주될지 몰라도, 긴 앞날을 내다볼 때 이는 우리 후손의 건강과 생존을 위협하며, 국토와 자연을 오염시키고 파괴하는 것이므로 교회는 공해문제에 관한 범국민적 계몽에 앞장서는 동시에 이를 저지하기 위해 국제여론조성에 힘써야 한다고 주장했다(NCCK 239). 또한 당시 능률주의·실적주의·경제제일주의 등 물질적·가시적인 것에 최우선을 두었던 박 정권의 통치철학은 '배금인명경시'의 사회풍조를 만연하게 함으로써 1979년에만도 골동품상 '금당' 사장부부 실종피살사건, 부산 부부 실종피살사건, '주효'라는 여아 피랍사건, 암달러 여인상 살해·강도사건 등이 발생했으며, 부동산투기가 주춤해진

틈을 비집고 가정주부 계 사기사건 등이 성행하여 만신창이가 된 유신 말기 사회의 단면들을 드러내었다고 할 수 있다(NCCK 1027).

그런데 박정희식 개발독재론 비판에서 가장 많이 지적되었던 부분 가운데 하나는 부패에 관한 것이었다. 당시 막강한 행정절대주의체제 아래서 정부권력의 지원 없이 많은 돈을 벌기란 기대하기 어려운 것으로, 권력과 결탁한 특혜와 부정에 힘입어 하루아침에 떼부자가 되는 사람이 많은가 하면 그 결탁 관계가 끊어져 하루아침에 망하는 사람도 있었다. '돈을 많이 벌려거든 권력과 손잡아라'는 격언이 생겼을 지경이었다. 바로 그러한 사실 때문에 시인 김지하는 이 나라에서 권력과 손잡지 않고는 되는 일이 없고 권력과 손잡으면 안 되는 일이 없는 현실을 시 〈오적〉에서 "되는 것도 없고 안 되는 일도 없는" 현실로 묘사했다(《암흑속의 횃불》 3권, 73).

이 시기 부패문제에 대한 반발로 시작된 민주화운동의 하나가 바로 천주교 원주교구의 방송국사건이다. 박정희의 동서가 맡고 있던 5·16 장학재단과 천주교 원주교구는 함께 방송국을 만들기로 하여 원주교구가 분담금과 방송국 건물까지 내주었지만 장학재단은 돈을 한 푼도 내지 않았을 뿐만 아니라 회계장부도, 영수증도 없이 공금까지 유용했다. 감사 결과, 제대로 된 장부가 갖추어져 있지 않았고 설립 당시의 자금의 사용이 불분명할 뿐 아니라 기재를 구입한 증빙서류도 전혀 없었다고 한다. 운영에서도 매월 50만 원 정도가 근거 없이 사용된 것이 발견되었다(NCCK 149). 원주교구는 이 사실을 박정희에게 진정했으나 전혀 반응이 없었고, 장학재단은 오히려 협박조로 나왔다. 그 일로 민주화운동에 나서게 된 지학순 주교는 다음과 같이 당시를 회상했다.

나는 6개월 동안 이들과 접촉하면서 권력의 비호를 받고 있는 자들이 얼마나 부패하였으며 얼마나 횡포를 부리고 있는지를 너무나 뼈저리게 체험하였다. 마지막으로 검찰에 정식으로 고발하였으나 검찰은 피고인을 소환 한 번 않고 지금까지 미루어 가며 법으로 정당하게 판가름해 주려는 티끌만한 성의도 보이지 않았다.

그래서 나는 방송국을 다 잃어버릴 작정을 하고 이런 모든 악의 근원인 부정부패 일소운동에 흔연히 일어서게 되었다. 세계적으로 인정받는 가톨릭 주교라는 지위에 있는 내가 이렇게 노골적으로 부패분자들이 자행하는 불의를 당했는데 일반 서민들이야 오죽하겠는가. 억울한 무수한 서민들을 대표해서 교회가 힘 있게 일어서야 할 때가 왔다고 생각했다. 이것이 교회가 자기 사명을 다하는 길이다(NCCK 149~159).

이 사건으로, 1971년 10월 5일 천주교 원주교구의 성직자, 수도자 및 평신도 1,500여 명이 원주시내 원동성당에서 부정부패 일소를 위한 특별미사를 마친 뒤 "부정부패 뿌리뽑자" "사회정의 이룩하자" 등의 구호를 외치며 시위행진을 벌였고, 경찰의 제지를 받자 철야농성에 들어갔다(NCCK 147). 지학순 주교는 "지금 한국사회에는 부정부패가 만연하여 사회정의는 그 흔적을 찾아볼 수 없고, 인간의 기본권과 생존권이 말살당하고 있는데 방에 들어앉아 기도나 드리고 있으면 무슨 큰 기적이 일어나 오늘 교회가 이렇게 애타게 호소하는 이 소리를 거저 듣기만 하고 앉아 있는 것으로 나의 의무를 다했다고 할 수 있을까"라고 한탄하면서 '나는 늘 마음에 이런 충격을 느끼며 언젠가는 힘차게 일어서 동포들을 규합하여 이 나라이 백성을 위해서 교회가 명하는 지상과제를 수행해야겠다는 생각을 가지고 있었다'고 증언했다(NCCK 147~148).

유인호는 1970년대의 경제성장을 '허구의 고도성장'이라고 부르면서 그러한 성장의 결과 경제가 건국 이래 최대의 난관에 봉착했다고 느껴질 만큼 어려움에 처하게 되었다고 평가했다. 불황의 고통은 비명으로 이어지지만 탈출로는 발견되지 않으며 종래의 사고방식으로는 이 난국을 극복할 수 없다고 보았다. 또한 1970년대 경제가 준 부담은 오늘의 문제로 끝나지 않고 오랜 시일에 걸쳐 우리들의 생활기반을 압박하게 될 것이라고 비판했다(유인호 1991, 20~21).

(2) 사회 양극화 비판

당시 한국사회에서 양극화의 위험성을 가장 일찍 경고한 사람이 강원용 목사이다. 그는 사회 양극화의 심각성을 고발하고 그 치유책을 찾기 위해 크리스챤 아카데미 안에 '타궁'이란 모임을 만들고, 한국사회의 부조리인 양극화 해소를 위한 '인간화'를 선전구호로 내걸었다. 이어 각 분야별 인간화를 지향하는 타궁을 연속적으로 진행하였고 이에 당시 많은 지식인들이 호응하고 다수의 참여를 이끌어내는 성과를 거두었다.

이 시기 다른 민주인사들도 박정희식 경제발전론이 가져온 빈부격차, 사회 양극화를 비판했다. 1972년 유인호는 급격히 추진된 공업화 정책으로 말미암아 농업낙후를 가져와 대규모의 식량부족을 초래하였고, 불합리한 분배구조로 계층 간 소득격차를 심화시킨 결과 국민경제가 불균형 상태가 되었다고 지적했다(유인호 1991, 73~74). 1974년 9월 고위층의 보석밀수사건은 많은 비난을 받았는데, 특히 다음과 같은 비판은 당시 빈부격차의 현실을 잘 보여준다.

> 우리는 오늘 억대의 보석밀수사건에서 가진 자들의 부정과 부패를 보
> 며, 화곡동 어린 자녀들의 살해사건에서 실의와 패배에 찬 한 젊은이의 좌
> 절이 가져온 잔악성을 본다. 맨션아파트와 호화주택이 있는 반면, 청계천
> 판자촌과 낙골의 움막이 있다. 현대조선 노동자들의 집단 항거 행동에서
> 노사의 불균형을 본다. 고도의 경제성장을 자랑하나 빈부의 격차는 더욱
> 심해졌다. 우리는 오늘 이러한 현실에서 부정과 부패, 그리고 사회의 부조
> 리와 인간천시를 느낀다(1974년 10월 8일 한국사회정의실현전국성직자단 발
> 기인 일동 ; NCCK 409).

장준하는 1973년 6·23선언 이후 통일을 위한 국내 과제의 하나
로 '민족의 동질성 확보'를 제시하면서 불균등 사회를 청산하여 한
반도 전역에 걸친 민족 동질성의 물질적 토대를 구축할 것을 촉구
했다. 외자에 의탁하고 있는 수출경제, 특권경제를 해체하고 근로
자, 농어민 그리고 소시민의 생계와 교육, 의료, 복지를 근간으로
하는 경제체제를 확립하자는 것이었다. 또한 "민족 세력의 물질적
토대는 자주, 자족적인 민족경제와 구조적으로 복지, 평등사회인 경
제체제"라고 주장하였다(장준하 1991, 48 ; 문지영 2002, 136).

함석헌은 서민층이 든든해야 한 민족이 자립할 수 있으며, 서민
계급이 튼튼히 서면 각층의 사람이 제 기능에 따라 활동하게 되고,
그러면 국민 경제가 이루어진다고 보았다. 또한 국민경제가 이루어
지지 않고 자유독립이 있을 수 없다는 사실은 오늘 우리의 상황이
증명하고 있다"고 주장했다(《함석헌 전집》 14권, 54).

한마디로 이 10년 동안의 정치는 서민을 외면한 정치였다. 지나치게 도시 중심, 특권계급 중심, 선전 효과를 노리는 겉치레의 경제지 알속있게 나라의 주인인 민중을 길러내잔 경제가 아니었다. …… 오늘 우리 사회상을 말할 때는 누구나 부정·불안·불신을 말하지만 이 3불의 원인은 주로 잘못된 경제 정책에서 나왔다. 빚을 얻어다가 생산적인 산업에 쓰지 않고 정치선전과 부정 사업가들의 가로챔에 내맡겨 두었기 때문에 외양으로는 건설이 된 듯하나 속으로는 비게 됐다. 이러한 허점이 있고 사회가 튼튼할 리가 없다. …… 이제라도 어리석은 특권계급의 곳간을 열어 가난한 사람에게 주고 평등 경제를 세워라. 그밖에는 살 길이 없을 것이다. 사자는 우리에 가둘 수 있어도 불평등에 노한 군중은 가둬둘 수 없는 줄을 모르나? (《함석헌 전집》 14권, 74~75)

김재준은 자본주의를 훌륭한 제도라고 할 수는 없지만 거기에는 자유민주라는 혈맥이 유통하기 때문에 나쁜 부분을 수정하면서 좀 더 나은 제도를 만들어 갈 열린 문이 한 구석에 설치되어 있다고 하고(김재준 1971, 91~92) 공동사회 전반에 복리가 균로(均露)되어야 한다는 것도 하나의 궁극 목적으로 세워져야 한다고 주장했다. 또한 개인의 복리가 아무리 중하다 할지라도 전체 사회에 부패와 해독을 끼치는 경우에는 반드시 제거해야 하며 공동사회의 균형적인 복지를 위해 변혁이란 것을 부정할 수는 없다고 강조했다(김재준 1971, 412). 그는 자본주의와 민주주의 관계를 다음과 같이 제시했다.

자본주의는 '경제 행위'의 '자유'를 표방함으로 말미암아 민주주의 사회에서 보호 육성된 것이다. 재산 사유, 자유 기업, 자유 무역 등으로 설명하는 자본주의는 경제 행동에 있어서의 개인의 '자유'를 억압하지 않는다는 민주주의 '자유' 존중으로 말미암아 육성된 것이다. 그러나 민주주의는 반드시 자본주의 경제 정책을 전폭 지지해야 한다는 것은 아니다. …… 우리는 이 경제생활에 있어서의 개인 자유를 원칙적으로 시인하여 이를 존중한다. 그러나 사회 전반의 공통복리를 파괴하거나 전체적인 경제 질서를 혼란시키는 경우에는 그 '자유'는 사회적인 제약을 받아야 한다. 그리하여 어느 정도의 기획 경제, 통제 경제 정책이 실시되는 것이다(김재준 1971, 287).

박형규는 기독교의 경제원칙은 자본주의 원칙이지만 양극화를 방지하는 재분배 제도를 갖고 있다고 지적했다. 즉 구약성서에 개인 재산이 늘어나서 부의 편재 현상이 나타나면 이를 다시 조장하는 내용을 담고 있다는 것이다. 희년제도가 그중 하나인데 이 제도는 "50년에 한 번씩 경제 혁명을 일으켜 재산이 국민에게 다시 골고루 돌아가게 하는 제도"이다. 그런데 현대 자본주의는 이러한 정신을 망각하고 재산이 한쪽으로만 쏠리는 현상을 막을 수 없는 점이 문제라고 꼬집었다(박형규 1984, 147).

2. 대안의 경제론

이 시기에 일본 제국주의 이후 박정희 정권에 이르기까지의 대외의존적 경제개발정책에 따른 경제성장을 비판하고, 신식민주의적 상황에서 민족경제가 외국자본과 매판자본으로 말미암아 소멸되어 가는 상황을 우려한 경제이론이 등장하는데 그것이 바로 민족경제론이다(김인걸 외 1998, 361). 뒤이어 등장한 대중경제론은 김대중의 대안 경제노선으로, 민족경제론이 현실정치에 적용된 것이라 할 수 있다.

(1) 민족경제론

박정희 정권의 경제정책으로 한국경제의 대외종속성이 심화되자 이를 비판하면서 자립적인 민족경제를 건설해야 한다는 주장이 1970년대에 제기되기 시작했다. 그 가운데 박현채의 민족경제론이 가장 대표적이라고 할 수 있다. 박현채는 박정희 체제가 이룩한 경제성장의 성과를 인정하면서도 그것이 갖는 문제를 지적했다. 그가 보기에 당시 경제성장이란 소수 재벌에 대한 특권적 지원을 통한 총량적 고도성장이었다. 그러나 이로 말미암아 계층 간, 지역 간, 산업 간, 도농 간의 격차가 커지고 불균형이 초래되었다. 따라서 '관료 독점자본'이 비대해짐과 동시에 대중생활은 열악해지는 '두 개의 공화국' 상황이 빚어졌다고 그는 보았다. 또한 한국의 성장모델은 외자 의존도가 높은 수출입국형의 '외연적 성장' 모델로서, 이렇게 되면 나라경제의 자율적 분업이 취약해져 대외의존성과 불안정성이 심화되고 경제 잉여가 국민적으로 확산되는 구조도 약해진다고 보았다(박현채 1969 ; 박현채 1973 ; 이병천 2007, 227). 경제개발 15년을 평가하면서 그는 "그간의 경제개발계획 과정은 설정된 성장모형이 외자와 수출에 의존하는 외연적 성장모형이었던 데서 국민경제의 대외의존을 심화시켜 국민경제의 재생산조건을 스스로 장악하는 데 실패하고 있다"고 보았다. 아래의 글은 그러한 내용을 잘 나타내고 있다(박현채 1978 ; 이덕재 2007, 86~98).

그리고 성장을 위한 지속적인 외자도입의 과정과 도입에 있어서 무원칙은, 그간의 경제성장과정에서 형성된 중요기업의 민족 간 귀속을 우리에게 불리하게 함으로써 국민경제의 기간부문을 외자나 외자관련 기업에게 장악케 하고 있다. 이로부터 국민경제의 재생산조건은 외부적 조건뿐만이 아니라 내부적 조건에 있어서도 우리 민족구성원에 의해 장악되지 않는 것으로 되고, 경제성장의 과정에서 창출된 경제잉여—소득의 흐름은 외부적으로 누출되어 우리 민족의 경제적 자유의 실현에 대한 중요한 제약으로 된다. 경제적 자립의 기초는 자기의 정치적 영역 내에서 완결적인 재생산구조의 확보에서 주어진다. 그러나 그간의 경제성장은 …… 우리 경제를 산업 간 기업 간 분업관련 없이 고립적으로 존재케 함으로써 국민경제의 재생산기반의 취약화를 가져오고 경제의 자립화가 아니라 종속화를 심화시키는 것으로 하게 하고 있다.

지속적인 성장의 유지를 위한 조건은 모두 우리가 장악하고 있지 않으며, 우리의 정치적 영역 내에 존재하는 국부의 민족 간 귀속의 문제나 사회적 생산의 결과에 대한 참여의 민족 간 문제, 그리고 이의 민족구성원 내부에 있어서 배분의 문제 또한 국민경제의 규모의 증대만으로 모두 해결되는 것은 아니며 경제적 민족주의의 실현, 경제적 자유의 실현을 위한 방향으로 해결되는 것은 아니다.

이처럼 경제적 민족주의의 실현과 경제적 자유의 보장은 밖으로 자립경제에 의해 민족자주성을 확보하는 것이며, 안으로 경제의 성장과 이의 광

범한 국민층에의 확산에 의한 생활의 풍요화로 모든 국민층의 참여의 확
대를 가져오는 것이다. 따라서 이것은 한 민족이 대외적으로 자기생존을
주장하는 것이며, 안으로 한 민족이 민족적 일체성을 참여를 매개로 확립
하는 것을 뜻한다.

박현채는 역사적 과정을 이끄는 자생적 힘, 원동력 즉 내부의 힘
으로써 '국지적 시장권론'을 제기하였다. 그에 따르면 국지적 시장권
론에서 고전적인 자본주의는 ① 국지적 분업 ② 국지적 시장권의 형
성 ③ 국민적 산업의 형성 ④ 국민 경제적 통합의 과정을 겪는다.
이 과정에서 서로 관련된 제산업의 통일된 경제권으로서 국민경제
구조가 형성된다. 즉 "자율적 재생권의 확립과정"이 나타난다. 그런
데 한국의 경우 일제의 지배를 겪었기 때문에 경제는 내재적인 생산
력의 발전을 기초로 한 밑으로부터 누적된 국민경제의 전개가 아니
라 일본 제국주의에 종속되어 새로운 경제제도가 이식된 형태를 갖
게 되었다고 지적했다. 그는 자본주의의 역사적 발전유형을, 한 사회
가 갖는 내재적인 사회적 생산력의 발전에 따라 자본주의 전개가 이
룩된 고전적 유형과 한 사회의 내재적인 사회적 생산력에 의거하지
않는 이식적 유형으로 나누고, 후진 저개발국의 전개유형은 바로 후
자에 속한다고 설명했다(박현채 1978 ; 이덕재 2007, 85~86). 자본주의
발전의 길에서 '자생적 선진형'과 달리 '후진 종속형'에서는 해당 지
역의 경제성장과 그 지역의 민중 및 민족의 경제적 이해 사이에는
근본적인 괴리가 발생한다(이병천 2007, 226). 그는 이를 "국민경제와
민족경제 간의 괴리"로 파악했다(박현채 1978).
박현채는 '민중적 민족주의', '민족적인 것의 계급적 프리즘을 통

한 발현' 등으로 표현하여, 민중과 민족, 또는 계급문제와 민족문제를 통일적, 유기적으로 연관시켰다(정건화 2007, 67). 민족주의의 경제적 차원으로서 민족경제론은 결국 경제를 기본적으로 사회적 관계 속에서 해석하는 것이다. 경제적 자유의 실현은 인간 사이의 사회적 관계를 내포하는 문제이기 때문이다. 또한 경제적 자유의 실현은 결국 소외문제에 관한 해결과정이기도 한데, 왜냐하면 소외는 인간의 비인간화 즉 자유상실의 상태, 자아상실의 상태이기 때문이다. 즉 소외는 경제적으로 사회적 생산의 결과에 대한 참여의 배제와 경제적 자유의 실현 불가능에서 주어진다(박현채 1978 ; 이덕재 2007, 91~92).

박현채는 박정희식 근대화모델을 비판하면서 민중의 참여를 보장하고 국민경제의 자율적 재생산 구조를 확보할 수 있는 평등주의적 혼합 자본주의를 대안으로 제시했다. 그것은 중소기업과 국가자본주의 부문이 두 축이 되고, 시장 조절과 계획 조절이 결합되며, 분업 구조 및 분배 구조 양면에서 국내 시장이 심화되는 '내포적 발전'의 모델이다. 그리고 이런 경제적 대안을 위한 조건으로서 정치적 민주주의가 필수적이라는 것이다(이병천 2007, 227).

이러한 박현채의 민족경제론은, 사실상 용도폐기론에 가까운 해석을 포함하여(정건화 2007, 50) 여러 가지 비판에 직면해왔다. 특히 수출주도적 성장체제의 성공, 즉 1980년대 중후반의 저금리, 저달러, 저유가라는 이른바 3저 호황에 따른 탈종속을 계기로 민족경제론은 치명적인 손상을 입었다고 평가된다. 그러나 외환위기 이후 한국사회는 수출과 내수 사이의 심각한 분리와 격심한 사회경제적 양극화 현상, 그리고 수출편향 및 외국자본 의존적인 불균형성장의 문제점들을 심각하게 경험하였다. 이덕재는 바로 이것이 민족경제론의 자립경제론이 정확히 제기하였던 문제라고 지적하고 있다(이덕재 2007, 87~90).

박현채의 민족경제론이 갖는 의의는 무엇보다도, 학술과 운동의 결합이 강조된 1980년대 이후의 그 어떤 학술연구보다 훨씬 일찍이, 동시대 역사의 현장에서 민주화를 위한 현실 정치운동과 결합되었다는 점이다(이병천 2007, 227~228). 민족경제론은 1960년대 이후 30여 년에 걸쳐 한국경제 분석의 틀을 유지해오면서 외국이론이나 모델을 단순히 도입, 적용한 것이 아니라 토착화시키고 실천운동과 결합시켰다. 또한 당시 사회현실에서 대중과 지식인 사이에 강력한 경향으로 존재하던 '경제적 민족주의'의 바람을 반영해서 성립된 이론체계라고 할 수 있다(정건화 2007, 58). 또한 민족경제론은 현재 여전히 민족문제가 중요하다는 점에서도 지지를 얻고 있다. 특히 통일문제는 민족과제가 아직 현실적인 과제라는 점을 보여준다. 통일과 연관된 민족경제론은 '한반도경제론'으로 이어지고 있다. 민족경제의 형성은 시장교란 요인을 제거하고 내수시장을 확대하는 이중의 효과를 거둘 수 있다. 이 점에서 남북한을 아우르는 한반도경제권을 추구하자는 주장이 등장한 것이며 이는 통일이라는 민족문제의 진화를 잘 보여주고 있다고 할 수 있다(안현효 2007, 16).

(2) 대중경제론

박현채와 김대중의 만남은 '한국현대사에서 여러모로 의미심장한 하나의 역사적 사건으로 기록될 만하다'고 평가된다. 왜냐하면 박현

채의 민족경제론이 "위기에 처한 박정희 개발 독재에 대항하여 '대
중경제론'이라는 이름의, 현실정치 속에서 변용된 버전으로서 김대
중의 대안 경제 노선을 제공"했기 때문이다(이병천 2007, 227~229).
즉 1970년대는 민족경제론이 대중경제론과 만나는 시기라고 할 수
있다.

　류동민에 따르면 대중경제론은 1970년대 민주진영의 경제적 대
안으로서 민족경제론의 영향과 역할이 무엇이었는지 알 수 있게 해
주었으며, 민족경제론이 현실정치와 결합하면서 어떻게 변형되는지
보여주었다(정건화 2007, 60). 즉 대중경제론은 민족경제론의 현실적
변용(이병천 2007, 224)으로, 김대중이 1971년 대통령 선거에 입후보
할 당시 그의 경제관과 대안경제론을 홍보하고자 박현채 등 김대중
을 지원한 학자들이 《대중경제론 100문 100답》을 발간하면서 등장
하였다. 당시 박정희는 "이번 선거가 나로서는 마지막 기회이며 앞
으로 4년간 부정부패를 일소하고 유능한 후계자를 육성한 후 물러
나겠다"고 주장하면서 "김 후보가 제시하는 남북교류 운운은 북괴
의 저의에 말려든 것이고 '대중경제'란 나눠먹기식의 아류 경제이
론"일 뿐이라고 공박했다(NCCK 122).

　대중경제론은 대중경제의 길을 자본 독재의 길과 공산주의적 길
사이의 제3의 길로 제시했으며, 민족경제론과 비교해 볼 때 외국자
본에 대해서도 좀 더 개방적이었다. 대중경제론은 시장 자본주의의
여러 모순과 대중 소외 등의 문제를 파시즘이나 사회주의와 같은
독재적 방법으로 해결하려는 것이 아니라, 자유경쟁을 바탕으로 하
는 자본주의 체제를 유지하면서 민주적으로 해결하려는 것임을 밝
히고 있다. 그러면서 한국에 비자립적이고 파행적인 국민경제가 형

성되고 산업 간 지역 간 계층 간 불균형이 심화되고 있으며 전근대
성과 매판성을 속성으로 하는 관료 독점자본주의가 구축되고 있고
이에 따라 대중이 소외되고 있다고 진단하였다. 대중경제건설의 구
체적인 정책 방안으로서 다음과 같은 정책들이 제시되었다(이병천
2007, 229~232).

① 자립적 국민경제: 대외의존도가 높은 국민경제의 이중구조와 산업
   구조의 파행성을 시정하고, 국내 시장과 국산 원자재에 기반을 둔
   통합된 자율적 재생산구조를 형성한다. 지역 시장권에 입지하는 중
   소기업과의 유기적 연관 하에 생산재 생산 부문을 선도로 하는 국민
   적 산업을 발전시킴으로써 상대적 자급자족 체계를 실현할 수 있도
   록 해야 한다. 자립경제는 폐쇄경제가 아니며, 결코 기술과 자본의
   국제협력을 거부하는 것이 아니다. 외국 자본은 민족자본의 보호 육
   성과, 노동기본권의 보장 등 대중경제의 이념을 실현할 수 있도록
   하는 각도에서 이용되어야 한다.
② 한국형 혼합경제체제: 대중경제는 모든 기업인들에게 자유로운 기업
   활동을 적극적으로 허용할 뿐 아니라, 나아가 민족경제의 자립을 위
   한 경제 건설의 주체적 담당자는 자본이어야 하고, 그 가운데서도 민
   족자본이어야 한다는 입장에 선다. 그러나 국민경제 재편성을 위한
   국가의 경제개입이 필요하며, 이는 단순한 유도 정책만이 아니라 적
   극적인 선도 정책의 내용을 포함해야 한다. 이를 위한 한정된 관건
   (key) 산업에서 국영기업을 창설하고 경영하는, 국가자본주의 부문의
   확대가 이루어진다. 국영기업의 창설은 동시에 민족적인 중소자본이
   대기업으로 성장하기 위한 수단으로 사용되어야 하고, 이를 위해 국

영기업은 공사합자의 형태로 중소 민족자본의 참여를 보장해야 한다.

③ 산업정책: 공업 재편성의 기본방향을 생산재 생산 공업을 선도 부문으로 하여, 그 밑에 대기업과 중소기업이 상호 분업관계에 따라 협동적으로 피라미드형을 이루도록 한다. 그리고 공업입지의 지역 간 편재를 시정하기 위해 국지적 시장수요와 특화요인을 갖는 중소기업의 지방분산, 대기업의 입지조정이 이루어져야 한다. 이중 곡가제도, 소작 제도의 청산, 농촌 공업의 육성, 협업 경영 등 농업 개혁정책을 실시한다.

④ 재정·금융정책: 물가 및 경제안정, 대외균형, 사회복지 증대를 조화롭게 추구하기 위해 과시적인 과열성장을 억제하고, 적정한 성장 수준의 실현을 위해 노력한다. 시종일관 정치권력의 시녀로 특혜금융을 유지해온 파생적 금융 제도와 정책을 재정비하며, 금융 기관 사이의 경쟁질서를 도입하고 금리정책을 합리화한다. 특혜금융을 배제하고 책임금융을 실시하며, 민족자본의 육성을 위해 대·중·소기업금융을 확대한다. 자본시장의 대중화와 육성은 대중경제 실현의 중요한 계제이다. 이는 특혜금융과 외자특혜에 따른 자본 조달방식의 문제점을 지양하고, 근로자의 경영참여와 종업원 지주제도의 확립 등 주식 대중화를 위한 여러 유인책을 강구하면서 시행한다.

⑤ 노동정책: 대중경제는 자본과 노동 간의 대립을 양자의 힘의 균형관계의 수립에 따라 평화적으로 해결하는 방향을 지향한다. 이를 위해 자본의 자유에 대한 약간의 제약과 근로자의 경영 참여를 제도화한다. 자본 활동에 대한 제약은 기업가 연합의 조직 억제, 카르텔 행위를 금지하는 반독점법의 제정으로 이루어진다. 근로자의 경영 참여는 종업원 지주제도의 도입, 노동조합의 직접적 경영참여, 이윤에 대

한 참여, 노동조합 결성에 대한 제약들의 폐기로 보장한다. 노자 공동위원회를 두어 모든 기업이 여기에 영업 보고서를 제출하도록 의무화하는 동시에 이 위원회의 권고가 기업에 상당한 규제력을 갖도록 한다.

⑥ 사회복지정책: 근로기준법의 강력한 시행, 영세노동법의 제정, 사회보장제의 보급, 국민 보건 위생비의 증대, 사회복지시설의 확충, 국민교육시설의 확충 등을 도모한다. 실업 수당, 양로 연금, 의료보험 제도를 광범위하게 도입한다. 이를 위해 사회보장기금을 우선 재정 규모의 5% 범위로 설치하고, 매년 2%씩 증가시켜 20~25%에 이르도록 한다.

⑦ 지방자치와 지역개발, 대중 참여: 지방의 경제적 자립, 지방정부의 재정 충실화를 위한 제반시책을 마련한다. 기업의 입지 조정과 사회 간접자본의 지역분산, 지역 산업의 개발을 도모한다. 그리고 지역별 경제문제를 다루기 위해 지역경제 협의회를 두도록 하고, 여기에 국가기관의 참여만이 아니라 기업가와 노동자, 농민 등 대중 참여도 이루어지도록 한다.

⑧ 외자, 무역정책: 사회 개혁에 대한 점진적 입장과 한국경제의 자본 부족이라는 현실에 비추어 외자는 필요악으로 받아들인다. 외자 도입과정에서 이중 가격으로 말미암은 차액 취득과 외국자본과의 야합을 통제하고 불리한 차관 도입을 막는다. 유리한 차관은 중소기업 육성을 위해 배정하도록 한다. 이를 위해 모든 차관은 국가기관의 매개로 국가 관리 하에 도입되도록 한다. 외자도입법을 전면 개정하고 진행되고 있는 무분별한 자유화를 시정한다. 한국의 1967년 무역의존도는 6할인데, 이는 세계적 무역국이라고 하는 일본이나 영국의 무

역의존도가 각각 20%, 30%에 지나지 않음을 볼 때 비정상적으로 의존도가 높은 것이다. 일본이 대수출국으로 성공할 수 있었던 것도 광대한 국내시장을 먼저 조성하고 이를 발판으로 했기 때문이다. 국내시장과 최대한 국내자원에 기반한 내포적 공업화의 길로 나아가야 하며, 무역정책은 이를 보완하는 수단이 되어야 한다.

이병천에 따르면《대중경제론 100문 100답》의 한계는, 일관되게 생산재 생산 부문이 선도하는 자율적 재생산 구조를 주장하고, 국제 분업이 주는 이점을 지나치게 경시했다는 것이다.《대중경제론 100문 100답》에서 제시하는 대안은 국영부문과 중소기업이 두 발로 걷고, 평등과 안정을 크게 도모하는 대만식 길이거나, 혹은 인도적 길이라고 이병천은 보았다. 그러나 그 대안은 무엇보다 한국과 같은 후발 산업화국가에서 국제분업과 외국자본, 기술의 도입이 가져다 줄 수 있는 후발성의 이익과 그 활용의 필요성을 크게 경시하고 있다는 점에서 결정적인 결함을 갖고 있다고 평가했다. 그는 김대중에 의해 박현채의 경제학이 발전적으로 수정될 가능성이 있다고 생각하며, 김대중의 〈70년대의 비전〉을 그 근거로 제시하였다.

〈70년대의 비전〉은《대중경제 100문 100답》이 나오기 전인 1970년에 김대중이 당대를 진단하면서 1970년대에 대한 자신의 비전을 제시한 글이다. 김대중은 이 글에서 독재가 있어야 경제가 개발되고 경제가 개발되어야 민주주의가 있을 수 있다는 개발독재 논리를 비판했다. 그리고 그 대안으로 대중정치—대중사회—대중경제의 삼자로 이루어진 대중민주체제를 제시했다. 김대중은 인류 경제 발전을 볼 때 대중이야말로 가장 중요한 사회적 생산력 발전의 담당자가 되어 왔으며 그런 만큼 대중의 창의력이 최대한 발휘되고 자발적 참여가 이루어지며 정당한 분배를 받도록 제도와 정책으로 보장해야 한다고 주장했다. 그러나 박 정권 아래에서는 소수 특권층의 이익이 우선시됨으로써 대중의 이익은 무시되고 대중의 창조적인 생산능력은 마비되었으며 계층 간 산업 간 지역 간 불균형이 날로 확대되었다는 것이다(이병천 2007, 232~234).

김대중은 그 대안에 대해 논의하면서 케인스 경제학, 마르크스 경제학 모두를 비판했다. 케인스 경제학은 자본가적 경제 질서의 기능 회복을 의도할 뿐, 자본에 예속되고 분배에서 소외되는 근로대중의 지위나 복지 향상의 문제를 실효성 있게 해결하지 못했다고 주장했다. 또한 마르크스 경제학은 계획경제로 말미암아 성장의 둔화가 초래되고 반대중적 독재체제를 낳았다는 것이다. 그리하여 김대중은 경제성장과 분배의 공정을 똑같이 중시하며 중산계층의 육성과 확대를 실현할 수 있는 체제로서 대중경제를 제시하면서, 이를 자본주의 경제체제와 사회주의 경제체제가 저마다 갖는 모순을 대중민주주의와 산업민주주의로 극복하고 자유경제의 장점을 최대한 살리는 한국형 혼합경제체제라고 말했다(이병천 2007, 234).

김대중은 한국전쟁 기간 동안 반동이라는 이유로 박해를 받은 경험 때문에 일관된 반공주의를 표방했지만, 서방권이 공산권보다 우월한 까닭은 서방권이 자본주의라서가 아니라 민주주의이기 때문으로 보았다. 즉 공산권은 독재이기 때문에 열등한 체제라는 것이다. 따라서 남한이 북한에 우위를 점할 수 있는 것도 민주주의의 발전으로만 보장된다고 보았다. 따라서 그는 한결같이 사유재산과 개인의 창의를 존중하지만 '자본만의 우위 지배'를 배격하고 노동, 자본,

기술의 삼자가 평등한 입장에서 서로 협동하고, 노동자와 기술자도
이윤 분배에 대한 응분의 참여가 이루어져야 함을 주장했다. 김대
중은 대중경제의 기본 정책 대안을 아래와 같이 제시하였다(김대중
1970 ; 이병천 2007, 235~236).

① 박 정권의 경제건설은 외국의 반완제품을 도입가공하는 매판적 건설
로서 이로 인해 국부가 한없이 유출되고 있으며, 농업을 희생시키는
건설로 도농 간 이중 구조가 극대화되고 경제기반 파탄의 원인이 되
고 있다. 따라서 국내적 분업 관련의 심화에 따른 내포적 공업화와
농공업 간의 긴밀한 관련 발전 위에 국민 경제 전반의 통일성 있는
발전을 추진해야 한다. 이는 자율적인 재생산권의 형성을 촉진하여
한국경제의 상대적인 자급자족체계의 실현에 크게 기여할 것이다.

② 사회간접자본을 확충하기 위해 집중투자하는 동시에, 민족자본인 중
소기업을 보호 육성하고, 관련기업 간의 수평적 계열화를 지원해야
한다. 이를 위해 과도적으로 공사합작에 따른 국영기업을 창설하되,
경영은 전적으로 민간기업인이 하고 국가는 자본부족분을 공급하여
그 자율적 발전을 촉진하도록 협력한다. 또한 공업발전의 지역 격차
를 불식하기 위하여 공업의 구조적 재편성 및 지방분산을 적극 추진
한다.

③ 농업은 식량자급과 경제발전의 기본여건으로써 중시되어야 한다. 농
업구조는 자발적 농민참여에 따른 협업농의 창설과 자주 농업의 안
정에 중점을 둔다. 공업과 농업 간 분업관련의 심화를 위해 상업적
농업을 권장하고, 농업 취업자와 공업 취업자 간 소득 균형을 위해
적정한 농산물 가격정책을 실시한다.

④ 국가 개입으로 자본에 대한 약간의 간섭과 근로자의 경영 참여를 허
　용하여 산업 민주주의를 실현한다. 모든 대기업체에 노조의 경영 참
　여와 종업원 특수제도를 법제화한다.

⑤ 국민경제 운용에서 경제의 계획적 운용을 추진하며, 이를 위해 한정
　된 범위에서 그리고 과도적으로 약간의 기간산업을 국가가 소유한
　다. 그러나 대중경제는 어디까지나 시장경제의 기능을 존중하는 바
　탕 위에 서 있으며, 따라서 민간 기업의 자유로운 발전과 운용을 크
　게 격려한다. 그것이 사회적 생산력의 발전에 공헌하는 한 민간기업
　의 활동이 침해되는 일은 결코 없도록 한다.

⑥ 폭넓은 중산 안정 계층이 형성되도록 하여 경제가 지속적으로 발전
　됨과 동시에 정치 사회적 안정의 물질적 기반이 될 수 있게 한다.

　이병천은 김대중의 경제론이 박현채의 민족경제론과 다른 점으
로 첫째, 사회주의 경제학을 분명히 비판하고 있는 점, 둘째, 자유
경제의 장점을 최대한 살리고자 하는 점, 셋째, 외국 자본과 매판
자본에 대한 비판, 종속 경제에 대한 비판이 미약하다는 점 등을
들었다. 대체로 김대중의 경제론은 자본주의 세계경제로의 편입
과 국제 분업의 이익에 대해 부정적이지 않은 방향으로 민족경제
론을 수정하여 더욱 현실적으로 바꾼 것으로 평가되었다(이병천
2007, 237~238).

3. 노동자의 사상

　박정희 정권이 추진한 성장일변도의 경제개발정책은 최악의 노동상황이라고 하는 그림자를 동반했다. 최저생계비에도 미달하는 낮은 임금에 세계 최장의 노동시간, 산업재해의 급증과 임금체불, 실업의 위협 등으로 노동자의 고통은 매우 컸으나, 정작 노동자의 권익을 대변해야 할 노동조합운동은 극히 미미한 상태를 벗어나지 못하고 있었다. 유신체제의 성립과 함께 노총은 안보제일주의, 고도성장주의, 노사협조주의를 주장하며 사용주와 정부의 입장을 대변하였다.

　이러한 악조건 속에서 노동조건을 개선하고자 전태일은 모든 합법적 수단을 동원하여 노력했으나 허사에 그치고 말아 결국 그는 최후의 수단으로 죽음을 선택했다. 따라서 1970년대의 민주화운동의 시작은 전태일의 죽음에서 시작되었다고 해도 지나친 말이 아니다. 전태일은 잘 다듬어진 이론이나 거창한 이념을 제시하지는 않았으나 순수한 인간본연의 목소리로 자신의 투쟁 이유를 설명했으며, 그런 점에서 전태일의 사상은 다른 어느 경제학자의 사상보다도 진정한 노동운동의 사상이라고 할 수 있다. 1970년대의 가혹한 노동 탄압은 결국 박정희 유신정권의 종말의 신호탄이 된 YH사건을 발생시켰다. YH 여성노동자들이 농성하다가 희생된 김경숙도 노동자로 살아가면서 겪은 극심한 고통과 소박한 소망을 표현했다.

(1) 전태일 사상

1970년대의 노동상황을 보면, 최저생계비에 미달하는 저임금에 세계 최장의 노동시간, 산업재해의 급증과 임금체불, 거기다 실업의 위협까지 겹쳐 노동자가 받는 고통은 심각하였다(NCCK 1032~1033). 1974년 11월 19일 한국기독학생회총연맹이 발표한 내용에 따르면 30명의 근로자가 죽었고 800여 건의 산재사고를 일으킨 이른바 근로자의 도살장은 성장의 표본이 되었으며, 근로자는 도구시되고 있었다(NCCK 432). 이에 1971년 민주수호기독청년협의회는 다음의 내용이 포함된 성명서를 발표했다(NCCK 125~126).

> 십자가는 곤봉에 부러지고 노동자는 도둑들의 검은 입에 피를 빨리고 있다. 평화시장 전태일의 분신자살, 한영섬유 김진수의 드라이버 살인 미수, 고루 거각에 사는 사람과 똑같은 생명체 김진수, 그는 노동자의 권익수호에 앞장서다 불의의 폭력으로 생사의 기로에 허덕이고 있다. 이 순간도 고층건물의 그림자 밑에 햇볕을 보지 못하고 남몰래 귀중한 생명이 가볍게 겁탈당하기 그 얼마인가!

그러나 그토록 열악한 노동 상황에도 노동운동을 하기에는 매우 어려운 형편이었다. 노동자의 수는 1977년에 이미 7백 70만 명으로 급증하여 총 취업인구의 58.2%를 차지하였으나 노동자의 권익을 대변해야 할 노동조합운동은 매우 미미한 상태를 벗어나지 못하고 있었다. 조직노동자의 숫자는 1978년에 100만 명을 돌파하였지만 그 조직률은 16.8%에 그쳤을 뿐 아니라, 유신체제의 성립과 함께 노총이 받아들였던 안보제일주의, 고도성장주의, 노사협조주의는 노동자의 편이기보다 사용주와 정부의 입장을 대변하였다(NCCK 1033).

1970년대의 민주화운동의 시작은 전태일의 죽음에서 시작되었다고 해도 지나치지 않다. 한국기독교교회협의회는 당시 상황을 다음과 같이 묘사했다.

> 노동운동을 하던 한 젊은이가 근로기준법 책을 불태우고 그와 함께 스스로 불태워 죽었다는 이 보기 드문 사연이 세상에 알려지자 우리 사회에 하나의 놀라운 변화가 일어났다. 그의 죽음과 함께 평화시장 어두운 골방 속의 참혹한 노동에 관한 소식이 세상에 알려졌고, 그것이 발단이 되어 전체 한국 노동자들이 겪고 있는 인간 이하의 고통에 대한 관심이 새로이 일어나기 시작했다. 사람들은 이제껏 아무도 발음하려고 하지 않던 '노동자'니 '노동운동'이니 하는 어휘들을 입에 올리기 시작했다. 영원한 침묵의 그늘 속에 덮여 버려져 있었던 노동문제가 신문, 잡지, 지식인들의 대학, 학생과 노동자들의 항의의 목소리 속에 공공연하게 나타나게 되었다. 이러한 사태의 변화·발전은 물론 그 당시의 정치·사회적 조건 아래에서 가능하게 되었던 것이지마는, 그러나 그럼에도 불구하고 그것은 전태일이라는 한 인간의 육성이, 그 처절한 사랑과 분노와 항의로 불타는 육탄이 우리 사회에 던진 충격의 결과였다(NCCK 106~107).

전태일의 투쟁과 희생은 '노동운동'이 '노동자의 운동'이란 사실을 확인시켰다는 점에서도 의의가 있다. 노동운동이 다른 사회집단의 운동과 크게 구별되는 것은, 노동운동은 노동자의 운동이란 점이다.[1] 그것은 사용자, 기업가, 관료의 운동이 아님을 뜻한다. 그런 점에서 이승만이 집권 당시 대한노총의 총재가 되었던 웃지 못할 사건은 한국 노동운동 발전에 큰 저해요인이었다고 할 수 있다. 노동자 출신의 노동운동 지도자만이 동료들에게 호소력과 설득력을 갖고 일을 추진할 수 있는 진정한 지도자가 될 수 있는 이유는, 노동운동이 구체적인 작업장에서의 부조리를 없애거나 극소화하려는 노력의 표현으로 시작하기 때문이다. 즉, 손으로 광주리를 얽어가다가 손에 피가 나도 약을 바르지 못하고 오히려 작업을 계속하라는 조장의 채찍질을 당하면서 동료의 문제와 사람의 문제를 생각한 노스케(G. Noske)야말로 노동운동 지도자가 될 수 있는 인물이었던 것이다(박경서 1977, 62).[2]

또한 노동운동은 "잘 다듬어진 이론이나 거창한 이념 정립이 선행하는 것이라기보다 순수한 인간본연의 목소리를 집약하는 운동"이란 사실에서 노동자의 운동이라고 하겠다(박경서 1977, 62). 그런 점에서 전태일의 사상은 다른 어느 저명한 경제학자의 사상보다도 진정한 노동운동의 사상이라고 할 수 있다. 조영래는《전태일평전》

---

[1] 독일의 유명한 노동운동 지도자들은 인쇄공, 활자공, 광주리공 출신으로, 이는 노동운동은 시작에서부터 철저히 노동자의 운동이어야 한다는 명제를 실천했다는 것을 의미한다(박경서 1977, 62).

[2] 또한 독일노동조합총연맹이 16개 산별노조, 750만 조합원을 포함하는 거대한 집단으로 성장할 수 있었던 것도 위에서 내리누르는 하향식 운동이 아닌, 구체적인 작업장의 노동자들의 요구가 자연발생적 상향식으로 집산된 결정체였기 때문이다. 역사에서도 노동자의 인권이 가장 잘 보호되고 작업장이 개선된 쟁의를 보면 그것은 상향식 자연발생적인 쟁의였던 것이다. 예를 들어 1896~1997년 함부르크 부두노동자들의 쟁의, 1905년 루르 지방의 석탄채굴공의 쟁의, 1908년과 1913년의 만하임 지방의 독크건설공들의 쟁의가 바로 그런 경우이다. 1963년에 발표된 독일 노총의 기본 강령에 "개개 근로자의 개성에 따른 개인세계 창조를 위한 완전무결한 사회체제 확립을 향한 투쟁을 목적으로 한다"고 명시되어 있듯이 노동운동은 말단 노동자의 인간적 고뇌를 단체의 단결력으로 쟁취해나가는 운동이라고 할 수 있다(박경서 1977, 67).

을 통해 전태일의 사상을 다음과 같이 정리했다. 첫째, 전태일은 '중학교도 제대로 졸업하지 못한 밑바닥 인간에게도 사상은 있다'는 점을 보여주었다. 예를 들면 전태일은 철학적 의미의 '소외' 개념을 알지 못했으나 다른 식으로 그것을 표현했다(조영래 1991, 199~201). 다음은 그가 막노동판에서 관찰한 한 노동자의 모습이다.

> 얼굴은 일을 할 때나 쉴 때나 꼭 마도로스가 지평선을 바라보는 그런 표정일세. 그저 무의미하게 사물을 판단하지 않고 사는 사람 같았네. 삽질을 하나 점심을 먹으나 시종 무표정일세. 만약에 그 기름에 절은 운전수 모자를 벗겨버린다면 그 사람은 그 자리에서 쓰러져 바보가 되지 않으면 죽어버릴 것 같네. 그만큼 그 모자는 그 사람을, 그 돌부처 같은 어떻게 표현할 수 없는 그런 얼굴을 하고 있는 그 사람 전체를 육체의 맨 꼭대기인 머리 위에 서서 감독하면서 그를 속세의 사람과 같이 만들어버리고 있었네. 지금 현재 삽질을 하고 있으니 말일세. 사실 그 사람이 삽질을 하고 있는 것이 아닐세. 그때에 절은 모자가 하고 있는 걸세(전태일 1969, 원섭에게 보내는 편지 ; 조영래 1991, 195).[3]

---

3) 소외에 대한 전태일의 이러한 묘사는 김관석의 다음의 글로도 설명이 된다. "자본주의 사회에서는 경쟁을 통한 이윤 추구 때문에, 결과적으로 인간성마저도 쓸모있는 상품가치로 환산하게 된다. 인간이 인간을 이용가치에 따라 이용하는 데서 인간 소외의 현상이 나타난다. 소외는 인간이 자아를 어떤 사물에 예속시켜서 자신을 상실하는 현상을 말한다. 그러기에 소외를 흔히 '他有化'라고 한다. 자신을 어떤 사물이나, 자아 아닌 어떤 힘에 굴종시키는 생활이 바로 인간 소외인 것이다. 그렇기 때문에 소외된 인간에게는 자아충실이 없고 언제나 자기를 빼앗아간 사물이나 힘의 노예가 되어서 질질 끌려가기만 한다. 불안, 절망, 좌절, 고독은 인간 소외의 징조인 것이다. …… 틸리히의 말대로 한다면 예언자가 우상숭배를 금한 것이 바로 인간 소외의 극복이라는 것이다. 우상은 돌이나 나무를 깎아서 만든 물건뿐만은 아니다. 현대인의 우상은 에릭 프롬의 말대로 한다면 현대인의 인간성을 박탈하는 모든 사물, 제도, 권력, 이념이 우상일 수도 있다는 것이다."(김관석 1970a, 104~105)

또한 전태일은 다른 모든 인간을 지칭할 때 '나의 전체의 일부' 또는 '나의 또 다른 나'라고 불렀는데 이에 대해 조영래는 전태일의 다음의 글을 상기시켰다.

나는 언제부터인지 모르지만 감정에는 약한 편입니다. 조금만 불쌍한 사람을 보아도 마음이 언짢아 그날 기분은 우울한 편입니다. 내 자신이 너무 그러한 환경들을 속속들이 알고 있기 때문인 것 같습니다(조영래 1991, 201).

조영래는 전태일 사상의 두 번째 특징으로 '각성된' 인간의 사상을 꼽았다. 전태일은 한 아주머니가 광주리를 이고 버스를 타려고 실랑이를 벌이는 모습을 보고 그 아주머니를 미워하고 경멸하고 짜증을 냈는데 어느 날은 그 모습을 보고 통곡을 하고 말았다. 그동안 자신은 '현실과 한패'가 되어 민중을 경멸하고 조롱하고 냉소했다는 것, 그 자신의 얼굴에 스스로 침을 뱉었다는 사실을 깨달은 것이다. 그는 "현실이 나를 냉소한다고 나도 현실과 같은 패가 되어 나를 조롱하는구나" 하고 뉘우쳤다(조영래 1991, 202~203).

전태일 사상의 세 번째 특징은, 자신과 같은 인간을 학대하고 경멸하는 세상과 현실에 대한 분노이다. 그는 사회현실에 대해 "저주받아야 할 불합리한 현실"이라고 비판했다. 현실은 한 인간을 메마른 길바닥 위에다 아무렇게나 내던져 버리는 가시투성이고, 얼음처럼 차갑고, 바위처럼 무거운 냉혈한 것이었다. 또한 그는 인간을 물질화하는 세대, 인간의 개성과 참인간적 본능의 충족을 무시하는 현실을 증오했다. 그는 왜 다 같은 인간인데 가난한 자가 부자의 노예가 되어야 하는지, 왜 가장 청순하고 때묻지 않은 어린 소녀들이

때묻고 더러운 부한 자의 거름이 되어야 하는지 반문한다(전태일의 소설 초고 ; 조영래 1991, 204, 213~215).

그의 사상의 네 번째 특징은 행동의 사상이다. 그는 "내가 앞장 설 테니 뒤따라오게!"라고 하여 행동을 촉구하였다고 조영래는 평하였다. 전태일은 한 인간이 인간으로서의 모든 것을 박탈당하고 박탈하고 있는 이 무시무시한 세대에서 절대로 어떠한 불의와도 타협하지 않을 것이며, 동시에 어떠한 불의도 지나치지 않고 주목하여 시정하려고 노력할 것이라고 결의했다(조영래 1991, 205, 213).

그는 노동환경 개선을 위한 실천방법 가운데 하나로, 근로기준법을 지키는 시범업체 설립을 계획했다. 즉 자신이 직접 제품사업을 시작해서 정당한 세금을 물고, 배움의 적령에 있는 소년소녀들을 기능공으로 두고, 이들에게 인간적이고 합당한 대우를 하고도 사업을 성공시켜 나갈 수 있다는 사실을 사회의 여러 경제인, 특히 평화시장 제품 계통의 사업주에게 인식시키고자 했던 것이다(조영래 1991, 224). 이를 위한 자금을 마련하고자 그는 자신의 한쪽 눈을 실명자에게 기증하려고까지 했다.[4]

그러나 이러한 모든 노력이 허사가 되자 그가 마지막으로 생각한 방법이 죽음이었다. 노동운동을 위해 자기 몸을 불사른 전태일은 죽음에 대해서도 남다른 생각을 갖고 있었다. 그는 인간에게는 어차피 죽을 날이 한 발 두 발 다가오고 있다고 하면서, 죽음 그 자체를 증오하기에 앞서 생 그 자체에 환멸을 느낀다고 토로했다. 그리고 생 그 자체에 환멸을 느낀다면 죽음 그 자체를 감사해야 한다고

---

4) 실제로 그는 1970년 3월 중앙일보에 실린 실명자에 대한 기사를 읽고 자신의 눈을 제공하겠다는 편지를 보냈으나 반송되어 왔다(조영래 1991, 234~235).

했다. 그러나 전태일은 자신의 죽음이 무엇보다도 노동환경 개선을
위한 마지막 투쟁 방법이라고 생각했다. '내 이상의 전부인 평화시
장의 어린 동심 곁으로 나를 버리고, 나를 죽이고 간다'고 했으며
'그들의 곁을 떠나지 않기 위하여 나약한 자신을 다 바치기로 결심
했다'는 것이다(조영래 1991, 219~220, 231, 239). 당시 신구교가 합동
으로 거행한 '고 전태일 씨 추도예배'에서 발표된 〈일금 30원의 인
생〉이란 글은 그의 생애를 잘 보여주고 있다(NCCK 104).

> 그것은 그가 일하고 있는 평화시장의 3만여 근로자들이 생지옥 같은 환
> 경에서 과로와 질병에 시달리며 하루 16시간의 노동을 착취당하면서도 정
> 당한 보수를 받지 못하고 조금씩 생명을 갉아 먹히우고 있는 것을 발견한
> 것이다. …… 그는 조직의 필요성을 느끼고 재단사 친목회인 '바보회'를 현
> 명하게 조직하였다. 그는 그것으로 환경개선 투쟁을 벌이다가 해고당하였
> 다. 그는 법 지식의 필요성을 느끼고 근로기준법을 끈질기게 연구하였으나
> 그 법조문은 그에게 쓸데없을 만큼 난해하였다. ……
> "우리는 기계가 아니다.""근로기준법을 준수하라." 그 메아리는 곤봉과
> 연행이었고, 그는 여전히 기계였고, 근로기준법은 여전히 지켜지지 않았고,
> 악덕 기업주는 여전히 돈 계산하기에 바빴고, 위원장 선거 때나 존재를 드
> 러내는 노총은 감투 배정 눈치보기에 바빠 모른 척했고, 지식인은 썩어빠
> 진 감상적 사색에 자신들을 쇠진하고 있었고, 정치인들은 표 모으기에 바
> 빠들 있었다.
> 그는 죽음을 결심하였다.
> 예수가 예루살렘의 십자가를 앞에 두고 고뇌하였듯이 그는 죽음을 앞에
> 두고 고뇌하였다. 예수는 앞에 놓인 죽음을 면할 수도 있었으나 그 죽음을

흔쾌히 받아들임으로써 십자가는 로마 병사에 의한 타살이며 동시에 진정한 자살이(될 수 있었)다. (전태일) 그는 죽지 않을 수도 있었으나 주위 환경이 그에게 죽음을 강요하였기 때문에 그 죽음을 용기 있게 받아들임으로써 (받아들인) 그의 분신자살은 자살이며 동시에 진정한 타살이다(NCCK 105~106).

1970년 11월 13일에 있었던 전태일 분신사건은 반독재 민주화운동의 가장 직접적인 촉매제가 되었다. 사건 3일 후인 11월 16일 서울대 법대 학생들은 '민주수호 학생연맹 준비위원회'를 결성하고 평화시장 근로자들의 실태와 전태일 분신자살의 전모를 조사하여 소책자를 발간했다. 18일에는 서울대 상대 학생들이 학생총회를 열어 정부는 인간의 생존권 보장을 위한 구체적인 근로자 대책을 마련할 것과 기업가는 근로자의 인간적 삶의 기초를 보장하고 노총은 본래의 사명을 다할 것을 요구하며 단식농성에 돌입했다. 21일에는 연세대 학생들이 전태일의 죽음을 애도하며 근로조건 개선을 요구하는 성명서를 발표했다(김병서 2000, 54~55).

11월 22일에 새문안교회 학생회가 전태일을 추모하면서 학생 40여 명이 금식 기도회를 가졌다. 이들은 '고 전태일 선생의 분신자살은 스스로가 목숨을 끊은 것이 아니라 죽음을 택할 수밖에 없었던 이 사회가 그를 죽인 것임을 잘 알고 있으며 우리들 기독교인도 이의 공모자이기에 우리의 잘못을 참회하기 위해 기도회를 열었다'고 밝혔다. 또한 '하나님보다 세상물질을 더 중요시하는 교회와 사회의 배금주의에 도전하여 이웃의 고통을 자기의 고통으로 생각할 수 있는 사회를 건설하기 위해'라고 덧붙였다(NCCK 108).

11월 23일에는 연대생 200여 명이, 24일에는 외대생들이 성토대회를 가졌고, 26일에는 서울대, 연세대, 고려대의 정치외교학과 학생들이 공동으로 성명서를 발표했다. 24일 장로회신학대학생들은 '평화시장 내의 근로기준법 준수를 외치다가 자신의 목숨으로 항거한 전태일 씨의 분신자살 사건은 그 개인의 죽음을 넘어서는 사회적이고 신앙적인 책임의 문제이며 기독자들로 하여금 이 시대를 향한 그리스도의 음성을 새롭게 듣고 이해하게 하는 경각의 사건이라고 생각한다'는 성명을 발표했다. 또한 법은 있으나 법의 보호를 받지 못하는 상태에서 항거 분신한 전태일 씨의 사건에 대한 책임이 일차적으로는 바로 이들 정치지도자들과 정권담당자들에게 있음을 지적했다(NCCK 109).

지학순 주교는 강론을 통해 "나는 십자가 위에서의 부활을 믿는 크리스챤으로서 전태일의 분신자살 하나만으로도 우리나라 노동운동이 모든 억압과 고통 속에서도 반드시 승리하리라는 것을 확신"한다고 했다. 이어 우리나라의 노동운동은 매우 어려운 처지에 빠져 있지만, 그럼에도 노동운동의 밝은 앞날을 기약하는 희망의 새싹들이 억누를 수 없는 힘찬 기세로 움터 자라고 있다는 사실을 우리는 또한 잊어서는 안 된다고 강조했다(《암흑속의 횃불》 1권, 58).

(2) YH사건과 김경숙의 희생

전태일 사건 이외에도 1970년대는 경제성장이란 명분 아래 노동자 탄압이 계속되던 시기였다. 1979년 8월 24일에 발표한 〈1979년 문학인선언〉은 그러한 내용을 잘 보여주고 있다(NCCK 1604~1605).

이러한 시대적 상황 때문에 1970년 11월 13일 하루 수입 70원에서 1백
원 정도의 노임으로 14시간 내지 16시간씩 일하는 나이 어린 소녀들의 참
상에 마지막 항의수단으로 분신자살한 평화시장 피복근로자 전태일 사건
이 일어났다. ……

작금년에만 하더라도 나이어린 여성근로자들에게 똥을 먹인 동일방직
사건을 위시해서 평화롭게 운영되는 노동교실을 폭력으로 분쇄한 평화시
장사건, 몇십 년간 근속한 근로자의 퇴직금을 지불하지 아니한 조광피혁사
건, 과외근무수당을 잘라먹는 방림방적사건, 불법 12시간 노동에 혹사케
하는 해태제과사건 등 부지기수로 인권유린 사태가 벌어지고 있다. 농촌과
농민에 대한 억압은 정도를 넘어 가톨릭농민회사건과 크리스챤 아카데미
사건을 낳고 있다.

1970년대의 가혹한 노동 탄압은 결국 박정희 유신정권 종말의
신호탄이 된 YH사건을 발생시켰다. YH 여성노동자들의 농성은 곰
탕 한 그릇 값인 일당 8백 40원을 받으면서도 임금인상이나 처우개
선이 아니라 '제발 일자리만 잃지 않게 해 달라'는 요구로 시작한
것이었다(NCCK 1612). 1979년 8월 14일 발표한 한국기독교교회협
의회 인권위원회의 〈YH사태에 대한 성명서〉는 사건의 전개과정을
잘 보여주고 있다(NCCK 1596~1597).

우리는 YH무역주식회사의 석연치 못한 도산을 계기로 야기된 3백여 명
의 여공들의 생존권을 위한 농성과 강제해산, 그리고 김경숙 양의 죽음과
연이은 구속사태에 대하여 당국이 취한 처사에 심각한 우려와 분노를 금
할 수 없다.

주지하는 바와 같이 YH무역주식회사는 불과 10여 명의 공원으로 시작되어 최근에 이르기까지 수많은 여공들의 땀과 희생을 바탕으로 무역발전에 기여해왔다. 그러나 여공들의 희생의 대가는 악질기업주에 의해 유출되었고 그로 인하여 회사는 도산에 직면하게 되었으며, 여공들은 일자리를 박탈당하게 되었다. 수출입국정책과 고도성장정책에 따라 일선에서 그 주역으로 희생되어온 여공들이 1백억 불 수출이 넘었다는 오늘에 와서 먹고 살 길을 열어달라는 애절한 호소를 하게 되었다는 이러한 현상은 과연 누구의 책임인가. ……

우리는 이번 YH무역주식회사의 도산이 오늘의 경제불황이나 원유가 인상 등과 국제수지관계에서 발생한 것이라고 하기보다는 기업주는 권력의 비호 아래 부강해지고 기업은 망하는 풍토의 결과라고 본다. 자금의 해외도피가 회사의 도산을 야기할 정도로 심각했다면 그리고 하나의 기업이라도 살려야 하는 상황에 수출훈장까지 받은 업체에 대하여 오늘의 결과를 초래한 것은 분명히 당국의 책임인 것이다. 이것은 논리 이전에 정치윤리, 기업윤리의 면에서 국민과 약자를 기만하고 수탈하는 비극적 현실인 것이다.

우리는 또한 자신의 생존권을 위해 질서정연하게 농성하던 여공들을 어떤 예고도 없이 1천여 경찰을 투입하여 경찰봉과 철봉과 시멘트블록으로 짓밟아 나이어린 여공들을 무차별 유혈극 속에 강제연행하고, 그 분위기 속에서 1명의 여공이 죽었다는 사실은 경찰이 과연 누구를 위한 경찰이며, 경찰의 소임이 무엇인가를 묻지 않을 수 없다.

여성 노동자들은 "매년 수출의 날이면 각종 상패와 수출탑을 수출에 공이 있다는 사장님들 목에 걸어 주고 있"는데, 이 사장들이야말로 수출 덕분에 떼돈을 번 사람들이며 "수출에 공이 많았다는 이

야기를 거꾸로 말하자면 그만큼 근로 여공들의 피와 땀을 착취했다
는 이야기"라고 비판했다. 즉 한국의 수출정책은 근로자들의 저임
금에 기반을 두고 있으며 "정부가 걸어 주는 그 수출탑인가 하는
것과 훈장에는 이 나라 근로자의 피와 눈물이 아롱진 것임을" 자신
들은 알고 있다고 밝혔다(《암흑속의 횃불》 3권, 74~75). YH 노동자
들이 무참히 진압당하는 가운데 희생된 김경숙은 교회 회지에 다음
과 같이 자신의 삶과 생각을 밝힌 바 있다.

이 세상에 태어났을 때는 어느 누구나 티 없이 맑고 깨끗한 사람이었다.
집안환경 관계로 인하여 여러 사람들의 차이가 생겼다고 생각한다. 나는
어려서부터 가난한 가정에서 살아왔다. 그런데다가 8세가 되던 해 아버지
가 갑작스런 병환으로 세상을 떠나시게 되었다. 우리 집의 주인이신 아버
지를 잃었기 때문에 어머니는 당장 날품팔이를 하여서 생계를 이어야만
하셨다. 국민학교를 졸업하기 직전 겨울방학 때부터 공장에 취직을 하였을
때 돈에 구애를 받은 나 자신은 가난한 우리 가정이 잘 살 수만 있다면 무
슨 일을 해서라도 돈을 벌어야겠다고 마음먹고 내가 배우지 못한 공부를
동생에게 가르쳐서 동생만은 성공할 수 있도록 하는 것이 내 간절한 소원
이었다. 그리하여 고향을 등지고 타향에 발을 붙이게 된 것이다. …… 하청
공장에 취직하여 말만 듣던 철야작업을 하면서 2개월간은 나의 코를 건드
리지 못했다. 너무 피곤하다 보니까 끊임없이 코피가 나는 것이다. 몸은 더
욱 약해졌고 얼굴은 창백해졌다. 어떤 회사에서는 봉급을 3개월 것을 받지
못했다. 헐벗고 굶주리며 풀빵 5원짜리 30원 어치로 추위에 허덕이며 생계
를 이어가기도 했다. 이렇게 사느니 차라리 자살이라도 해버리려고까지 마
음먹었으나 고향이 그 길을 막았다. …… 혼탁한 먼지 속에 윙윙대는 기계

소리를 들으며 어언 8년 동안 공장생활하는 나 자신을 볼 때 남은 것은 병 밖에 없다. 몸은 비록 병들었지만 마음만은 상하지 않는 인간으로서 올바른 삶을 살리라 다짐한다. …… 나와 같은 처지에 있는 사람들을 위하여 열심히 살도록 두 손 모아 간절히 기도하련다(NCCK 2594).

4. 종교계의 노동관

기독교계는 1960년대 중반만 해도 노동자들에 대해 개인구원 차원에서만 접근했을 뿐 특별히 사회문제로 보지 않았다. 그러나 산업화의 역기능으로 말미암은 노동자들의 희생을 목격하면서 개인구원에 앞서 사회 변화가 먼저 필요하다는 것을 알게 되었으며, 이를 계기로 1968년부터는 '산업전도'라는 용어 대신 '도시산업선교'라는 말을 사용하기 시작했다. 천주교 또한 1960년대 말부터 가톨릭노동청년회를 중심으로 산업선교를 넘어 노동자의 권익을 옹호하는 쪽으로 노동자들을 지원하기 시작했다.

(1) 산업선교와 노동의 신학

한국사회에서 노동자들을 전도하기 위한 교회의 산업선교는 1950년도부터 시작하였으나 일반 전도와 크게 다르지 않았다.[5] 노동자들을 순종적인 기독교인으로 만드는 것은 기업운영에도 도움이 되었기 때문에 전도는 경영자나 관리자로부터도 호의적인 반응을 얻었다. 그러나 그 뒤 수년에 걸친 경험과 연구는 산업전도 실무자들로 하여금 개인구원을 강조하는 종래의 전도에 머물 수만은 없음을 깨닫게 했다. 산업화의 역기능과 그로 말미암은 노동자들의 희생을 목격하면서 이들은 사회 변화가 우선해야 함을 깨닫게 되었고 책임사회구현에 교회의 사명을 두게 되었으며 성속(聖俗)의 개념에 대해서도 새로운 해석을 하기 시작했다. 즉 그들은 노동자들의 구체적인 삶에 관심을 기울이면서 그 삶의 문제들이 개인적으로 구원될 수 없도록 규정되어 있음을 인식하고 사회구원의 문제에도 관심을 쏟기 시작했다. 그리고 이를 계기로 1968년부터는 종래에 사용하던 '산업전도'라는 용어 대신 '도시산업선교'라는 말을 사용하기 시작했다. 용어의 변화와 함께 한국 도시산업선교는 신학적으로 '하나님의 선교' 신학을 수용하였다.

이 같은 교회의 변화는 첫째, 예배나 전도지 배부만으로는 노동자의 생활 속에 깊이 파고들어 그들에게 감동을 주지 못할 뿐 아니라 오히려 기독교에 대한 반감을 주는 경우가 많다는 점, 둘째, 복음에 대한 새로운 이해 없이는 복음의 내용을 노동자들에게 전달할 수가 없다는 점, 셋째, 교회와 산업사회 사이의 심한 괴리감을 해소하려면 노동현장의 삶 속에서 발생하는 구체적인 문제들을 교회가 해결해야 하는 과제로 삼아야 한다는 점, 넷째, 노동자가 자신들의 문제를 스스로 해결할 수 있으려면 노동자의 자기의식이 필요하다는 점 등의 반성에서 기인한 것이었다(NCCK 168~171). 다음은 산

---

5) 반면 서구 기독교가 노동운동에 참여한 것은 100년 이상의 역사를 갖고 있다(박경서 1977, 61).

업선교 실무자들의 증언이다.

처음 산업전도를 시작할 때는 한국에도 여러 가지 형태의 기업이 많이 성장을 하니까 그들에게도 전도를 해서 교회를 알리고 하나님을 알려서 그들을 교회로 끌어들여야 되겠다는 생각으로 시작했습니다. 그런데 요즘 와서는 그 내용이 약간 달라졌습니다. '산업전도'는 산업사회의 사람을 교회에 나오게 하는 것이지만 '산업선교'는 교회가 새롭게 등장한 산업사회, 공업사회에 대해 교회가 선교의무와 책임을 다해야 하겠다는 것입니다. 과거에는 모든 사람으로 교회를 위해 충성하도록 하려는 데 비해 이제 교회가 모든 사회, 공업사회에 충성해야 된다는 것, 이것이 산업선교라 하겠지요(조지송 외 1969 ; NCCK 171).

이제 우리는 소외된 근로대중을 위한 사랑이 구체적인 사회 활동(Social Action)을 통한 표현되어야 할 시기가 왔다고 생각되어진다. …… 이제 교회는 교회적인 역사나 신학 또는 제도와 전통에서 벗어나 세상의 생생한 문제를 만나 이를 이해하고 소화하는 곳에서 교회의 사명을 감당하여야 하겠다. 교회는 건물 중심에서 벗어나 일하는 세계와 근로자(Work Place and Worker)를 교회로 삼아야 할 것이다. 하늘을 나는 말씀이 아니라, 과도노동, 임금인상, 노사분쟁, 부당노동행위, 산재보험, 해고문제 등이 기독교적인 면에서 이해되고 해석되어지는 피부에 닿는 설교를 통하여 메시지가 전달되어져야겠다. 말로만의 사랑이 아니라 우리가 현실적으로 섬겨야 할 그리스도가 근로대중임을 명심코 십자가의 경험을 근로대중을 위한 행위를 통해서 경험하는 마음의 자세가 성숙되어질 수 있는 데까지 교회는 나와야겠다(조승혁 1969 ; NCCK 171).

도시산업선교활동이 점차 활발해짐에 따라 실무자들 사이의 연합활동도 활발해졌다. 1968년 연세대학교에 도시문제연구소를 설치하여 근로자 및 빈민문제를 연구하고 도시산업선교 실무자를 훈련시켰으며, 이를 보완하고자 현장에서의 구체적인 선교행위를 위한 도시선교위원회를 연구소에 조직했다. 1971년 1월 4일에는 한국의 도시산업화 과정의 교회 선교에 관심을 가진 교계지도자들을 중심으로 한국산업문제협의회를 구성하고 한국교회가 선교적 차원으로 연합할 것을 다짐하였다. 그 후 구교까지를 포함하는 연합 모임으로 이를 발전시키기로 하여 1971년 9월 28일 크리스챤사회행동협의체를 발족시켰다(NCCK 172).

1970년대에 들어서면서 전태일 분신자살 사건, 김진수 사건 등을 통해 졸속 산업화 정책의 모순들이 폭발하기 시작하는 가운데 선교 실무자들은 노동조합운동에 구체적으로 관여하면서 산업선교를 노동운동의 차원으로 발전시켜 나갔다. 그러자 지금까지 비교적 우호적인 상태를 유지할 수 있었던 기업과의 관계는 차츰 대립적인 상태로 접어들기 시작했다. 산업선교는 노동자들의 현실적이고 구체적인 삶의 문제, 즉 그들의 열악한 노동현실을 개선하는 것이야말로 노동자들의 구원이라고 하는 선교의 목적을 완수하는 데 중요하고도 기본적인 목표의 하나라고 판단하고 있었고, 따라서 산업선교 실무자들로서는 노동현실의 개선을 위해 노동현장에 관여하는 것이 지극히 당연하고 마땅한 일로 생각되었다. 그러나 기업의 경영자들은 선교 실무자들의 관여가 본 영역을 벗어난 이단적이고 주제넘은 행동이라고 생각했다. 경영자들은 이제 산업선교가 이용할 만한 것이 못 된다고 생각하여 산업선교를 경계하기 시작했다. 그들의 경계심은 산업선교와의 직접적인 충돌, 또는 권력을 통한 탄압의 형태 등으로 표출되었다(NCCK 173).

　도시산업선교회 활동의 성과 가운데 하나는 정진동 목사가 설립한 청주시 청소부들의 권리회복을 위한 노력이다. 170여 명에 달하는 청주시 청소부들은 그동안 일일고용 형식으로 일당 480원의 저임금을 받았으며, 휴일도 없이 매일 12시간씩 일해야 했을 뿐만 아니라 퇴직금, 산재보험에 따른 재해보상 등을 적용받지 못하고 있었다. 그러던 중 청소부들은 도시산업선교회를 통해 자신들의 권리를 자각하게 되었다. 이들은 7월 18일 140명의 서명으로 진정서를 작성하고, 이를 도지사와 청주시장에게 발송하는 등 권리회복을 위해 노력했다. 그러나 이러한 노력은 오히려 주동자의 해고 등 억압적인 조처가 되어 돌아왔다. 이에 청소부들은 1973년 12월 다음과 같은 내용이 포함된 호소문을 작성하여 각계에 발송했다(NCCK 328~331).

　우리는 쓰레기 인간으로 법도 모르고 무질서하게 살다가 지난 6월부터 근로자들을 위한 목사에게 근로기준법을 익혀 더 이상 불법적으로 살 수가 없어 노동자도 법을 찾아 살겠다고 노력하는데 의외에 감당할 수 없는 십자가가 등위에 지워지는군요. ……

　정치하는 분들이여!

　우리는 유신정치로 개헌되어 노동자도 잘 사는 날이 오는가 보고 하나의 꿈을 가지고 살았었는데 유신정치가 지나고 보니 노동자를 잡는 정치 같아요. 노동자는 행동도 권리도 완전히 유신정치가 묶어 놓았어요. 근로기준법이 살았었는 줄 알았는데 죽었군요. 차라리 근로자의 행동권을 자유롭게 못할 바에 근로기준법을 무효로 선언하는 것이 차라리 나을 것 같군요. 언행이 같지 않아요. 대통령 각하는 음지에 사는 자를 잘 살펴 꾸겨진 곳이 없나 관계장들은 소상히 대우하라 하지만 도리어 음지에 잡아끌어 넣으려는 것이 현행제도인 것 같아요. 이왕 유신을 할 바에 근로자의 인권을 살펴주는 헌정을 바랍니다. 이것이 청소부로 기대하는 것입니다.

청주 16만 시민들이여 오해하지 마세요.

우리 청소부 170여 명은 480원에 임금으로 묶어 놓고 12시간 일을 합니다. 그래서 지난 6월부터 근로자들을 위한 청주도시산업선교 정진동 목사를 만나서 우리도 양지가 있다는 것을 알고 양지를 찾다 보니 작업에 소홀한 것도 있군요.

노동자들을 대상으로 한 선교활동과 더불어 '노동'에 대한 신학적 해석도 이루어졌다. 한국기독교교회협의회는 1978년 9월 〈산업선교신학선언〉을 통해 성서에 나타난 노동에 대한 일반적 의미를 다음과 같이 소개했다.

성서에 나타난 노동의 개념은 구약에서 가장 많이 사용한 '아사아'란 말에서 보면 첫째, 이 말이 하나님과 관련해서는 창조과업(창 2 : 2, 출 20 : 9, 신 9 : 13), 기적행위(신 11 : 3, 여호수아 24 : 17), 심판행위(삼상 28 : 18), 정의행사(시 9 : 5) 등을 알려주며 둘째, 사람과의 관련에서는 제조작업(창 8 : 6), 농사일(이사야 5 : 2, 4 : 10), 목축업(창 30 : 31), 요리장만(창 18 : 7), 복장제조(출 28 : 4), 보수를 받는 일(창 12 : 5, 이사야 15 : 7), 그리고 강제노동(출 5 : 5, 13) 등의 의미로 오늘 산업사회에서 볼 수 있는 노동의 종류들이다(NCCK 1253).

그러나 노동 개념이 중시되는 까닭은 그것이 무엇보다 하나님과 인간의 관계를 보여주는 개념이기 때문이었다. 우선 노동은 '하나님을 본받는 것'을 의미했다.

성서에 나타난 노동의 개념은 하나님이 인간을 위하여 하시는 일을 사람이 배우고 본받게 함이 기본적이다. "내 아버지께서 지금도 일하시니 나도 일한다"(요 5 : 7) 하심에서 참 사람이신 예수의 일은 곧 하나님의 일을 한다는 것을 밝히며 또한 예수의 일이 우리 인간의 일임을 밝혀주고 있다(NCCK 1253).

또한 노동의 목적은 '인권의 보호'였다. 즉 사람을 사람으로 대접하고 사람답게 하는 것, 사람을 살리는 것이 바로 노동이었다.

신약에서 가장 많이 사용된 '엘곤'이란 말을 중심으로 노동을 살피면, 인간이 육체적으로 하는 일 모두를 포함시키고 있는데, 그 노동의 성격은 사람을 사람으로 대접하는 인권정신과 사람을 사람답게 살아가게 하는 인도적 정신을 강하게 나타내고 있다(NCCK 1253).

그러나 예수는 "안식일이 주인이 아니라 사람이 안식일의 주인이라"(막 12 : 8) 하시고 노동에 대한 이해를 완전히 인간본위로 하셨다. 그렇기 때문에 사람을 사람답게 살게 하는 일, 사람을 살리는 일이면 무슨 일이나 안식일에라도 할 수 있다는 혁신적 진리를 천명했다(막 3 : 4)(NCCK 1253).

따라서 이 시기 기독교의 노동 개념은 무엇보다 하나님을 본받아

사람을 위하고 사람을 사람답게 살게 하는 것, 사람을 살리는 것,
즉 인권의 사상이 되었다는 사실을 알 수 있다.

(2) 천주교의 노동관

도시산업선교회와 마찬가지로 천주교 또한 1960년대 말부터 가
톨릭노동청년회를 중심으로 산업선교를 넘어 노동자의 권익을 옹호
하는 쪽으로 노동자들을 지원하기 시작했다(서중석 2007, 153). 천주
교정의평화위원회는 성명서에서, 노동자의 처우 및 부의 분배문제
를 거론하면 결과적으로 사회주의나 공산주의를 초래하게 된다고
우려하는 사람들이 있는데 이러한 사회현실에 대항하여 '가톨릭노
동청년회'를 창설한 까르댕 추기경의 1925년의 발언을 상기시켰다
(《암흑속의 횃불》 3권, 98~99).

> 우리의 관심의 대상은 사회주의도 공산주의도 아니고 노동 청년들의 영
> 혼이며 그들의 운명이다. 그들의 영혼은 육체와 결합되어 있으며 그들의
> 영성생활은 노동생활에 직결되어 있기 때문이다. 그리고 남녀 견습공의 영
> 혼 역시 백만장자 자녀의 영혼에 못지않게 고귀하기 때문이다.

또한 1891년에 발표된 가톨릭교회의 노동헌장 〈레룸 노바룸〉에
는 교황 레오 13세의 다음과 같은 발언도 소개하였다(《암흑속의 횃
불》 3권, 98~99).

> 노동자 단체의 대부분이 눈에 안 보이는 지도자의 손 안에서 그리스도

교 신앙과 국리민복에 배치되는 원리 아래 조종되고 있다. 그 조직은 노동의 전 분야에 마수를 뻗쳐 노동자들로 하여금 그들의 편에 가담하거나 아니면 굶기를 강요하고 있다. 이러한 환경에서 크리스찬 노동자들이 할 일은 둘 중의 하나다. 즉 자신들의 신앙을 위태롭게 할 단체에 가입하거나 아니면 그들 자신이 단체를 만들어 힘을 합하고 불의와 견디기 힘든 압박의 멍에를 용감히 벗어던지는 것이다. 인간의 지극히 고귀한 가치를 지키려는 사람이라면 제2의 선택을 해야 한다는 것을 단언한다.[6]

천주교정의평화위원회는 이어, 사유재산권의 원칙에는 동조하지만 자본주의의 비도덕적 일면들에 대해서는 당연히 경고한다고 하면서, 1967년에 바울로 6세 교황의 교서 〈민족들의 발전 촉진〉에서 이윤, 자유경쟁, 독점이 유일의 목표처럼 추구되는 데서 오는 자본주의의 병폐를 통탄했음을 기억해야 한다고 지적했다. 또한 그리스도교회의 전통이 세속의 권력이나 재산에 야합하여 무사안일주의로 흘러 타락하는 보수주의라고 착각해서는 안 되며 토머스 머턴의 말대로 "그리스도교의 전통은 바로 영원한 혁명"이라고 덧붙였다.

그리고 하나님의 진리에 부합하는 사회제도와 경제질서를 끊임없이 창조해 나가지 못할 때 이탈리아와 프랑스 같은 보수적 그리스도교 국가에서 오히려 공산주의가 득세하는 놀라운 현실이 나타

---

6) 레오 13세의 칙서에는 다음과 같은 내용도 있다. "사유재산은 인간의 자연권이다. 사회주의는 잘못된 학설이므로 우리 교회는 이를 거부한다. 한편 자본주의는 부의 극대화를 위한 사유재산제도에 입각한 자유시장경제체제이나 그 결과로써 임금노동자는 계속 가난해지고 사용주는 배불리되는 것은 자본주의의 부정적인 측면이므로 우리 교회는 이를 비판하지 않을 수 없다. 진정한 노사관계는 하느님 안에서의 화해로써만 그 건전성이 유지되는 것이다. 그러나 임금노동자가 단결하여 그들의 권익을 주장하는 노동쟁의는 올바른 것이다."(박경서 1977, 69)

나며, 유럽 선진권에서도 중산층 이하 서민대중이 부의 분배에 불만을 느낄 때 공산주의가 초래되었다는 점을 강조했다(《암흑속의 횃불》 3권, 98~99).

한국의 경우도 연간 국민소득이 800달러 선에 올라섰다고 하나 1977년 10월에 정부 재무부가 국회에 제출한 자료를 보면 납세자 가운데 월 100만 원 이상의 고소득자는 0.3%임에 비해 월 10만 원 이하의 저소득자는 88.6%나 된다고 지적하였다. 또한 저소득으로 인한 과세 미달자는 1975년 55.8%에서 1976년 59.2%로 늘었다. 게다가 월 2~3만 원 또는 그 이하의 임금을 받는 청소년 노동자들이 이른바 수출공업단지 노동자의 대다수를 차지하므로, 수출 100억 달러는 이 청소년 노동자들의 피땀으로 이루어진 것인데 '거기에서 생긴 거대한 재화는 고작 0.3%의 사람들에게 가고 말아도 좋은 것인가?'라고 반문했다. 따라서 한국 그리스도교회는 민족 역사의 발전적 활로를 위해 구체적으로 노동쟁의와 분배정의의 실현을 선교와 복음화로 생각해야 한다고 강조했다(《암흑속의 횃불》 3권, 98~100).

천주교 주교단도 성명서를 통해 '예수 그리스도의 복음과 현대교회가 가르치는 사회교리, 특히 노동자들의 권익과 복지에 대한 교회의 가르침에 따라 노동자들이 결코 생산의 도구가 아니라 하느님의 모습으로 창조된 존엄한 인간임을 믿는다'고 하였다. 그러면서 근로자들의 생활이 향상되고 의식이 계발되어 노예와 같이 약하고 비굴한 태도로서가 아니라 인간으로서의 긍지와 보람을 지니고 노동에 종사할 때 참된 사회 발전이 있고 정치·문화 모든 면에서 참된 의미의 국가 발전이 있으며 국력이 배양될 수 있다는 사실을 믿는다고 밝혔다(《암흑속의 횃불》 3권, 108).

　　김수환 추기경 또한 노동, 노동자 및 노동운동에 대한 의견을 피력했다(《암흑속의 햇불》 3권, 92~94). 그에 따르면 노동은 '하느님의 모습을 따라 창조된 인간이 세상을 창조하시고 구원하시는 하느님의 창조와 구원사업에 참여하는 것'이다. 따라서 교회는 노동을 지나치게 신성시하지는 않지만 노동을 단순히 먹고 살기 위해서 어쩔 수 없이 하는 것으로 여겨 천시하는 일은 절대로 없다고 강조했다. 뿐만 아니라 교황 바울로 6세가 민족들의 발전과 촉진에 관한 사회 회칙 27항에서 "예술가, 기술자, 고용주, 노동자, 농부 할 것 없이 일하는 사람은 누구나 다 어떤 의미에서 창조를 계속하는 셈이다"라고 서술한 사실을 밝혔다. 바로 그 때문에 28항에서는 노동이 존엄한 인간의 고상한 행위이므로 노동이 인간의 지성과 자유에 기인하지 않고서는 인간적인 노동이라고 할 수 없으며 자칫 노동에서 일어나기 쉬운 인간 품위를 말살하는 노예화의 위험을 경고하고 있다고 지적했다. 그는 이어 〈공의회 사목헌장〉의 다음과 같은 내용을 소개했다.

　　　노동은 자가노동이든지 고용된 노동이든지 직접 인격에서 나오는 것이며 인격은 자연물에 자기 모습을 새기며 자연물을 자기 뜻에 굴복시킨다. 인간은 일반적으로 자가노동을 통하여 자신과 가족들의 생계를 유지하고 형제들과 결합되고 형제들에게 봉사하며 또한 노동을 통하여 진정한 사랑을 실천하며 하느님의 창조사업을 완성하기 위하여 협조할 수 있는 것이다. 그뿐 아니라 노동을 하느님께 바침으로써 인간은 또한 예수 그리스도의 구속사업에 참여한다고 주장하는 바이다. 그리스도께서는 나자렛에서 손수 일하심으로써 노동의 품위를 높여 주신 것이다(67항).

그에 의하면 노동은 인격적인 것으로, 노동의 대가는 인간 자신의 인격 완성과 품위에 걸맞아야 하며 더 나아가 노동은 하나님의 창조 및 구원사업에 동참하는 고귀한 활동이다. 따라서 모든 인간의 노동은 존중받아야 하고 국가는 근로자들의 권익 옹호를 위해 최선을 다해야 한다고 주장했다. 이 같은 이유에서 노동환경 자체가 인간적이라야 한다고 하면서 교황 요한 23세의 회칙 〈지상의 평화〉에서 노동자들의 기본 권리를 강조한 것을 상기시켰다.

> 이러한 권리와 더불어 불가분으로 요구되는 것은 노동에 헌신하는 인간의 육체적 건강이나 양심에 손상됨이 없고 청소년들의 정신 발전에 지장이 없어야 한다는 조건이다. 부인들에게 관하여서는 부인으로서 또 어머니로서 요구되는 것과 의무를 참작하여 적합한 조건하에서 노동할 수 있는 권리가 있다(14항).

뿐만 아니라 "기업 노동자들을 다만 단순하고도 말없는 일꾼의 지위로 떨어뜨리고 그들의 경험의 기회를 살릴 기회도 없이 그들의 활동을 규정하는 결정들에 관하여 전적으로 수동적으로 되게 해서는 안 될 것이다"라고 주장했다. 또한 94항에서는, 현대에 존재하는 정의와 인도에 어긋나는 사회적, 경제적 불평등이 너무 심하고 경제적인 활동, 목적, 구조 작용 가운데 퍼져 있는 과오들이 너무나 뿌리가 깊다고 비판한 점을 지적했다. 이는 개인이나 국가를 막론하고 마치 경제를 지상목표인 것처럼 생각하고 이익 추구에만 연연하여 인간을 경제성장과 생산도구로 취급하기 쉬운 그릇된 경향을 지적하는 것이라고 밝혔다. 따라서 만일 경제체제의 구조, 기능, 환경 등이 인간의 존엄성을 위태롭게 하고, 조직적으로 사람의 책임 감을 무디게 하며, 각자의 주체성의 표현을 방해한다면, 설사 그 경제체제를 통하여 생산된 부(富)가 높은 수준에 도달하고 이 부가 정의와 공평의 기준에 따라 분배된다고 가정하더라도 그 경제체제는 정의에 맞지 않는 것이라고 단호히 못박고 있다고 지적했다. 이는 자본주의적 경제체제가 자행하는 비인간성을 비판한 것으로, 비록 수출이 늘어나고 외화를 많이 벌어들여서 근로자들에게 부의 혜택이 고루 돌아가는 경우일지라도 그 경제구조, 기능, 환경이 인간의 존엄성을 해치고 인간을 생산의 도구화 또는 노예화한다면 그것은 비인간적이요, 정의에 위배됨을 강조한 것이다. 요한 교황의 회칙 〈지상의 평화〉는 다음과 같이 언급하고 있다.

> 그러므로 오늘날 세계 모든 분야의 노동자들은 지성과 자유가 없는 존재처럼 취급되거나 타인의 의사만으로 이용되는 것을 거부한다. 저들은 인간사회의 모든 부문에, 즉 사회적, 경제적, 문화적 및 공공생활에 자격이 있는 인간으로서 처우되기를 강조한다(31항).

이와 같은 맥락에서 사목헌장은 오늘날 자행되고 있는 온갖 종류의 인간 학대를 열거했는데 그 가운데서도 노동자의 학대를 살인이나 고문과 마찬가지로 가장 비열한 죄악이고, 하나님을 모독하는 독성죄라고 규탄했다. 또한 불의를 당하는 편보다 불의를 범하는 편이 오히려 자신의 인간 존엄성을 더럽히는 죄라고 규정하고 있다고 지적했다.

　　이런 것과 함께 노동자들이 자유와 책임을 가진 인간으로서 취급되지
못하고 단순한 수익의 도구로 취급되는, 노동의 악조건과 같은 인간의 존
엄성을 해치는 모든 행위는 실로 파렴치한 노릇이다. 그것은 인간 문명을
손상시키는 행위이며 불의를 당하는 사람보다 불의를 자행하는 사람을 더
럽히는 행위로서 창조주께 대한 극도의 모욕이다(27항).

　　그는 또한 노조 결성과 활동은 기본적 인권이라고 강조했다(《암
흑속의 횃불》 3권, 95~96). 요한 23세 교황은 회칙 〈어머니와 교사〉
에서 노동자들만의, 또는 노동자와 고용인의 결합으로 이루어진 단
체 형성의 권리와 단체 교섭이 자연적인 것이라고 천명하였다. "노
동자들이 그들의 합법적인 경제적, 직업적 이익을 달성하기에 가장
적합하다고 생각된 기구를 조직할 권리와 이러한 목적 달성을 위하
여 그 조직 내부에서 자치적으로 그들의 주동에 의하여 활동할 권
리도 자연적인 것"(22항)이라고 한 것이다. 뿐만 아니라 '노동조합
이 각 생산 조직체의 범위를 넘어서 각계각층의 사람들에게 그들의
영향력을 유효하게 행사할 수 있게 된 것은 이 시기에 매우 적합하
고 중요한 일'(97항)이라고 하여 노동조합의 필요성뿐만 아니라 그
것이 미치는 사회적 영향까지 매우 중요하고 필요하다고 주장했다.
왜냐하면 현대 산업사회에서는 노동조합이 건전하게 육성되고 활동
할 때 사회 전체가 함께 건전하게 발전할 수 있기 때문이다. 따라서
교황은 노동조합이 단위 업체 내에서 뿐 아니라 산업별로 또는 지
역적, 국가적 조직으로 발전해야 하고 국제적으로도 상호 유대를
갖는 조직체로 발전해야 한다고 강조했다. 그리하여 교황은 그리스
도교 노동조합, 노동운동뿐 아니라 ILO와 같은 국제노동기구에 대

해 '수십 년간 세계에 정의와 인도(人導)의 표적이 뚜렷한 경제질서와 사회질서를 수립하는 데, 또 노동자들의 합법적인 요구가 표현될 수 있게 하는 데 유효하고도 귀중한 공헌을 해왔다'(103항)는 찬사를 보냈다고 한다(《암흑속의 횃불》 3권, 95~96).

그런데도 우리 사회, 심지어 교회조차도 노동조합을 위험하게 여긴다고 비판하면서, 노조결성과 활동은 기본적 인권이며, 이는 하나님이 준 권리라고 강조했다. 또한 노동자들이 자신들의 권리를 파업 외에 다른 길로는 도저히 찾을 수 없을 때는 파업도 할 수 있음을 교회는 명시하고 있다고 지적했다(《암흑속의 횃불》 3권, 95~96).

5. 농민운동

박정희 정권 시기에는 농민운동도 활성화하기 시작하였으며, 그 계기는 박 정권의 대표적 부패 사례 가운데 하나인 함평 고구마사건에서 비롯되었다고 할 수 있다. 즉 농민이 주체가 된 농민운동은 한국전쟁 이후 1970년대까지 거의 없었다. 그러나 함평 고구마사건을 계기로 가톨릭농민회가 부각되었고, 가톨릭농민회는 이후 1990년대까지 농민운동의 견인차 역할을 하면서 투쟁을 이끌어갔다(서중석 2007, 154~155).

당시 농민운동의 주요 구성원들은 크리스챤 아카데미의 중간집단 교육프로그램을 통해 배출되기도 했는데, 이들은 강원용, 박경서, 이우재, 황한식, 장상환, 한완상, 정영일, 박현채, 김병태 등의 강의를 듣고 《후진국경제론》(조용범), 《농업경제학》(박근창), 《농협론신강》(최종식) 등의 저서들을 공부했다(김보현 2005, 185). 이들은 농업문제가 자본주의의 구조적인 문제이며 저곡가 정책으로 악화되었다고 교육받았다. 또한 한국농업의 문제로 "농업생산력의 저위, 영세농 경영제, 가족노작적 미맥 편중 농업, 농업기술 수준의 저위, 농가인구의 상대적 과잉, 농가부채의 누적현상, 자본장비율의 저위, 기생 지주제의 재생 현상, 농민 분해 현상 등"이 제시되었다. 또한 낮은 농업 생산력이 농민의 빈곤을 가져오고 다시 농민의 빈곤이 낮은 생산력을 가져오는 악순환이 문제의 요체로 여겨졌다. 이러한 악순환은, 실제 가치를 밑도는 농산물 가격을 강요한 독점자본의 부정축재와 이를 용인한 부패관료 사이의 결탁으로 심화된다고 파악했다. 낮은 농산물가격은 농민들이 빈곤해지는 직접적 요인이며 농민들의 생산의욕을 저하시켜 그들의 빈곤을 가중시키는 원인으로 간주했다(이우재 1979 ; 김보현 2005, 185~186).

박정희 정권의 저곡가 정책은, 해외 의존도만 증가시켜 온 수출제일주의로 일컬어지는 근대화의 미명 아래 노동자의 저임금을 유지하기 위해 농민의 희생을 강요하는 것으로 인식되었다. 유인호는 원칙에 맞지 않는 저곡가 정책을 비판하면서 "농민의 소득을 감안하고 그들이 구입한 물건값을 참작하고 또한 그들 자녀의 교육비라든가 농가가 지불하는 제부담금을 감안하여 농민들로 하여금 최소한의 문화생활을 할 수 있게 하는 방향에서 그들의 주생산물의 가격이 결정되어야 한다"고 주장했다. 또한 "저곡가는 광대한 농촌시장이 구매력을 갖지 못함으로써 공산품 특히 농자재와 농가소비품의 판로가 좁아지는 결과를 낳아 제조업 분야의 생산활동이 둔화된다"고 지적했다. 아울러 그는 식량의 자주적 확보는 곧 안보의 확립이며 식량과 석유의 '무기화 시대'에 있지 않더라도 식량 확보는 스스로 해야 한다고 강조했다(《한국일보》 1975. 11. 6).

유인호는 또한 박정희 정권이 특히 중·소농 발전에 관심이 없었다고 비판했다. 즉 정부는 농업경제 면적인 3정보가 좁아서 농업의 기계화가 이루어지지 않고 농지가 합리적으로 이용되지 않기 때문에 농업이 발전하지 못한다고 주장하면서 "그러므로 상한을 확대할 뿐만 아니라 사실상의 소작제를 낳게 할 '임차농'도 허용되어야 하고, 도시자본이 농업에 유입되어야 한다"고 강조했다. 그러나 그는 이 같은 생각이 현실적으로나 이론적으로나 옳지 못하다고 비판하면서 그 이유로 대농가의 수는 현저히 줄었지만 중·소농은 감소율이 매우 낮다는 사실을 지적했다. 또한 도시자본이 농업에 유입되면 '토지 투기' 이외에 다른 무슨 활동을 할 수 있겠는가 하고 반문했다. 더불어 그는 농민적 토지소유는 전진적인 방향으로 나아가야지 소작제를 부활시키는 것이 되어서는 안 된다고 강조했다(유인호 1991, 267~268).

이 시기에는 국가의 강압적인 농업 정책도 비판받았다. 예를 들면 '풍년기근을 안겨 준 못자리까지 짓밟으며 자행한 신품종 강제 권장', '악덕 재벌들의 토지 투기와 기업체를 비호하는 특권의 토지 강점', '수출 대기업의 각종 특혜로 유발된 물가 폭등을 막기 위한 농산물 수입' 등 농민의 이익을 무시하고 획일적인 지시와 행정명령 일변도에 따른 관료적 횡포로 나타나는 농정이 농민 경제와 농민의 주체성을 압살하고 있다고 비판했다. 농촌 발전의 표면적인

성과를 보여주기 위한 획일적인 주택 개량사업 또한 영세농의 상환
능력을 무시한 사업으로 지적되었다(《암흑속의 횃불》 3권, 111~112).

당시 농민들의 불만이 가장 크게 표출된 부분은 행정부 및 관료
의 부패였다. 이우재는 부패관료는 국가의 장래나 민족의 이해와는
관계없이 매국적 부정부패를 저지르며 농업을 수탈한다고 강조했
다. 특히 관료조직은 그 산하에 각종 농업단체들을 두고 이를 통해
자기 정책을 실현하는데 그 가운데서도 농협은 "독점자본의 농민
수탈을 위한 파이프 역할을 한다"고 비판했다(이우재 1979 ; 김보현
2005, 187). 농민운동에 앞장 서온 가톨릭농민회는 선언문 〈농협의
작태에 분노하며〉를 통해 농협의 문제를 다음과 같이 지적했다.

> 이것은 자주적 협동 조직을 통해 농민의 경제적 사회적 지위 향상을 도
> 모해야 할 농협이 평소에 주인인 농민을 전적으로 무시해 온 자세로부터
> 나온 일면으로써 농협의 반농민적 속성을 다시 한 번 개탄하지 않을 수 없
> 게끔 한다.

> 그럼에도 불구하고 농협은 조합장 임명에 관한 임시조치법이라는 독버
> 섯을 제정한 지 15년 동안 민주, 자립, 봉사의 사명은 외면한 채 비료 도입
> 부정 사건, 강제 출자의 의무화, 보유 양곡 방출로 농산물 값 내리기, 농약
> 강매행위와 농민 위에 군림하는 구태의연한 관료적 속성을 더욱 노골화시
> 키면서 관료 독점 자본의 시녀로서 계속 타락되어 가고 있다.

> 가장 민주적인 운영을 그 생명으로 하는 협동조합이 관의 조합장 임명과
> 보호의 한계를 넘어선 지나친 간섭 속에서 이 모든 것들이 노골적으로 성행
> 되어 왔다. 함평 고구마사건은 이러한 관료적이고 반농민적인 농협 속성의
> 대표적인 산물임을 재삼 밝히지 않을 수 없다(《암흑속의 횃불》 3권, 111).

위 글에서 언급된 함평 고구마사건은 가장 대표적인 농민운동으로, 농협이 고구마를 전량 수매하겠다는 공약을 하고 지키지 않자 농민들이 투쟁한 사건이다. 생산한 고구마는 썩어가는데 농협은 계획에 차질이 생겼다는 이유로 약속을 지키지 않고 수매를 미루었다. 이에 가톨릭농민회 주도로 함평 고구마피해보상대책위원회를 결성하여 피해보상을 요구하였으나 농협은 경찰까지 동원하여 묵살하였다. 그럼에도 농민들은 농성, 단식투쟁 등 2년에 걸친 투쟁하여 결국 피해보상을 받게 되었다. 이후 감사원의 발표에 따르면 당시 "농협은 주정회사 및 상인과 결탁, 중간상인으로부터 산 것을 농민으로부터 직접 수매한 것처럼 꾸며, 1976~77년 2년 동안 농협자금 80억 원을 유용"했다는 사실이 밝혀졌다(김정남 2005, 174~182).

그동안 농민들은 여러 가지 어려움을 겪으면서도 자신의 처지를 알릴 수 있는 통로를 갖지 못했다. 이러한 가운데 가톨릭농민회와 크리스챤 아카데미의 농촌사회 졸업생 모임들이 생겨나 1970년대 농민문제를 해결하는 데 도움을 주었다. 예를 들면 가톨릭농민회는 토지문제를 해결하고자 농지실태조사를 실시하고 그것을 바탕으로 농토오염, 투기자본의 농토잠식, 부실경지 정리 등으로 입은 피해로부터 농민을 보호하는 활동을 전개했다. 그리고 농산물의 정당한 값을 보장받고자 1975년부터 매해 쌀 생산비 조사를 실시하고 이를 기초로 쌀 생산비 보장, 수매가 예시, 외국농산물 수입중지, 농지세와 농업자재값 인하를 주장했다. 또한 농협 등 농업 관계 단체들의 반농민적 행태를 규명하고자 농협의 실태를 조사해서 문제점을 제시하고, 조합장 선거제 실시 등 농협의 민주화도 추진했다.

IV. 종교의 역할

1970년대 민주화운동에서 기독교를 포함한 종교계가 중요한 역할을 했다는 사실은 이미 널리 인정받고 있다.[1] 한국기독교교회협의회(NCC)는 1969년 삼선개헌을 반대하는 성명을 발표했으며, 1971년 대통령 선거 때는 투·개표 감시를 정부에 요청했다. 특히 유신체제 출범 초기 거의 모든 이가 침묵하였으나 기독교인들은 남산 부활절연합예배를 통해 유신체제에 저항했다. 이어 1973년 12월 신·구교의 연합예배에서 헌법 개정을 요구했으며 천주교도들도 명동성당에서 시위를 벌여 민주체제 확립과 대외 굴욕외교의 시정을 촉구했다. 이러한 반(反)유신운동은 신·구교, 학계, 언론계 등을 중심으로 한 개헌청원 100만인 서명운동을 촉발시켰다.

1974년에는 지학순 주교의 연행과 관련하여 신부, 수녀 및 평신도들이 지 주교의 석방을 요구하는 시위를 벌였고 이날 천주교정의구현전국사제단이 출범하여 이후 가장 적극적으로 투쟁활동에 참여하였다. 1975년 8월 장준하가 의문사하자 문익환 목사 등이 〈3·1민주구국선언〉을 발표하였는데, 이 선언은 이에 대한 정부의 탄압 때문에 세계적으로 큰 파문을 일으키게 되었다. 또한 1977년 함평 고구마사건을 해결하여 가톨릭농민회는 농협의 부패를 알리고 농민의 권리를 되찾는 데 도움을 주었다. 1979년 4월에는 크리스챤 아카데미 반공법 조작사건이 터졌고 원장 강원용, 부원장 박경서, 농촌부 이우재·황한식·장상환, 산업부 신인령·김세균, 여성부 한

---

1) 1970년대 민주화운동에서의 기독교계의 역할에 대해서는 연구가 상당히 진척되어 있다
   (문지영 2002, 163 ; 김영일 1984 ; 김녕 1996).

명숙·하정화 간사 그리고 교육생 250여 명이 중앙정보부에 연행되어 조사받고 고문당하자 기독교계는 대책위원회를 결성하여 이 사건의 목적이 크리스챤 아카데미의 교육 사업에 타격을 주고 궁극적으로는 노동자·농민운동을 탄압하려는 것이라고 비판했다.

1970년대에는 불교계 인사들도 박정희 정권에 저항했다. 1970년대 초 민주수호국민협의회에 법정 스님이 참여했고, 전등사 주지였다가 환속한 고은이 자유실천문인협의회에서 활동했다. 1970년대 중반에 들어와서는 조직적으로 민주화운동에 나서기 시작하여, 긴급조치 위반으로 구속되었던 여익구와 동아일보에서 해직된 고준환, 그리고 황석영과 일부 대학생불교연합회 회원들이 주축이 되어 민중불교회를 조직하였다.

박정희 정권은 물리적인 종교 탄압에 그치지 않고 ‘정교분리론’ 등 종교의 자유를 침해하는 논리를 개발하여 공세에 나섰다. 이는 역으로 기독교계에 일대 파장을 일으켜 정교분리에 대한 논쟁을 가져왔다. 그뿐 아니라 기독교계는 ‘하나님의 선교’ 신학, 민중신학을 발전시켜 유신정권에 대한 저항을 더욱 공고히 했다.

1. 기독교인의 민주화운동

우리나라에 처음 기독교를 전한 세력은 미국의 보수파 세력이었으나 3·1운동에서 보이듯이 기독교인들은 나라의 독립을 위해 적극적으로 투쟁했다. 그러나 1920년대에 들어서면서 일제의 탄압과 더불어 투쟁력이 약해지기 시작했고 기독교인들의 현실외면은 1960년 4·19혁명 때까지 지속되었다. 4·19혁명은 기독교인들에게 충격을 주었고 뒤이어 일어난 5·16군사쿠데타는 소수 기독교인들의 각성을 재촉했다(NCCK 23). 천주교의 경우 1967년과 1968년의 강화도 심도직물사건으로 가톨릭노동청년회의 활동이 당국의 모함을 받아 용공, 좌경으로 매도당하는 등 정권과의 충돌이 시작되었다.

NCC는 1969년 3월 2일 3·1운동 50주년 기념대회를 가짐으로써 민족과 사회에 대한 기독교의 책임을 재확인하고, 구체적인 사회현실을 신앙적 측면에서 수용해야 할 의무를 새롭게 각성하기 시작했다. 이후 NCC는 보수 세력의 삼선개헌 지지성명 발표에 자극받아 1969년 9월 8일 삼선개헌 반대성명을 발표했다. 1971년 4월 제7대 대통령 선거 전날에는 목사 40여 명이 투·개표 감시를 정부에 요청했고 6,100여 명의 청년학생들이 각 지방으로 내려가 선거부정을 감시하기도 했다. 또한 1968년부터 '산업전도'를 '산업선교'로 부르게 되면서 선교실무 성직자들이 공장노동 체험을 하는 등 구체적인 현실에 바탕을 둔 선교활동을 전개하기 시작했다(NCCK 66 ; 김병서 2000, 56).

박정희 정권이 가져온 근대화의 모순으로 말미암은 전태일의 죽음은 기독교계뿐만 아니라 한국사회 전체에 큰 충격을 주었다. 특히 기독교계에는 신학적 기초를 바꿀 만큼 의미 있는 사건으로 받아들여졌다. 당시 KSCF 사무총장 오재식이 《기독교사상》에 쓴 추모사 〈어떤 예수의 죽음〉은 그러한 경향을 보여준다(김형수 2004, 400).

네가 죽은 후 예수여! 엉뚱한 사람들이 수군거리고, 생면부지가 헌화를 하는구나. …… 네 초상화가 복사되고 네 생애가 돋보이고, 드디어는 네가 스승으로 되어가고 있었다. 죽음의 벽이 당분간은 누리를 덮었지만 그 밑으로 고동 소리, 희망이 그 밑으로 흐르고 있었다. …… 너는 죽어서 많은 예수를 낳고 그 예수들이 다 같이 예루살렘 거리에 서는 날, 너는 우리에게 부활의 의미를 가르칠 것이다.

전태일의 죽음은 한국사회와 한국교회가 인권과 민주주의를 구체적으로 인식하게 된 계기가 되었다고 할 수 있다. 이후 도시빈민선교를 위한 수도권도시선교위원회가 결성되었고(1971. 9), 은명기 목사 구속(1972. 12), 남산 부활절연합예배사건으로 말미암은 박형규 목사 등의 구속사건(1973. 6) 등이 있었으며, 1973년 11월 NCC를 통한 〈인권선언〉이 채택된 데 이어 1974년 4월 인권위원회가 발족했다(NCCK 2).

특히 유신체제 출범 초기, 학생운동을 포함한 모든 저항 세력들이 침묵한 상황 속에서 기독교인들은 그 침묵을 깨뜨리는 데 선구적인 역할을 수행했다. 즉 1973년의 남산 부활절연합예배사건은 기독교인들이 유신체제에 대한 강력한 저항 세력임을 드러낸 중요한 사건이었고, 유신에 대한 도전이 불가능하지 않다는 것을 시사해 준 고무적인 사건이었다. 남산 야외음악당에서 개최된 부활절연합예배에서 박형규 목사를 비롯한 도시빈민선교 실무자, 기독학생 등이 민주회복과 정권자의 회개를 촉구하는 유인물, 플래카드를 준비하여 시위를 벌이려고 했던 데서 발생한 이 사건은 유신체제 출범 이후 패배감에 빠졌던 모든 저항 세력들에게 용기를 불어넣어 주었고, 이 사건을 계기로 교회는 분명한 목적의식 아래 민주화운동을 본격적으로 시작하게 되었다(NCCK 13~14).

이 사건으로 박형규 목사와 권호경 목사(당시 전도사)가 내란예비음모 혐의로 구속됨으로 인해, NCC를 중심으로 하여 국내 교회들의 인권운동이 촉발됨과 동시에 이를 성원하고 지원하는 세계교회의 움직임이 활기를 띠기 시작했다. 우선 일본교회가 즉각적인 관심을 표명했고 이어 미국과 유럽의 교회들이 동참 의사를 밝혔다. 이처럼 한국교회의 인권운동에 세계교회가 관심과 지원을 표명하는데 아시아기독교협의회(Christian Conference of Asia, CCA)와 세계교회협의회(WCC)가 이를 연결하고 확산시키는 역할을 담당했다(NCCK 30~31).

1973년 5월 20일에는 박정희 독재에 저항하여 투쟁할 것을 국내외에 밝힌 〈한국 그리스도인의 신앙선언〉이 발표되었다. 이 선언은 양심의 자유, 신앙의 자유에 대한 독재정부의 억압과 유신체제의 기만성을 폭로하였으며, 언론의 어용화와 중앙정보부의 만행을 규탄하고, 경제발전의 허구를 밝히는 동시에 노동자·농민에 대한 수탈을 중지할 것과 남북대화를 정권유지의 차원에서 이용하지 말 것을 주장하였다. 그리고 이 선언은 행동강령으로서 ① 유신헌법을 거부하고 민주주의의 부활을 위한 국민적 연대 수립, ② 기독자는 순교할 수 있는 신앙의 자세를 확립, ③ 세계교회와의 연대 등을 천명하였다. 이 선언은 유신체제 하에서의 한국 기독교인들의 상황인식과 행동지표, 그리고 결단을 집약적으로 표현해준 역사적인 문서로 인정받았다. 또한 이 선언은 세계교회가 한국의 상황을 바로 이해하고 한국교회의 인권운동을 지원하도록 하는 데 크게 공헌했다

(NCCK 13~14).

1973년 12월 16일 신구교 연합기관인 에큐메니컬 현대선교협의체는 인권주간을 맞아 YMCA 강당에서 '교회와 인권을 위한 연합예배'를 가졌다. 김관석 목사와 김수환 추기경은 설교를 통해 1인에 집중되어 있는 권력구조를 쇄신하는 방향으로 헌법을 개정할 것과 주권재민의 올바른 체제로 복귀할 것을 주장했고, 자유는 스스로 쟁취하는 것임을 확인했다. 이와 때를 같이 하여 서울의 소장목사들은 '민주회복을 위한 구국 참회 기도회'를 갖고 일주일 동안 단식하며 경제불균형, 외채 등의 문제와 민주체제 회복을 위해 기도하였다. 또한 천주교도들도 명동성당에서 시위를 벌이는 등 민주체제 확립과 대외 굴욕외교의 시정을 촉구했다. 이러한 반(反)유신운동의 일환으로 12월 24일 신구교, 학계, 언론계 등이 중심이 되어 개헌청원 100만인 서명운동이 전개되었다(NCCK 13~14).

지학순 주교가 1974년에 귀국하면서 연행되자, 지 주교는 양심선언을 발표하고 천주교에서는 합동기도회로 항의를 표시했다. 이 사건은 국내외에 큰 파문을 가져왔다(《암흑속의 횃불》 1권, 4~5). 신부, 수녀 및 평신도들은 지 주교의 석방을 요구하는 시위를 벌였고 이날 천주교정의구현전국사제단이 출범하여 이후 가장 투쟁적인 활동을 펼쳤다. 1975년 8월 장준하가 의문사하자 문익환 목사 등은 1976년 3·1운동 57주년 기념일에 명동성당에서 〈3·1민주구국선언〉을 발표하였다. 이 선언은 이에 대한 정부의 탄압이 가혹하여 세계적인 큰 파문을 일으키게 되었다(NCCK 38). 또한 1977년 함평 고구마사건의 해결을 통해 가톨릭농민회는 농협의 부패를 알리고 농민의 권리를 되찾는 데 도움을 주었다.

한편 1979년 4월에는 크리스챤 아카데미의 이우재·한명숙·신인령·김세균·황한식·장상환을 포함하여 교육생 수십 명이 중앙정보부에 연행되어 고문조사를 받았다.[2] 그해 4월 16일 당국은 크리스챤 아카데미에 침투한 불법용공써클을 적발했다고 발표했다. 다시 말해 이우재를 중심으로 아카데미의 간사들이 비밀모임을 조직하여 사회주의 건설을 획책했다는 것이었다. 같은 날 천주교정의구현전국사제단은 성명을 통해 "당국은 점증하는 민중의 각성을 봉쇄할 목적으로, 노동자와 농민의 민생운동을 억압할 명분으로서 새로운 사건을 조작할는지도 모른다"고 우려를 표명했다. 기독교계는 크리스챤 아카데미사건 대책위원회를 결성하고 4월 20일 성명을 통해 사건의 본질을 크리스챤 아카데미의 교육사업에 심각한 타격을 입히고 노동자·농민운동을 탄압하여 이를 위축시키고자 하는 의도로 파악했다(김정남 2005, 257~258).

이러한 기독교인들의 투쟁은 이후 계속된 군사정권의 혹독한 탄압에도 꾸준히 이어져 1980년대에도 이어졌다.

---

2) 당시 한명숙은 "따귀를 맞고 힘찬 구둣발로 몰아대며, 야전침대의 커다란 각목으로 온몸을 두들겨 맞았는데 난 도저히 살아날 것이라고 생각하지 못했다"고 증언했다. 이우재는 17~18일간 고문을 받았는데, "야전침대 각목을 무릎 사이에 넣고 양쪽에서 밟다가 그것이 부러지면 다시 갈아끼웠"으며 "담뱃불로 지지고 벽에 세워놓고 주먹으로 가슴을 쳐 숨을 못 쉴 지경이었다"고 증언했다. 당시 산업사회 간사로 활동하다 끌려간 신인령은 "입을 열게 해준다며 볼펜으로 내 입을 쑤셨다"고 했고, 마찬가지로 산업사회 간사였던 김세균은 "발가벗겨놓고 각목으로 패"는 고문을 당했는데, "간첩 혐의를 받아서 죽을 바에는 차라리 여기서 죽겠다는 심정에서 볼펜으로 뒷목을 찔"러 "볼펜이 찌그러지고, 피가 솟아흘렀"고 또 "혀를 깨물기도 했다"고 증언했다(김정남 2005, 261~262).

2. 기독교의 자기반성

박상증은 해방 후부터 1950년대까지의 기독교 운동을 크게 세 가지 경향으로 분류했다. 첫째는 3·1운동의 33인 가운데 한 사람이었던 김창준 목사를 중심으로 한 '기독교민주동맹'으로, 김창준은 1930년대부터 교회와 사회의 밀접한 관련성을 주장했으며 해방 후 친일파와 반민족주의자를 규탄하면서 건국운동에 참여했다. 그는 당시 좌파가 주도하는 민주주의 민족전선에도 참여했으며, 1948년 평양에서 열린 전조선정당사회단체 대표자 연석회의에도 참석했다.

두 번째는 김재준 목사의 입장으로, 그는 우익의 입장에서 공산주의자들을 포함하는 통일정부 수립을 제안했다. 김재준은 새로운 정부 수립 과정에서 공산주의자들과의 협력 가능성을 배제하지 않았으며 사회과학적 차원에서 공산주의가 사상과 종교의 자유만 보장한다면 유의미하다고 보았다. 그러나 한국전쟁을 거치면서 그는 명백한 반공주의적 입장을 갖게 되었다.

마지막으로는 한경직 목사의 경우로, 그는 철저한 친미·반공주의자였다. 그는 미국을 세계에서 가장 축복받은 평화의 나라라고 칭송하면서 우리나라가 미국처럼 기독교적 이상에 따라 건국되기를 바랐다. 그는 공산주의를 '묵시록에 있는 붉은 용'으로 묘사하면서 공산주의와 대결해야 한다고 주장했다. 사실 이 시기 한국기독교는 대체로 보수적인 경향을 보였으며, 그로 말미암아 원로장로인 김규식에 대해 용공시비를 벌였고 반공기독교 궐기대회를 개최했다. 특히 한국전쟁을 거치면서 보수적 경향이 심화되어 교회들은 이승만의 북진통일론을 적극적으로 주장했다. 보수적 교회는 1953년 정전협정이 논의될 때 휴전반대운동을 벌였고 WCC 모임에서 공산주의 국가와의 공존을 절대 반대했으며 WCC가 용공단체라는 주장도 서슴지 않았다(박상증 1995, 162~163).[3]

강문규는 한국교회가 미국식 반공주의 속에서 살아오면서 반공 그 자체를 복음으로 착각하는 전투적이고 편협한 기독교를 만들어 내게 되었다고 지적했다. 에큐메니컬 운동을 용공이라 여기고 아시아교회협의회의 민중신학·해방신학을 비성서적·반국가적인 것으로 간주하는 어리석음도 여기에 기인한다고 그는 주장한다. 이들은 비자본 비동맹을 전면에 내어놓으면서 스스로의 살 길과 자결의 길을 찾으려는 제3세계의 움직임까지도 반기독교 세력으로 보았으며 세계성을 오로지 서구교회 또는 미국교회와의 유대를 유지하는 것으로만 확인해 왔다고 그는 비판했다(강문규 1977a, 51).

1960년대에도 교회는 반공노선을 유지했다. 예를 들어 1968년 스웨덴에서 개최된 WCC 대회에서 월남전 반대와 중국의 유엔가입 촉구가 결의되자 NCC는 결의안 통과를 저지하기 위해 노력했다.

그러나 그렇게 반공노선을 유지하는 가운데 우익독재에 대한 비판도 등장했다. 조항록 목사와 강원용 목사는 인간의 존엄성과 인권의 자유를 위해서는 공산주의뿐 아니라 우익독재에도 대항해야 한다고 주장했다. 또한 박상증 목사는 1961년 《기독교사상》에 기고한 글에서 반공이 아닌 평화공존과 교회 내부의 혁신이 필요하다고 주

---

3) 김재준은 이승만이 감리교인이고 반공주의자였기 때문에 한국 기독교인들이 이승만 독재에 대해 미온적 태도를 가졌다고 지적했다(김재준 1982, 241).

장했다. 박형규 목사와 문익환 목사도 교회와 사회의 개혁을 주장했다(박상증 1995, 163~164). 4·19혁명으로 정치·사회 변혁의 기틀이 마련된 1960년대는 교회가 안일주의와 사회개혁에 대한 외면으로 맹렬한 비판을 받고 반성하던 때라고 할 수 있다(박상증 1995, 12).

　기독교인들의 민주화 투쟁은, 4·19혁명 및 전태일의 죽음 등을 계기로 독재정부가 초래한 정치·사회·경제적 모순에 눈을 뜨고 그동안 침묵해왔던 자신의 태도를 반성하면서 출발했다. 기독교인들은 기독교가 개인의 자유와 존엄성을 기반으로 하기 때문에 한국의 근대화 과정에서는 여러 국면에서 촉매의 기능을 담당해왔으나 민주주의를 토착화하는 과정에서는 자랑할 만한 공헌이 없었음을 반성했다(NCCK 237~238).

> 　세계 제2차 대전의 종결과 더불어 전승 강대국들의 이익에 따라 분할된 국토와 미·소 양군의 분할 진주는 자동적으로 민족분열과 이데올로기의 대립을 고정화시켜버렸던 상황하에서 한국교회는 자기보전을 위한 소극적 노력에 힘을 기울여온 데 비해 지금까지 경험하지 못했던 국제 강대국가들의 권력정치와 급격히 밀려들어온 이데올로기에 대처하기 위한 한국교회의 일치된 신학적 검토와 정리를 다하지 못했다.

> 　6·25동란을 겪어온 한국교회는 공산주의에 의하여 형성된 일당독재의 국가권력을 무자비한 침략성과 극단의 비인간화를 몸으로서 체험한 나머지 반공주의에 고정되었고, 인간의 기본적 자유가 보장된다는 전제 위에 자유민주주의의 신봉자가 되는 데까지 이르렀다. ……[4]

---

4) 1988년 2월 NCC의 민족의 통일과 평화에 대한 한국기독교회선언은 한국전쟁에 대해 다음과 같은 반성을 보여주었다. "우리는 갈라진 조국 때문에 같은 피를 나눈 동족을 미워하였고

　　한국교회는 지금도 계속 민족적 생존을 보존하기 위한 노력과 그 이익

에 관계되는 일인 한, 국가시책에 거의 무비판적으로 긍정하여 왔다. 이는

공산주의 북한으로부터의 무력침략의 경우에서도 마찬가지였다(한일교회

협의회 공동성명 1973. 7. 5 ; NCCK 244).

안병무는 1970년대에 들어와서야 한국교회가 과거에 대해 자책하기 시작했다고 지적했다. 즉 해방 후 기독교는 "이승만 정권이 민중을 짓밟은 것을 볼 눈이 없었고 단지 그가 내세운 민족이라는 구호에 현혹되어 정권에 무조건 아부하고 민족이라는 구호 밑에 깔린 민중의 신음소리에 귀 기울이려고 하지 않았다"고 반성했다. "어린 학생들이 봉기하여 혈전을 펼 때에도 그리스도교회는 꿀 먹은 벙어리처럼 말이 없었고 비겁하기로 이름난 지식인 교수들이 마지못해 학생들 운동에 가담했을 때에도 한국교회는 죽은 듯 잠잠했다"는 것이다. 이는 '그리스도의 가르침과 행위에 어긋나는 비겁한 행동이었다'고 그는 비판했다(안병무 1975, 81~82).

　　강원용은, 교회지도자들이 여전히 17세기의 유물인 정통주의적 교파 신조주의에서 벗어나지 못하고 있고, 교회의 선교전략은 구미 제국주의 시대의 유물인 개인의 영혼을 구원하여 천당 보내고 교세를 확장하는 일에 전념하는 형태를 벗어나지 못하고 있다고 비판했다(강원용 1973, 50).

<hr>

속이고 살인하였으며, 그 죄악을 정치와 이념의 이름으로 오히려 정당화하는 이중의 죄를 범하여 왔다. 분단은 전쟁을 낳았으며 우리 그리스도인들은 전쟁방지의 명목으로 최강, 최선의 무기로 재무장하고 병력과 군비를 강화하는 것을 찬동하는 죄(시 33 : 16~20, 44 : 6~7)를 범했다. …… 우리는 한국교회가 민족분단의 역사적 과정 속에서 침묵하였으며 면면히 이어져 온 자주적 민족통일운동의 흐름을 외면하였을 뿐만 아니라 오히려 분단을 정당화하기까지 한 죄를 범했음을 고백한다."(박경서 1991, 46)

천주교계는 교회의 현실외면에 대한 반성5)과 관련하여 주로 제2차 바티칸공의회의 정신을 기준으로 들었다.6) 제2차 바티칸공의회 이후 변화의 물결 속에서 당시 한국교회는 이 변화에 피상적으로만 접근했을 뿐 세계교회의 물결에 함께 하지 못한 초보적 단계에 머물러 있었다는 것이다. 지학순 주교의 구속사건7)으로 전개된 기도회와 세미나, 피정 모임을 통해 사제적 신원, 신앙인의 자세와 그 사회적 소명 등을 되묻게 되었다. 이 과정에서 성서를 새롭게 해석하여 해답의 실마리를 얻었고 공의회의 기본정신을 구체적 삶의 현장에서 깨달았다고 고백했다. 즉 "제2차 바티칸공의회의 정신과 가르침을 성당이나 강단에서 배운 것이 아니라 구체적 삶, 고민하고 울부짖으며 매 맞고 쫓기고 감옥에 갇혀 있으면서 그 무서운 억압의 현장에서 체험을 통해 터득했다"는 것이다. 사목헌장의 가르침은 바로 한국의 현실을 모형으로 하여 이룩된 것이라 생각되었을 정도로 깊은 깨달음을 얻었다고 증언하였다. 그리고 이즈음에 전해진 해방신학의 가르침이 더욱 큰 활력을 불어넣어 주었으며, 성서

---

5) 2000년 한국천주교 주교회의는 다음과 같이 고백했다. "우리 교회는 열강의 침략과 일제의 식민통치로 고통을 당하던 시기에 교회의 안녕을 보장받고자 정교분리를 이유로 민족 독립에 앞장서는 신자들을 이해하지 못하고 때로는 제재하기도 하였음을 안타깝게 생각합니다. 우리 교회는 광복 이후 전개된 세계질서의 재편과정에서 빚어진 분단 상황의 극복과 민족의 화해와 일치를 위한 노력에 적극적이지 못하고 소홀히 한 점을 반성하고, 이 과정에서 생겨난 수많은 사람들의 희생을 마음 아파합니다."(나정원 2005, 62~63)

6) 김수환 추기경은 "교회가 부정부패 추방운동과 함께 인권이 유린되고 있는 가난한 도시근로자들에게 노동 3권과 인간의 존엄성을 일깨워 주는 한편으로 그들을 대신하여 인권수호운동에 적극적으로 참여하게" 된 것이 제2차 바티칸공의회의 영향이라고 말했다. 제2차 바티칸공의회와 1969년 김수환 추기경의 착좌는 한국교회의 사회에 대한 태도 표명에 하나의 분기점을 형성한다. 1970년대, 1980년대에 걸쳐 한국교회는 제2차 바티칸공의회 전후의 사회교리에 충실하면서 한국사회의 민주화, 인간화에 노력했다(나정원 2005, 61, 69).

7) 지학순 주교를 위한 석방운동은 출애굽의 해방을 실감나게 깨닫게 하는 교훈이었으며 나아가 예수의 재판이 지닌 정치적 배경을 고찰하게 하는 새로운 계기가 되었다고 평가되었다(《암흑속의 횃불》 1권, 5).

적·신학적으로 튼튼한 이론적 토대를 마련해 주었다고 했다(《암흑
속의 햇불》 1권, 5).[8]

제2차 바티칸공의회는 또한 4백여 년 동안 세상을 등진 채 폐쇄
적 삶을 살아온 가톨릭교회를 개방했다는 의의를 가진다. 교황 요
한 23세는 시대의 뜻을 알라는 복음에 귀를 기울였다. 즉 날씨는 알
아맞히면서 시대의 징표는 깨닫지 못한 유다인들을 꾸짖었던 예수
가 오늘날 같은 모양으로 교회를 꾸짖고 있음을 감지했다는 것이
다. 결국 세상 돌아가는 것을 알아야 그때 비로소 하느님을 올바로
깨닫고 하느님을 이야기할 수 있음을 깨달았다는 것이다.

제2차 바티칸공의회에서 논의한 또 다른 주제는 아죠르나멘또
(Aggiornamento)이다. 이는 '일상화'라는 뜻으로, "매일 다가가고 매
일 새로운 장소에 적응해야 한다"는 의미이다. 복음의 비유를 보면
하느님의 나라는 일꾼, 포도밭, 포도나무, 어부, 물고기, 여인, 동전,
누룩, 밀가루, 씨앗, 진주, 보화, 혼인잔치, 한밤중의 도둑, 전쟁 등
일상의 삶과 일상의 사건으로 설명되었다. 이것은 하느님 나라의
내재성과 함께 우리의 삶에 하느님께서 함께 하신다는 뜻이다. 따
라서 "우리는 하느님 나라의 현존을 밀실의 조사과정에서, 법정에
서, 사형장에서, 그리고 광주의 비극 그 아픔과 주검의 묘소에서 확
인하고 깨달았다"고 보았다(《암흑속의 햇불》 1권, 8~9). 함세웅 신부

---

8) 해방신학은 주로 라틴아메리카의 상황 속에서 형성된 신학으로, 호세 보니노의 《혁명적
상황 속에서의 신학》, 루벤 알베스 등 소장 남미 신학자들의 공헌이 크다. 이들은 모두 지
금까지의 사변적 서구신학을 넘어서 '행동과 반영'의 과정 속에서 만들어가는 상황적 신학
을 주장한다. 특히 G. 쿠티에레즈의 《해방의 신학》은 아직도 형성과정에 있는 해방신학에
라틴아메리카의 '역사와 정치상황 속에서 얻어야 할 구원의 내용'을 강조한다. 남미의 해
방신학은 라틴아메리카의 전체 기독교를 지탱하는 주류는 아니지만 남미의 전체 가톨릭
교회에 미친 영향은 매우 컸다(강문규 1977b, 370, 372).

는 강론에서 "감옥은 또 하나의 교회"라고 역설했다.

그는 오늘 우리나라의 현실에서 바로 복음 성서의 장면이 그대로 재현되고 있다고 보았다. 또한 옥중에서 여러 젊은 학생들로부터 폭력과 박해를 두려워하지 않는 참다운 크리스천의 모습을 배웠고 절도, 강도, 폭력범들로부터 진실을 진실대로 이야기할 수 있는 인간성을 배웠다. 그들은 비록 하느님의 이름을 부르지도 않고 성세를 받지도 않았고 성호를 그을 줄도 모르지만 그들이야말로 정의와 진실을 실천할 줄 알고 자기가 죄인이라고 고백할 줄 알았던 참다운 신자이며 무명의 크리스천이라는 것이다. 따라서 감옥은 그리스도의 진리와 하나님의 정의를 실천하는 크리스천들로 채워진 또 하나의 교회이고, 자신을 단련하고 보속(補贖)하는 격전장이며, 불의한 이 시대에서 구원을 위한 대속물(代贖物)의 역할을 하는 수도원이라고 주장했다(《암흑속의 횃불》 3권, 63).

이 시기 기독교인들이 또 한 가지 반성한 점은 서구문화를 지나치게 우월한 것으로 보고 전통문화를 무시한 점이었다. 1973년 4월 '오늘의 구원' 협의회는 기독교가 한국에 소개되면서부터 복음과 한국의 전통문화 사이에 큰 마찰이 빚어졌다고 하면서 이 마찰 속에서 80여 년 동안 성장해온 한국 기독교의 몇 가지 문제점을 지적했다. 우선 '복음의 보편성'은 "한국의 고유한 전통문화의 특수성에 뿌리를 박는 과정에서 많은 무리가 있었다"고 지적했다. 다시 말해 보편성을 지닌 복음이 전통문화를 바탕으로 하고 기독교를 전파하였더라면 부작용은 훨씬 덜했을 텐데 불행히도 복음은 서구문화를 대동하고 한국에 소개되었기 때문에 복음과 서구문화를 동일시하는 경향을 낳고 말았다는 것이다. 또한 서구문화가 전통문화를 심판하게 됨으로써 한국의 고유한 전통문화는 마치 '부끄러운 문화'인 양 여기게 되어 스스로의 주체성까지도 약화시키는 과오를 범하게 되었다는 것이다. '전통문화'라고 함은 '불교와 유교의 영향을 입고 형성된 한국인의 의식구조의 형상화'라고 말할 수 있는데, 한국의 고유한 전통문화를 이루어낸 불교나 유교에 견주어 기독교는 전통문화를 파괴하는 역할을 해 왔다고 비판받았다(NCCK 237~238).

또한 한국사회에서 기독교는 한국인의 특성인 열광적인 면을 바르게 개발하지 못하고 오히려 부흥회 식으로 끌어가고 있음을 유감스럽게 생각했다. 그리고 이러한 열광성은 보다 높은 차원에서 기독교와 전통문화가 새로운 조화를 이루는 방향으로 이끌어가야 한다고 권고하였다. 즉 복음을 한국인의 감정과 체질에 맞게 하기 위해 교회음악을 국악의 음률로 표현한다든지, 교회건축을 전통적 방식으로 하는 것 등을 제안하였다. 또한 구원은 어디까지나 주체성 확립과 관련이 있으며 주체성이 전통문화 속에 반영되어 나올 때는 교회의 문화형성에 공헌할 수가 있을 것이라고 전망하였다.

이렇듯 기독교의 정신은 가급적이면 문화 표현을 통해서 한국인의 의식세계를 풍요롭게 해주는 방향으로 전파되어야 한다고 권고하였다(NCCK 237~238).

3. 신앙의 자유와 정교분리론

(1) 정권의 '신앙의 자유' 침해

종교인들이 박정희 정권을 비판한 까닭은 무엇보다도 정권이 신앙의 자유를 침해했기 때문이었다. 1971년 4월 10일 기독학생들이 개최한 4·19 기념행사 후, 대형 십자가를 진 20여 명을 포함한 100여 명이 행진을 시작하자 무술경관들은 이를 저지하고 학생들을 곤봉으로 구타했다. 심지어 무술경관은 십자가를 쓰레기통에 처박았고 이를 막으려던 학생 25명은 동대문 경찰서로 연행되었다. 또한 기독교회관에 남아있던 학생들이 기도회를 시작하자 무술경관 20~30명이 회관에 난입하여 학생들을 무자비하게 구타하고 강제 해산시켰고, 그중 20명을 경찰서로 연행했다. 이것은 기독학생운동이 겪어야 했던 최초의 공개적인 탄압이자 신앙의 자유 침해사건이었으며 1970년대에 겪어내야만 했던 기독학생들의 수난의 서주였다(NCCK 115~116).

이에 4월 15일 연세대학교 연합신학대학원 원우회는 성명을 내고 십자가행진 사건에서 보여준 당국의 태도를 "그리스도 탄생 이후 갖은 고난과 죽음으로 지켜온 우리의 신앙과 자유의 탄압이고 하나님의 사랑과 법의 무시이며 인간성의 전적인 경멸과 종교침해이자 기독자의 생존권 박탈"이라고 규탄하고 이러한 행위는 신학과 기독교 자체에 대한 도전이라고 규정지었다. 또한 하나님으로부터

받은 신앙의 자유와 법으로 명시된 정치·종교의 분리를 어떤 포악한 행위에도 굳게 지킬 것을 결의했다(NCCK 118).

그러나 박정희 정권은 교회를 사찰하고 설교 내용에 간섭했으며, 신앙양심에 따른 정의의 외침, 가난한 자, 눌린 자를 돌보고 저들의 인권을 찾아주려는 선교행위마저 범죄행위로 규정하여 처벌했다(NCCK 404~405). 이에 기독교계는 은명기 목사 사건에서 보이는 것처럼, "성전에서 기도하는 교인들을 강압으로 축출한 일이나 신성한 제단에서 기도하는 목사를 체포한 처사는 전 교회와 전 성직자를 탄압한 행위이며 신성모독"이라고 비판하였다(NCCK 226). 또한 영등포 도시산업교회의 인명진 목사는 설교 도중에 성경의 미가서 2장 1절, 7장 3절을 인용한 것이 긴급조치 9호에 걸려 구속되었다. 전주에서 열린 기독교장로회청년대회 농성사건과 관련하여 박형규 목사가 긴급조치 9호 위반으로 5년을 언도받는 일도 있었다(NCCK 39).

종교인에게 신앙의 자유는 기본적인 인간의 권리로서 민주주의 사회라면 마땅히 보호되어야 할 권리였다.[9] 그러나 박정희 정권 아래서 신앙의 자유를 보장받지 못한 종교인들은 '신앙의 자유는 단순한 예배 및 기도의 자유 혹은 교회의 성역화만을 의미하는 것이 아니라 인간을 위해 일하시는 하나님의 역사에 참여하는 행위의 자유로 확대 해석해야 한다'고 주장하였다. 따라서 신앙의 자유 수호는 보편적 자유(학원, 언론 등)의 수호와 분리된 것이 아니라 동일한 민주·민권운동의 일환이라는 것이다. 그러므로 신앙자유 수호운동

---

9) 더 나아가 김관석은 "모든 자유의 근원에는 신앙의 자유가 있다"고 강조했다(김관석 1973a, 53).

은 작게는 지금까지 암암리에 누적되어 왔던 교회에 대한 당국의
직접·간접적인 간섭에 대한 저항운동이며 크게는 비대한 권력이
절대화하여 하나님의 자리까지 대신하려는 오늘의 전도된 현실에
대한 고발운동이라고 주장하였다. 따라서 "신앙의 자유수호투쟁운
동은 필연적으로 민주주의 수호를 위한" 운동으로 발전해야 하며
신앙의 자유가 근본적으로 보장될 수 있는 유일한 길은 이 땅 위에
민주주의를 실현하는 길뿐"이라고 강조하였다(NCCK 119).[10]

안병무도 참된 자유가 없으면 선교의 자유도 없고 이웃을 사랑할
자유도 없다는 사실을 발견했다고 하면서 이는 가난한 자, 눌린 자
를 사랑해서 한 말이나 행위가 범죄로 몰려 많은 그리스도인들이
투옥된 데서 비롯된다고 하였다. 또한 그것이 바로 '정치 경제적 구
조악'이라고 강조했다. 따라서 정권이 누구의 손에 있어야 하는가의
문제는 교회의 직접적 관심사가 될 수 없지만 교회의 관심은 제도
적으로나 행정적으로 민중을 위한 것이 되게 하기 위해서 모든 힘
을 집결해야 한다고 주장했다(안병무 1975, 83).

(2) 박정희 정권의 정교분리론

박정희 정권의 종교 탄압은 물리적인 것에 그치지 않았다. 정부
는 정교분리니, 종교의 한계니, 종교의 분수니 하는 발언을 연발함
으로써 종교의 자세마저 규제하려고 했다(NCCK 404~405). 특히 당
시 국무총리였던 김종필이 450여 명의 기업인이 참석한 조찬기도회

---

10) 또한 "민주주의 수호의 관건은 이번 4·27선거가 여하히 공명하게 치러지는가에 하는 데
　　달려 있다"고 하여 선거감시운동에 나설 것을 촉구했다(NCCK 119).

에서 한 발언이 기독교계에 일대 파장을 일으켰는데 그 내용은 1974년 11월 9일자 동아일보에 다음과 같이 실렸다(NCCK 504).

김종필 국무총리는 9일 "교역자와 신자 중의 일부 사람들이 종교와 종교인으로서의 본연의 위치와 영역을 벗어나 정치적인 집단행동에 가담하거나 그러한 행동에 합류하라고 딴 사람들을 선동하고 있는 것을 매우 걱정스럽게 여기지 않을 수 없다"고 말했다.

김 총리는 이날 오전 7시 반부터 조선호텔 불루움에서 한국기독실업인회 주최로 열린 국무총리를 위한 조찬기도회에 참석, 치사를 통해 이 같이 말하고 "법을 위배하고 질서를 문란케 한 사람들이 의법(依法) 심판을 받고 있는 것을 가리켜 정부가 그들의 인권을 탄압하는 것이라고 비난하는 사람들이 있는 듯하나 그것은 부당하다고 하지 않을 수 없다"고 주장했다.

김 총리는 "외국인 교역자들은 어디까지나 이 나라에 손님으로 와 있는 분들이며 손님이라면 응당 지켜야 할 절도가 있어야 함은 물론이고 또한 입국목적에 충실해야 될 것"이라고 말하고 "그러나 외국인 교역자 중 일부는 그 자유가 지나쳐 강론에서 정부를 비판하는가 하면 미사를 올리려고 모인 신자들을 선동하여 가두데모에 나서게 하고 그 앞장을 서는 일이 일어나고 있는 것은 참으로 이해 못할 탈선행위라고 하지 않을 수 없다"고 지적했다.

그는 이어 "교역자나 성직자인 신분으로 남의 나라 정치문제에 간여한다는 것은 어느 모로 보나 일탈한 행위라고 하지 않을 수 없다"고 강조했다. 김 총리는 또 "이러한 일들이 한국을 잘 이해 못하는 해외 사람들에게 전해져 한국에 대한 부당한 오해들을 빚어내고 있음은 참으로 유감스러운 일"이라고 밝혔다. 그는 지난 10년간에 교회증가 숫자는 2배, 교역자는 무려 6배의 증가율을 보였다고 밝히고 "우리 정부가 종교를 탄압하고 있다고 비난하는 이가 있는 것 같지만 정부가 종교의 자유를 보장하지 않고서 어떻게 그러한 성과를 거둘 수 있겠는가" 하고 반문했다. ……

김 총리는 또 "성경 중 야고보서의 말씀대로 교역자들이 말을 조심할 줄 모르고 이치를 훨씬 넘어서 순교자연하는 것은 기만이며 자기 본연의 위치를 떠나서 세상일에 지나치게 참견해서 어느덧 믿음은 진실과 순수성을 잃게 되어 급기야는 세속인으로 타락하는 것"이라고 말했다.

이처럼 선교사들에 대한 비난과 위협이 국무총리 입에서 공공연히 발설되자 11월 11일 천주교 원주교구 내 골룸반선교회 소속 외국인신부 5명은, 교회책임자들은 성경의 가르침대로 이웃을 사랑하고 인권이 이룩되도록 노력할 권리와 의무가 있으며 이는 그리스도, 바티칸공의회, 교회의 가르침이라는 내용의 반박성명을 발표했다(NCCK 504). 또한 11월 18일에는 66명의 기독교인[11]들이 〈한국 그리스도인의 신학적 성명〉이란 제목의 문서를 발표했다. 그 내용에 따르면 최근에 국무총리가 성서를 아전인수격으로 인용하면서 현 정부를 마치 하나님의 권력대행자인 것처럼 절대화하고 정부의 정책을 비판하는 선교행위를 심판의 대상이라고 극언할 뿐 아니라 외국인 선교사들의 선교참여를 규탄하는 발언을 하였는데 이것은

---

11) 66명은 "강문규, 강원용, 고용수, 구덕관, 김관석, 김상근, 김연수, 김용옥, 김이곤, 김인태, 김정준, 김종열, 김형태, 노명식, 노정선, 마경일, 맹용길, 문동환, 문상희, 문익환, 문희석, 박광재, 박근원, 박봉랑, 박봉배, 박용익, 박창환, 서광선, 서남동, 소흥렬, 신종선, 안병무, 안희국, 오명근, 오충일, 윤병상, 윤성범, 윤순덕, 윤정옥,ʻ은중관, 이남덕, 이문영, 이영민, 이영헌, 이우정, 이해영, 이효재, 장일조, 전경연, 정웅섭, 정의숙, 조승혁, 조요한, 조용술, 조향록, 조화순, 주선애, 주재용, 지동식, 차풍로, 한영선, 한완상, 한준석, 함성국, 현영학, 황성규"(NCCK 408)로서 이들은 1970년대 기독교 지식인을 대표한다고 할 수 있다.

그리스도교회의 선교활동에 정면으로 도전하는 일이라고 비판했다
(NCCK 404~405). 민주수호기독자회는 11월 14일 "김 총리의 종교
망언을 취소하라"는 제목의 성명서를 발표했는데 그 내용의 일부는
다음과 같다(NCCK 505).

> 지난 11월 9일 김종필 국무총리는 한국기독교실업인회가 주최한 국무총
> 리를 위한 기도회에서 종교인에 대한 그의 견해를 밝혔다. 우리 민주수호
> 기독자회는 그의 종교 발언에 대해 다음과 같이 우리의 입장을 밝히고자
> 다시 한 번 결의를 표명한다.
>
> 첫째, 김종필 국무총리의 종교 발언은 기독교를 오늘의 역사에서 도외
> 시키려는 망발이다. 그는 오늘날 종교인의 반정부 활동이 "가져야 할 본연
> 의 위치와 영역을 벗어난다"고 했다. ……
>
> 넷째, 그는 기독교에 대한 무식을 스스로 노출했다. 외국 선교사가 정부
> 를 비판한다고 해서 탈선행위라고 규정했는데 그는 우리 기독교인의 세계
> 성 내지 우주성을 모르는 발언이다. 우리 모든 기독교인은 우리의 신앙을
> 보존하고 참된 삶을 향유하는 국경 없는 형제다. 또 외국 선교사가 정부를
> 비판함은 외국인으로서가 아니라 우리와 같은 동역자됨과 형제됨의 발로
> 에서다. 그리고 종교와 정치의 분리를 말했는데 우리가 말하는 분리란 서
> 로 대등한 입장에서 충고하고 발전시키는 책임적인 관련에서의 분리를 뜻
> 한다. 무관심과 무책임의 분리는 오히려 혼돈을 초래한다. 무엇보다 오늘
> 의 종교는 전근대적 염세주의나 탈세상적인 것을 거부하기 때문이다. 김
> 총리의 발언은 참으로 이 모든 현실을 모르는 처사였다.

또한 "정부는 정교분리라는 명목 아래 우리의 인권 회복, 인간화,

복음화 운동을 정치에 대한 종교의 간섭이라고 비난하고 또 최근에
는 이 속임수의 위장책으로 소위 '기민당'이 생긴다는 말을 하고 있
다"고 하면서 이와 관련하여 다음과 같은 멕시코 주교단의 답변을
인용했다(《암흑속의 햇불》 3권, 65~66).

> 우리는 교회의 이러한 개입을 정치적이라고 힐난하는 무리들을 두려워
> 할 필요가 없다. 그들은 표면적으로는 사제직과 종교 활동의 순수성과 존
> 엄성을 보호하는 데 열성을 가진 것으로 보인다. 그러나 사실은 정작 올바
> 르지 못한 불의에 희생되고 괴로워하는 사람들을 위해서 소리 높이 외쳐
> 야 하고 하느님의 백성이 짊어진 사회적 정치적 책임을 진작시켜야 할 사
> 명을 앞에 둔 교회를 침묵의 법으로 올가미를 씌우려는 속셈에 불과하다.

또한 제3세계 주교단은 "어떤 체제가 공동선을 도모하기를 그치
고 특수선만의 이익을 추구할 때, 교회는 그 불의를 규탄만 할 것이
아니라 그 사악한 체제와 손을 끊어야 한다"고 가르치고 있다고 주
장했다(《암흑속의 햇불》 3권, 65~66). 천주교정의구현전국사제단은
교회의 사회참여, 교회와 정치에 대한 신념과 태도를 명백히 밝혔
다. 즉 하느님 나라는 내세만이 아닌 현세까지 포함하고 있고, 복음
은 말로만이 아닌 행동으로 선포해야 한다는 것이다. 또한 정치와
종교를 분리한다는 구실로 가난을 제거하고 인간 존엄성을 회복하
려는 행동을 포기한다면 그것은 자기모순이요, 자기 배신이라고 강
조하면서, 자신은 자체의 정화와 쇄신을 강력히 수행하고 사회정의
실현에 구체적으로 솔선할 것을 선언했다(《암흑속의 햇불》 1권, 204).

(3) 정교분리의 역사

　　NCC는 정교분리와 관련하여 서구 역사가 갖고 있는 약점도 소개했다. 즉 중세 교회는 정치권력과 분리가 아닌 결탁을 통해 교회를 확장하고 암흑시대를 가져왔다는 것이다. 정치권력으로 말미암은 인권유린은 교권을 통해 신의 이름으로 합리화되곤 했다. 이러한 로마법왕의 횡포에 저항하여 신앙의 자유, 성서해석권의 쟁취라는 목표 아래 종교개혁이 이루어졌으나 종교개혁 자체도 정치권력을 등에 업고 이룩한 개혁이었다. 루터는 봉건 영주들의 권력을 교묘히 이용하면서 타협의 길을 모색했다. 그 결과가 바로 유명한 '두 나라' 설이다.

　　두 나라 설은 로마서 13장을 근거로 내세우는데, 그 주장에 따르면 국가권력은 하나님의 도구로서 자율권을 인정받는 한편 교회는 종교 영역에서 특권을 약속받는다. 그러므로 교회는 정치권력이 자행하는 인권침해에 관여하지 않았을 뿐 아니라 오히려 지원하는 결과를 가져왔다. 루터의 영향으로 인권에 대해 자각하여 농민의 기본권을 찾기 위해 궐기한 토마스 뮌처의 농민운동을 루터는 가차없이 탄압하도록 권력자들에게 호소했다. 농민들이 요구한 농노 폐지, 어렵의 자유, 독점삼림의 개방, 고역(苦役) 경감, 소작권 확보, 토지의 재분배, 공민권 요구 등은 기본적인 인권임에도 루터는 이를 외면하고 오히려 왕과 귀족의 이익을 옹호하고자 농민들을 박해했다. 칼빈도 권력과 교권을 한손에 쥐고 자신이 내세운 교리를 부정하는 자는 이단자로 정죄하여 화형에 처하는 일을 서슴지 않았다. 이런 과정에서 종교개혁은 사분오열되었는데 가장 큰 이유는 권력에 대한 신학적 정립이 없었기 때문이며 그 결과 인권문제를 의식하지 못하고 정치권력과 야합하게 된 것이다(NCCK 5).

정하권 신부는 '정치와 종교는 분리될 수 없다'는 강론을 통해, 트랜드공의회 이후 3~4백 년간 교회 안에서 주류를 이루어온 가장 보수적인 사고방식에 대해 소개했다. 그것은 '이 세상은 찰나 세상이고 현세의 발전은 일시적이며 상대적인 것에 지나지 않기 때문에 교회도 인간의 영혼 구령에만 관심을 기울이고 사람들에게 교리를 가르쳐서 세례를 주어 교인의 수를 증가시키고 교회를 팽창시키는 일이 교회의 고유한 임무'라고 하는 사고방식이다. 이런 견해의 밑바탕에는 옛날 교리서처럼 마귀, 세속, 육신 세 가지를 영혼의 세 가지 원수로 보는 관점이 있으며, 따라서 이 세상을 천시하거나 현실을 도피하려는 행위로 흐를 수 있다고 경고했다. 그는 이어 다음과 같이 말했다.

이들이 내세우는 성경 말씀 중에서 가장 즐겨 쓰는 구절은 예수님이 빌라도 앞에서 하신 말씀 즉 "내 나라는 이 세상의 것이 아니라" 하는 것입니다. 이 주장에 의하면 역사적으로 보더라도 교회가 이 세상 일에 관여해서 신통한 효과를 본 일은 거의 없습니다. 자칫하면 세속과 함께 타락하든지 아니면 세상의 박해를 자초하는 결과를 가져오게 되므로 교회는 이 세상 일은 멀리 할수록 좋다고 생각합니다. 따라서 복음화의 일환으로 오늘의 교회가 사회에 참여한다는 이 말에 대하여 대단히 회의적이거나 소극적입니다.

그들은 그저 영세자가 많이 생기고 교회가 경영하는 사업이 잘 되어나

가고 있는 한 이 사회에 어떠한 부정과 불의가 성하거나 말거나 인간의 정
당한 권리가 정신적, 물질적, 사회적 폭도에 의하여 유린되거나 말거나 교
회로서는 다만 이 죄스런 세속을 탄식하고 동정만 하면 된다고 생각합니
다. 이러한 현상을 고발하고 대적하여 투쟁하는 것은 교회를 위하여 위험
하고 해로운 일이라고 생각합니다(《암흑속의 횃불》 1권, 149~150).

정하권 신부는 또한 〈성명서〉에서 정교분리 개념과 유래에 대해
설명했다. '정교분리'라는 용어를 잘 모르는 사람들은 '정치와 종교
의 분리'라고 이해하는데, '정교분리 원칙'이 성립된 유래를 고찰하
면 그러한 견해는 오해였음을 알 수 있다고 하며 다음과 같이 그
유래를 설명하였다.

인류의 역사를 보면 대부분의 고대 민족들은 제정일치(祭政一致) 즉 종
교와 정치가 하나로 혼합된 상태로 국가를 형성하였음이 분명하다. 오늘도
셈족들, 그중에도 유대인이나 아랍인들은 정교혼합(政敎混合) 체제를 유지
하고 있다. 신문에 자주 등장하고 있는 중동분쟁의 실체도 사실 유대인과
아랍인의 정치 분규에서 오는 것만이 아니라 인종분규와 종교분쟁이 뒤섞
여 있다.

정치와 종교가 미묘한 관계를 가지게 된 것은 유럽에서 그리스도교가
확고한 기반을 구축하면서 국경과 민족의 테두리를 벗어나 세계적 교회로
발전함에 따라 교회의 권위와 특정 국가의 권위가 어떤 때는 서로 대립하
고 어떤 때는 야합하고 어떤 곳에서는 교권이 정권을 흡수하고 또 다른 곳
에서는 정권이 교권을 찬탈하는 현상을 빚어내었던 데서 비롯된 것이다.
이리하여 기원후의 유럽의 정치사는 교회사를 떠나서 이해할 수가 없고

또 그리스도교 교회사도 유럽의 정치사를 도외시하고는 이해할 수 없는 것이 되었다.

근세에 이르러 개인주의가 발달하면서 다원(多元)사회가 형성되었다. 이 다원사회 안에서 개인의 인격을 서로 존중하는 민주체제가 성립되었으며 민주체제는 각 개인의 정치적 신념이나 종교적 신념을 최대한 존중하는 것을 이상으로 삼는 제도다. 그러므로 같은 교파에 소속된 신자일지라도 꼭 같은 정치 견해를 가져야 할 이유가 없고 같은 나라의 국민일지라도 꼭 같은 종교 신앙을 가져야 할 이유가 없게 된 것이다.

이러한 현상을 종합하여 표현한 것이 바로 정교분리의 원칙이다. 따라서 이 원칙의 구체적 내용은 정권(政權)과 교권(敎權)의 분리, 더 구체적으로는 정부와 교회의 분리를 뜻하는 것이다. 풀어 말하자면 정부가 해야 할 고유한 업무에 교회가 간섭하지 않고 교회가 해야 할 고유한 업무에 정부가 간섭하지 아니 한다는 뜻이다(《암흑속의 횃불》 1권, 285~287).

NCC는 한국의 정교분리 역사에 대해서 다음과 같이 설명하고 있다. 한국에 기독교를 처음 전한 세력은 정통을 자부하는 미국의 보수파였는데, 당시 이들은 정통을 근본주의와 일치시킴으로써 기독교의 본류를 대변한 것이 아니라 교조주의에 빠지고 있었다고 평가했다. 이들은 한국에 들어서면서부터 정치와 종교의 분리를 내세웠으나 실상은 정치와 야합하였다. 즉 조선 말기에는 왕권에 충성할 것을 권했고, 일본의 식민지가 되었을 때에는 정교분리론을 표방하여 일제에 짓밟히는 인권에 무관심하도록 만들어 단지 추상적인 사랑을 설교하는 것만이 그리스도교의 본질인 것처럼 교육하였다.[12] 그러나 한국 기독교인들은 3·1운동에서 보여주듯이 그러한 가르침에 따르지 않았으며 정치권력과 투쟁하지 않고서는 인권이 보존될 수 없음을 깨닫고 있었다. 그러나 이들의 저항은 성공하지 못했고 그 뒤 힘을 잃은 기독교는 지배 세력과의 마찰을 피하면서 연명해 왔다고 할 수 있다.

1920년대에 들어서면서 기독교는 일제의 탄압을 견뎌내는 힘이 약화되기 시작했고 결국 정교분리의 길을 걷게 되었다. 해방 이후에도 영과 육을 분리하는 사고는 교리 논쟁과 이단 시비로 이어지게 되었으며 결국 오늘날 수많은 교파가 난립하는 결과를 가져왔다. '건국'이라는 과제가 주어졌던 시기에도 건국이념이라든지 민족의 장래에 대한 의견을 내놓지 못한 채 분열만을 계속했다.[13] 그러나 일부 양심적인 기독교인들은 지속적으로 이러한 태도를 반성하였고 인권을 위한 투쟁은 인권유린의 장본인인 정치권력을 바로잡는 데서 출발해야 한다는 사실을 통찰하고 있었다(NCCK 7, 22).

(4) 기독교계의 정교분리론

이 시기 사실상 많은 기독교인들도 정부의 입장처럼 정교분리론을 주장했다. 김재준에 따르면 기독교인들 가운데서도 특히 '신비파'는 교회와 정치가 분리되어야 한다고 주장했다. 이들은 교회가

---

12) 강문규는 제3세계 교회가 "때로는 민족주의적 저항이나 자주독립운동에 대한 민중의 의지를 약화 내지는 저하시키려는 도구로도 사용되었고 또 실제로 현지의 기독교도는 식민자에 의해 여러 가지의 특권적 혜택 속에서 민중으로부터 이탈하는 경우"가 많았다고 설명한다(강문규 1977b, 366).

13) 김관석에 따르면, 한국의 일부 신학자들은 기독교 신앙을 민주주의라는 정치적 이념과 동일시하거나 혼동해서는 안 된다고 하는 서양 신학자들의 말을 그대로 수용했다(김관석 1973a, 48).

세속정치에 관여하는 것을 '외도'와 '타락'에 비유하면서 "정치 참여는 고사하고 정치관심도 가지지 않아야 한다"고 주장했다. 왜냐하면 교회는 거룩하고 세상은 속되므로 교회는 속화를 방지함으로써 거룩함을 수호해야 한다는 것이었다.

그러나 김재준은 기독교인도 정치권을 벗어나 살 수는 없으며 세금을 내고 병역에 징집되는 등 모든 생활이 정치의 그물 안에서 이루어진다고 지적했다. 따라서 독재정권이 되면 기독교인도 일반 사회인과 마찬가지로 시민자유를 억압당하게 된다는 것이다. 또한 기독교인이 자신은 정치를 안 한다고 장담하는 순간 그는 이미 정치를 시작하는 것이라고 하면서, 정치 불참을 간판으로 내걸고 스스로 거룩한 체하는 교회인들 가운데 정권 아부자, 또는 '정상배'가 적지 않다고 비판했다(김재준 1974 ; 김재준 1983, 54~55). 김재준은 누구도 정치에 관여하지 않고는 하루도 살 수 없다고 지적하면서 "정부에서 하는 대로 하는 친여적 행태는 정치가 아니고 정부의 잘못을 충고하는 것만이 정치관여냐"고 반문했다(김재준 1982, 322~333).

안병무는 "사람들은 한국의 교회가 사회참여하는 것을 제 본분을 떠난다고 하지만 사실은 이 민족, 이 민중에 대한 잘못을 참회하는 이상의 일을 하지 못했다"고 평가했다. 또한 초창기에 교회가 3·1운동에 앞장서는 등 사회에서 주도적인 역할을 했을 때 이에 대해 정교분리 원칙을 벗어났다고 비난하는 말을 들어보지 못했다고 하면서 박정희 정부가 주장하는 정교분리론을 비판했다(안병무 1975, 81~82). 박형규는 남산 부활절예배사건으로 재판을 받고, 최후진술에서 기독교를 파수꾼에 비유했다. 즉 파수꾼은 성을 지키다가 나라가 위태로운 일이 생기면 나팔을 불어야 하듯이 자신은 기독교인으로서 파수꾼의 역할을 한 것뿐이라는 것이다. 그러면서 이 나라의 군사정권은 속히 물러나야 한다고 진술했다(구춘회 1994, 145).

종교계에 의하면, 정치의 역할은 ‘주어진 지역과 시대에서 인간들이 서로의 공공복리를 위해서, 소위 공동선을 위한 인간과 인간과의 관계를 총체적으로 조정하는 것’으로, 예를 들면 어디에 다리를 놓고 어떤 길을 내고 어떤 제도를 만들 것인가를 고민하는 것이다. 반면 종교의 역할은 인간과 신의 관계를 정상화하는 것이므로 ‘인생의 궁극적 완성을 지향하는 종교가 현세에서 인간 생활에 막중한 비중을 차지하는 정치에 무관심할 수가 없다’는 것이다. 만약 인간의 종교적·윤리적 차원을 무시하는 정치라면 이 정치는 권모술수이거나 권력의 횡포에 지나지 않고 반대로 만일 어떤 종교가 현세에서 인간 생활의 가장 기본적인 관계인 정치현상을 완전히 도외시한다면 그것은 공리공론에 지나지 않은, 한낱 이상적인 이데올로기일 뿐이라고 보았다. 즉 종교와 정치는 고귀한 인간을 대상으로 하고 있다는 점에서 분리할 수 없다고 주장했다(《암흑속의 횃불》 1권, 153).

따라서 종교나 정치가 취급하는 대상은 사회성과 윤리성을 함께 가지고 있는 인간이기 때문에 인간의 사회성을 취급하는 정치와 인간의 윤리성을 취급하는 종교는 서로 구별은 되지만 양자가 아무런 관계도 없이 분리될 수는 없다는 것이다. 다시 말해 정치의 이름으로 인간에게 어떤 짓을 하든지 종교와 무관하다거나 종교의 이름으로 인간에게 어떤 짓을 하든지 정치와 무관하다는 주장은 잘못된 주장이라고 지적했다. 단 정치를 구체적으로 집행하는 정부가 종교를 구체화한 교회의 고유한 일에 간섭하거나, 반대로 교회가 정부의 고유한 기술적인 분야에 간섭해서는 안 된다고 덧붙였다. 즉 구체적인 정부와 구체적인 교회 차원에서는 정·교가 분리되어야 하지만 정치와 종교라는 원리적인 차원에서는 정·교가 분리될 수 없고 다만 구별될 따름이라는 뜻이었다(《암흑속의 햇불》 1권, 285~287).

더 나아가 인간관계가 성립되는 모든 분야, 즉 그것이 정치, 문화, 경제, 예술, 과학에 상관없이 인간의 윤리가 개재되는 한 인간의 종교성과 윤리성의 옹호자인 교회가 윤리적 측면에 개입하여 문제를 발견한다면 그 시정을 촉구해야 한다고 주장하였다. 즉 필요하다면 종교는 직접적으로라도 왜곡된 인간관계를 바로잡아야 하는 책임과 권리를 가지고 있다는 것이다. 인간의 생존권, 책임을 동반하는 자유로운 시민권, 양심과 신앙과 언론의 선택의 자유, 사회의 안녕과 풍속의 문제, 사회의 공공복리와 정의에 관한 문제, 전쟁과 평화의 문제, 인격의 존엄성에 관한 문제들에 대해 종교인은 그 누구보다 관심을 가져야 하며 해결책을 제시하고 이를 실천하고자 앞장서야 한다는 것이다. "너는 벙어리와 버림받은 자의 권리를 찾아 주기 위하여 너의 입을 열어라. 너는 입을 열어 정의로운 판단을 내리며 불행한 자와 궁핍한 자의 권리를 옹호하여 주라"는 잠언(31 : 8~9)의 말씀은 명백하게 종교인의 사회참여를 명시한 것으로, 특히 현세에서 약자를 옹호하고 대변할 책임이 있음을 강조하고 있다고 주장했다(《암흑속의 햇불》 1권, 288).

"주께서 나에게 기름을 부으시어 가난한 이들에게 기쁜 소식을 전하게 하셨다. 주께서 나를 보내시어 묶인 사람들에게 해방을 알려 주고 눈먼 사람들에게 시력을 주고 억눌린 사람들을 놓아 주며 주님의 은총의 해를 선포케 하셨다"(루가 4 : 18~19)는 구절도 인용하였다. 그리스도교는 근본적으로 인간을 해방하는 종교로서, 인간의 정신만이 아니라 육체를 포함한 인간 전체를 불의와 부정에서 해방시킨다는 것이다. 따라서 인간 개인뿐 아니라 인간 사회와 인간의 역사를 암흑에서 해방시키는 종교라는 뜻이다. 그러므로 그리스도를 믿는 사람은 자기 개인의 영혼 문제에만 관심을 가질 것이 아니라 자기와 더불어 사는 인류 전체의 영혼과 육신을 포함한 완전한 해방과 완성을 염두에 두지 않을 수 없다고 주장하였다(《암흑속의 횃불》 1권, 288).

또한 교회의 내적 쇄신과 일치는 사회정의구현과 별개의 것이 아니라 같은 것으로, 종교의 순수성을 빙자하여 현실과 민중을 외면한다면 그것은 이미 교회가 아니라고 강조했다. 왜냐하면 교회는 "폐쇄된 건물 속에만 갇혀 있는 것이 아니라 바로 우리가 사는 현실, 비참과 가난, 이것을 모두 포용할 수 있는 폭넓은 광장이며 또한 바로 역사의 세계, 역사의 현장 그 자체"이기 때문이다(《암흑속의 횃불》 3권, 66).

〈한국 그리스도인의 신학적 성명〉은 정권의 정교분리론에 반박하면서 다음과 같이 설명하였는데 이는 당시 민주화운동에 앞장 선 기독교인들의 정교분리론을 잘 나타내준다 할 수 있다.

하나님은 이 세상을 구원하려고 그리스도를 보내셨다. 그리스도는 권력자에게 처형됐으나 하나님은 그를 살려 일으키셨다. 교회는 이 십자가와 부활의 사건이 하나님의 구원의 행위라 믿고, 그 신앙 위에 서있다. 교회는 이 구원을 완성하려고 부름을 받은 사람들의 공동체다. 그리스도인은 모든 사람이 떳떳하고 보람차게 그리고 즐겁게 공존할 수 있도록 돕고 그것을 저해하는 악의 힘을 물리치기 위하여 보냄받은 투사들이다. 따라서 교회는 언제나 가난한 자, 눌린 자의 편에 서서 그들을 억압된 데서 해방시키고, 그들의 기본권을 찾아주려는 것을 직접적 사명으로 삼는다. 교회는 정치권력 쟁취를 위한 공동체는 아니다. 그러나 위와 같은 사명을 실천하려면 정치활동은 불가피하다. 이렇게 함으로써 교회는 국가와 정부가 하나님께 속한 인간의 기본권을 보호하고 복지사회를 이룩하도록 빛과 소금과 누룩의 역할을 한다.

정치와 종교 또는 국가와 교회의 분리는 본래 정치적 권력과 종교적 권위의 야합에서 오는 권력의 절대화와 그것에 따르는 횡포와 부패를 막기 위한 것임과 동시에 특정한 종교에 대한 정치권력의 차별대우를 막기 위한 것이지 종교와 정치의 대상과 영역을 분리하기 위한 것은 아니다. 구약 예언자들은 예외 없이 경제 정치적 권력의 횡포와 부패에 맞서서 싸운 인물이다. 다윗왕을 지탄한 나단이나 왕후장상 앞에서 예배보다 사회정의를 앞세운 아모스 등이 그런 예들이다. 예수는 바로 이 계열에 서신 분이다. 그러므로 이 같은 전통에 서서 사회정의와 인권의 옹호를 위한 그리스도교회의 활동을 탄압하는 것은 곧 종교의 자유를 억압하는 것이다(NCCK 405).

(5) 평화와 폭력에 대한 재해석

이 시기 현실참여적인 기독교인들이 정치와 종교의 분리, 순수한 종교의 허구에 대해 폭로했듯이, 평화를 단지 전쟁이 없는 상태로 보거나 또는 폭력은 무조건 나쁘다고 하는 기존 인식에 대해서도 재고할 것을 촉구했다. 김관석은 '평화란 결코 무정부상태나 정적인 자세를 의미하지 않고, 언제나 다이나믹한 것이며 상황에 따라서 그 평화의 성격과 상태가 다르다'고 주장했다. 즉 현실적인 평화는 힘과 힘이 대립하는 가운데 이들이 조화와 균형을 이루어 가는 과정에서 찾을 수밖에 없다는 것이다. 따라서 '대립의 부재'를 의미하는 평화는 소극적인 평화관인 반면, 적극적인 평화관은 대립의 존재를 인정하고, 이 대립 속에서 대화·협상을 통해 전 인간성을 충족케 하는 입장이라고 설명했다. 이러한 평화관은 1970년 4월 '평화에 대한 크리스천들의 관심'이라는 주제로 오스트리아 바덴에서 39개국 대표 80여 명이 모인 협의회의 결론이기도 하다(김관석 1970c, 31, 34).

또한 그는 평화란 궁극적으로 비인간화의 극복과 사회정의 실현에 달려있다고 지적했다. 그렇기 때문에 WCC가 국가 간 분쟁을 없애려고 시도하는 데 그치지 않고 인류의 평화달성을 위해 비인간화의 요소를 제거하려고 노력한다고 보았다. 이는 '인류의 평화를 위협하는 것은 직접적인 무력 충돌보다 더 깊은 곳에서 찾아야 한다'는 인식에서 비롯되었으며, "비인간화라는 현대 사회의 부조리 속에 벌써 무력 충돌에 이르게 되는 원인이 내포되어 있다"고 파악했다. 따라서 사회정의의 구현이 인류 평화를 추구하는 근본적인 과업이라고 할 수 있는데, 사회정의를 저해하는 가장 큰 요인은 빈부의 격차를 초래하는 경제적 씨족주의라고 그는 주장했다. 즉 경제적 불균형이 긴 안목으로 볼 때 비인간화 및 처참한 전쟁 혁명의 악순환으로 발전되었다는 것이다(김관석 1972, 59).

1973년 한일교회협의회는 '아시아의 평화'를 주제로 논의했는데, 평화의 원점을 성서의 '샬롬'(Shalom)과 '에이레네'(Eirene)의 신학적 이해에서 찾고자 노력했다. 에이레네는 정적인 상태를 의미하는 것으로 단순히 전쟁의 중단에 따른 평화를 말한다. 반면 샬롬은 평안, 평강, 안녕, 번영, 성장 등 여러 가지 뜻을 내포하고 있으나 가장 중요한 뜻은 "공동체의 구성원 전체와, 심지어 자연과 초자연적인 것 모두가 하나로 조화를 이루어 평안하다"이다. 이때 진정한 평화는 에이레네 즉 단지 전쟁이 없는 소극적 상태가 아니라 충실하고 완전한 조화의 상태로서 적극적 의미에서 주장되어야 한다고 보았다.

이러한 조화의 상태에 이르기 위하여 하나님의 은총으로 새로 거듭나게 된 인간은 하나님과 이웃 사이의 화해를 통해 그리스도 안에서 '모든 막힌 담'(엡 2 : 14)이 무너지고 이로써 평화가 현실화된다고 이해했다. 즉 '그리스도는 우리들의 평화'로서 그로 말미암은 평화는 지금 여기에 주어지는 하나의 종말론적 현실로서 임하므로 기독교인들은 '평화의 창조자'라는 사명을 받고 그 사명을 위해 사는 힘을 부여받는다는 것이다. 따라서 기독교인들은 이 평화로서 자아 속의 모순을 극복하고 사람과 사람 사이의 모순을 극복하며 나아가 사람과 자연 사이의 모순을 극복해야 하는 새로운 과제를 안고 있다. 그런데 이러한 모든 모순의 근저에는 하나님과 인간 사이의 모순이 놓여 있으므로 하나님을 하나님으로 대접함으로써 참된 평화의 창조기능을 인식하고 실천하게 되리라 생각했다. 즉 "하나님 없이는 평화를 올바르게 말할 수 없다"는 것이다(NCCK 250).[14]

이러한 논의의 배경에는 세계교회의 변화와 관련이 있다. WCC는 1966년 쥬네브에서 개최된 교회와 사회문제 대회에서 처음으로

---

14) 협의회는 "성령께서 평화의 줄로 묶어 하나가 되게 해주신 것"이라는 에베소서 4장 3절을 인용하면서 "지나간 날의 관계나 인종이나 국경의 상위점을 초월"할 수 있음을 실감했다고 했다. 또한 "하나의 희망을 목표로 부르심을 받은"(엡 4 : 4) 것이 자신들의 소명이라고 결론지었다(NCCK 250).

폭력문제를 직접적으로 다루었는데 그 주요 내용은 아래와 같다(이영빈 1994, 182~183).

> 기독자가 인간의 복지를 위하여 정치적 생활에 참여한다면 우리는 모두 부정한 구조를 문제시하여야 하며, 또 사람들을 억압하는 모든 기성 세력에 반항해야 한다. 폭력이란 현 세계에서 매우 현저한 현실인데 이 폭력은 노골적 억압이란 형태로도 존재하고 또는 보이지 않는 폭력의 현상으로도 존재한다. 이 후자의 폭력은 수백만 명의 인간을 억압하고 희생하는, 과거에도 있었고 현재에도 존재하는 부정한 사회 구조를 말한다.

이영빈에 따르면 이 시기가 되어야 비로소 구조적 폭력이 언급되었다. 또한 이러한 노골적 또는 구조적 폭력에 대해 사람들이 참을 수 없는 지경에 이르렀을 때 이에 반대하는 반폭력을 교회에서 인정하게 되었다. 즉 반폭력이 양심에서 나온다면 그것은 정당화된다. 쥬네브 회담에서는 '부정한 독재자에 대한 반항의 권리'가 토론의 중심주제가 되었으며 이는 제3세계에 흔히 존재하는 독재정권과 구조적 폭력의 현실을 반영하였다. 1970년대에 들어와 세계기독교회는 인권문제를 집중적으로 조명하면서 제3세계 기독자들이 구조적 폭력에 반대하는 '조직적 집단적 반대폭력'은 지배적 폭력보다 훨씬 높은 '최고이성'이라고 강조했다(이영빈 1994, 183~184).

한국에서도 이 시기에 순수 비폭력보다는 불의에 맞서는 용기가 더욱 강조되었다. 또한 그것이 진정한 종교인의 자세로 제시되었다. 국내 및 세계 각지의 구명운동을 불러일으킨 김지하의 〈양심선언〉의 내용에는 종교와 폭력에 대해 다음과 같이 씌어 있다.

총을 든 신부의 모습은 성스럽다. 그의 이념이나 그의 방법이 옳은 것인지 아닌지를 나는 알지 못한다. 그럼에도 불구하고 떨리는 걸음으로 골고타로 가는 길을 찾아 헤매는, 인간을 사랑하기 위하여 자신의 죄악까지도 각오하는, 그리하여 지옥 끝까지라도 가려 하는 그 처절한 사랑의 모습이 눈물겹도록 성스럽게 느껴진다. 비겁한 비폭력이 잔인한 폭력과 통하듯이 사랑의 폭력은 '용기 있는 비폭력'과 본질적으로 같은 것이라고 나는 믿는다. …… 내가 지지하는 혁명은 이와 같은 철저한 비타협, 불복종의 비폭력주의와 고뇌스런 사랑의 폭력을 결합, 통일하는 가운데 이루어지는 것이다. 거기에 이르기 위하여, 다시 말하면 비폭력이 비굴로 흐르지 않고, 폭력이 사랑으로부터 벗어나지 않기 위하여 나는 인간의 부단한 내적, 영신적 쇄신이 필요하고, 또 민중의 보편적인 자기각성의 과정이 필요하다고 본다(김정남 2005, 133~134).

1976년 5월 시카고에서 있었던 한국민주사회건설세계협의회 회의에서 김재준은 "이제까지 우리는 냉혹한 전쟁을 도피하며 폭력 없는 혁명을 소리 질러 왔는데, 과연 이것이 가능할 것인가"라고 반문하고는 "독일의 나치는 결국 전쟁을 통해서 해결되었는데 전쟁은 가장 큰 폭력행위"라고 인정했다. 또한 그는 우리들이 대체로 지식인이며, 소시민계급이고, 풍요사회에서 복지를 누리고 있으면서 불만을 가진 자들이라고 지적한 뒤 우리가 해방자(liberator)로서 예수의 제자들이라면 혁명가(revolutionary)로서 준비하고 각오를 다져야 한다고 주장했다. 또한 투쟁의 표적은 남북한 모두의 독재를 제거하는 것으로 인간을 어떤 틀에 집어넣는 제도는 모두 반대해야 한다고 강조했다.

또한 김재준은 전략의 중요성을 강조했다. "맹자의 말처럼 전투에 있어서는 기회(天時)를 놓치지 않는 것이 중요하며, 그보다 지리(地利)를 갖는 것이 더 중요하고, 그보다 더 중요한 것은 인화"라고 하면서, 기회는 늘 있으므로 민주운동을 장기적으로 계획해야 한다고 했다. 즉 국내외의 공동전선을 세우고, 전체적인 계획하에 역할 분담이 이루어져야 한다고 강조했다(김흥수 2007, 209~210).

김재준의 말에 따르면 박정희는 그의 "배후 조종자인 다국적 기업체의 작은 괴뢰"에 지나지 않으므로 "우리 전투의 과녁은 복잡해지고 현혹되어 맞히기 어렵고 그 전술도 국지전에서 세계전으로 전개되지 않을 수 없게" 되었다. 또한 그는 싸움에는 전술이 서야 하고 '무기'도 있어야 한다고 하면서 '전투'는 아름다운 것이 아니라 '냉혹'한 것이라고 주장했다. 당시 '투쟁'이란 낱말이 기독교와 어울리지 않으며 기독교인은 비둘기같이 평화적이고 온유해야 한다는 비판에 대해 그는 비둘기도 제 보금자리를 보전하기 위해 무섭게 싸운다고 지적했다. 또한 예수가 "내가 세상에 평화를 주려고 온 줄로 여기지 말라. 검을 주려고 왔다"고 한 말은 예수가 '기성질서' 안에 안주하지 않고 오히려 기성질서에 항전하여 땅 위에 하나님 나라를 세우는 건국전사로 싸우러 왔다는 뜻이라고 설명했다(김재준 1976 ; 김재준 1983, 185~188, 205).

박형규도 예수와 그의 제자들을 '해방군'으로 묘사했다. 예수는 당시 노동자로서 '하느님의 나라 운동' 즉 로마의 압정 아래서 비굴하게 살았던 사람들에게 해방을 선포하고 하느님 아들의 긍지를 갖게 하는 운동을 일으켰다. 당시 힘없고, 가진 것 없고, 아는 것 없는 서민들은, 율법과 민족문화와 도덕과 종교를 가지고 정신적으로 그

들을 억압하는 바리새인과 율법학자들 앞에서 머리를 들 수가 없었
다. 즉 그들은 외적으로는 로마의 무력에, 내적으로는 전통문화와
종교에 억압받고 있었다. 예수는 이들을 해방하기 위한 운동을 일
으키고자 제자를 모아 훈련시켜 일종의 '해방군'을 조직했다. 예수
의 제자들은 예수 시대 이후에도 계속 해방운동을 추진하고 해방군
을 확대시켰다. 그 해방군의 이름이 '에클레시아', 즉 '교회'라는 것
이다. 그런데 박형규는 오늘날 '교회'라는 부대는 이름만 가졌을 뿐
그 기능을 잃었다고 비판하였다. 한마디로 죽은 교회라는 것이다
(박형규 1973. 2 ; 박형규 1984, 109~110).

반면 비폭력을 주장한 이도 있었다. 그러나 비폭력의 강조가 정
권에 협조하라는 의미는 아니었으며, 오히려 명백히 저항을 표시하
여 그 대가를 받을 것을 주장한 것이었다. 안병무는 교회의 어떤 운
동도 폭력에 저항하는 것이어야 한다고 하면서, 폭력에 저항하는
운동이 폭력을 사용하는 데에는 반대한다고 주장했다. 즉 자신은
"칼을 쓰는 자는 칼로 망한다"는 예수의 말씀이 역사적으로 입증되
었다고 믿고 폭력에 폭력으로 맞설 것이 아니라 "예수가 십자가에
다소곳이 처형됐듯이, 3·1운동 선언을 끝내고 투옥될 것을 기다려
손을 내민 33인들처럼, 김찬국, 김동길이 투옥됐듯이 수난의 길을
선택하며 의(義)의 증인"이 될 것을 촉구했다. 그것이 바로 "무릎을
꿇고 사는 대신 선 채로 끌려가겠다는 민중의 소리요, 너희가 나를
따르려거든 네 십자가를 지고 나를 따르라는 예수의 지시"라는 것
이다(안병무 1975, 84).

안병무의 이러한 비폭력·평화사상은 함석헌의 영향을 많이 받았
다. 함석헌은 "평화는 나의 신조"라고 했을 만큼 평화를 가장 중요한

가치로 보았다. 함석헌이 간디에게 많은 관심을 가진 것도 간디의 비폭력·평화운동 때문이라고 할 수 있다. 함석헌은 고구려, 백제, 신라에서 각각 선도적 삶을 구현한 대표적 인물로 온달, 검도령, 처용을 꼽았는데 그 이유 또한 그들이 모두 평화주의자였기 때문이었다. 온달이 바보라는 소리를 들은 것은 그가 평화주의자였음을 의미하고, 처용이 제 아내를 겁탈한 귀신을 죽이지 않은 것도 평화주의요, 검도령이 진시황을 죽이려 한 것 또한 폭군을 제거하기 위해서였으니 평화주의라는 것이다. 이러한 평화사상이 계승되어 3·1운동과 4·19혁명이 비폭력 투쟁으로 나타났다고 보았다.

그는 평화를 인간과 자연의 본능으로 보았다. 생존경쟁, 약육강식의 원칙은 자연을 극히 일부분만 본 것이요 본래의 모습은 협조라는 것이다. 있는 대로 내버려두면 평화는 저절로 오며 이를 막는 것이 인위(人爲)요 유위(有爲)이다. 이는 지배하려는 욕심에서 나온 것으로 인위와 싸우는 것이 무위(無爲)이다. 무위란 반(反)운동이 아니다. "운동은 신념의 길이요, 봉사의 길이요, 자기희생으로만 되는 길이다"라고 하여 무위를 통해 투쟁할 수 있음을 제시하였다(안병무 1996, 153~175).

결국 그가 보기에 투쟁이란 자신을 희생할 각오로 '아닌 것은 아니오'라고 증언하는 것이다. 그가 예수를 비폭력 투쟁의 모델로 보는 이유도 여기에 있다. 즉 그는 예수의 희생을 투쟁의 평화적 형태로 보았다. 그는 간디도 총탄에 맞아 쓰러질 때 '아리 아마'(오 하느님)이라고 했다는 사실을 들어, 평화운동은 결국 정치적 투쟁이 아닌 종교적 투쟁이어야만 승리할 수 있다고 믿었다. 그에게 정치란 폭력의 다른 표현에 지나지 않는 것이었다. 그러나 함석헌은 간디가 위대한 까닭은 그가 민중에게 비겁함이 가장 큰 적이라는 사실을 일깨워주고 민중운동을 조직했기 때문으로 보았다. 따라서 그는 폭력에 용기 있게 저항하고 조직화된 힘으로 맞서는 것이 비폭력·평화운동에서 중요하다는 점을 강조하였다고 할 수 있다(안병무 1996, 153~175 참조).

4. 선교 개념의 변화

(1) '하나님의 선교'

1960년대 한국 신학계의 관심은 기독교 복음의 토착화, 세속화의 논의를 거치면서 한국의 전통문화와 역사와 종교를 기독교가 어떻게 수용하느냐의 문제와 더불어 4·19혁명과 5·16쿠데타를 겪은 한국의 정치·경제·사회적 상황에 교회가 어떻게 참여할 것인가에 집중되었다. 한편, 1960년대의 세계교회협의회는 교회의 사회적 책임과 참여를 새로운 선교(mission) 개념을 중심으로 논의하고 있었다. 교회의 사회적 책임과 그를 위한 교회 갱신(Renewal of Church for Social Responsibility)을 가장 먼저 한국에 소개한 사람은 강원용 목사이다. 그는 동아시아기독교협의회(East Asia Christian Conference, EACC)와 WCC의 신학적 흐름을 그의 설교와 크리스챤 아카데미의 프로그램에 반영하여 젊은이들과 대학생들에게 신선한 충격을 주었다. ‘외국인 선교사가 토착민을 개종하기 위하여 전도하는 것’을 선교로 보던 과거의 관점에서 벗어나, ‘교회가 세속적 문제에 참여하는 것’을 선교의 새로운 형태로 보기 시작한 것이다. 그 중심 개념이 ‘하나님의 선교’(Missio Dei)였다.

‘하나님의 선교’라는 개념은 1952년 독일의 빌링겐대회에서 최초로 사용한 이후 1960년대에 들어 세계교회에 널리 일반화되고 있었다. 종래의 선교를 ‘교회의 선교’라고 한다면 이제는 선교의 주체가 ‘하나님 자신으로 창조된 인간’으로 인식되었다. 또한 종래의 ‘교회 선교’가 개인구원에 중점을 두었다면 ‘하나님의 선교’는 하나님의 피조물인 사회전체에 걸친 정치, 경제, 사회 영역에서의 총체적인 구원을 목표로 하였다. 선교를 교회의 정치·경제적 팽창을 위한 도구로 이용해 온 것이 교회(christendum) 중심의 선교였다면 ‘하나님의 선교’는 오히려 교회를 선교의 도구로 사용하여 하나님의 나라를 팽창시키는 데 그 목적이 있었다. 그리고 하나님—교회—세상이라는 기존의 교회 중심의 질서에서 탈피하여 하나님께서 직접 세상 안에서 활동하시는 하나님—세상—교회의 세상 중심적 선교 질서를 제시하였다(NCCK 52).

강원용에 따르면, 1972년 4월 그리스 크레타 섬에서 세계 각국 대표 약 60여 명이 모인 WCC 회의의 일치된 견해 또한, ‘교회에 맡겨진 하나님의 선교를 인간의 생활 전체, 전체공동체와 모든 정황 속에 총체적이고 포괄적으로 구현해야 한다’는 것이었다. ‘신학’이란 용어가 사용될 때에는 항상 ‘행동하는 신학’이란 말이 쓰였으며, “성서를 통하여 계시된 하나님의 역사를 모든 억눌린 자들의 해방에서 찾고 이런 해방의 역사를 오늘 우리가 살고 있는 모든 정황 속에서 구체적으로 실현해 보고자 하는 정열"이 표출되었다(강원용 1972, 132~134).

강원용은 WCC가 형성된 이유 자체가 선교 변화의 필요성 때문이라고 보았다. 20세기에 접어들면서 동방정교회의 본부라고 할 수 있는 러시아는 유물론을 철학으로 한 공산주의 국가가 되었고, 가톨릭의 본부 바티칸이 있는 이탈리아는 파시스트 독재국가가 되었으며, 개신교의 모국인 독일은 나치스 국가가 되어 이제는 '기독교 이후 시대'라는 말이 구미 제국을 휩쓸게 되었다는 것이다. 또한 선교사들을 파견하여 선교와 봉사를 해 왔던 모든 식민지들에서는 제국주의 지배로부터 해방을 맞이하면서 제국주의 국가들을 비난하고, 그와 동시에 식민지주의 정권에 저항하지 않고 그들과 결탁하여 영혼의 구원과 자선사업만 해온 기독교를 비난하게 되었다. 따라서 전통적인 교파중심주의의 신학이나 선교정책을 계속할 수 없는 상황이 되어 교회의 지각 있는 지도자들은 콘스탄틴 대제 이래로 교회가 걸어온 역사를 깊이 반성하는 가운데 1948년 '함께 머물라'는 구호 아래 WCC가 창립되었다는 것이다. 그 이후 WCC는 인종 간 분쟁, 강대국의 핵무기 증강, 세대 간 및 남녀 간 갈등, 또한 인구문제, 환경오염, 도시화, 기술혁명에 따른 비인간화의 문제를 교회선교의 직접적인 대상으로 삼았다(강원용 1973, 45~47 ; 강원용 1976, 34).

'하나님의 선교' 신학이 한국에서 교회 차원으로 처음 논의된 것은 1969년 1월 27일 한국기독교연합회가 주최한 '제2회 전국 교회지도자 협의회'에서였다. 이 협의회의 주제는 '오늘날 한국에서의 하나님의 선교'로, 1968년 5월에 취임한 김관석 총무의 선교신학적 기치가 바로 '하나님의 선교'였다. 이 협의회에서는 "근대화에 수반되는 상황의 변화와 선교대상의 변모에 따라 교회의 구조도 변형되어야 하며 교회의 이념적 개방이 허용되어야 한다"고 결의했다. 즉 이제 한국교회도 '하나님의 선교'를 표방하면서 교회에 대한 새로운 인식과 교회의 혁신을 제창하기 시작한 것이다. 이 협의회의 중요성은, 세속사회에 대한 적극적인 개방과 참여를 뒷받침하는 '하나님의 선교' 신학이 한국교회의 선교활동의 신학으로 정착하는 계기를 마련하였고, 또한 한국의 신학자들 사이의 토착화 논의나 세속화 논의를 학문의 틀 속에만 가두지 않고 선교라는 실천의 장으로 뛰어들게 하는 계기를 제공했다는 데 있다고 할 수 있다(NCCK 52~53).

이로써 사실상 '하나님의 선교' 신학은 1970년대의 신학이며 행동이 되었다. 한국교회의 '하나님의 선교'라는 선교신학적 개념과 그 틀은, 신학적 논의의 발전과 함께 변화하는 한국사회에 대한 관심과 참여의 경험을 신학적으로 발전시키고 실천으로 옮기는 기반을 마련했다고 할 수 있다(NCCK 52~53). 이를 증명하듯 〈한국 그리스도인의 신학적 성명〉은 다음과 같이 '하나님의 선교'를 선언하고 있다(NCCK 404).

우리는 그리스도가 세계사의 구원자임을 믿는 세계 그리스도교의 일원이다. 그와 동시에 한국 국민으로서 이 나라에 그리스도의 복음을 전하여 정의를 세우고 하나님의 질서를 수립할 것을 사명으로 아는 그리스도인이요 신학도들이다.

그리스도는 제도적 교회에 오신 것이 아니라 바로 이 세계, 이 역사의 한가운데 오셨다. 이 사실은 하나님의 구원의 역사는 인간의 모든 것을 포괄한다는 말이다. 이것을 우리는 하나님의 선교라고 부르며, 그 일에 참여하는 것을 선교적 사명으로 안다. 그러므로 우리의 관심은 정권이 누구의 손에 있느냐에 있지 않고 그 제도와 정책에 있다.15)

(2) 구원관과 복음화의 변화

1970년대 선교 개념의 변화와 더불어 구원관 및 복음화 방법에 대해서도 새로운 모색이 시도되었다. WCC의 '세계선교와 복음전도 위원회'는 1960년대 말부터 기독교의 중요한 개념의 하나인 '구원'이라는 주제가 서로 다른 지리적, 문화적 상황 속에서 어떤 의미를 가질 수 있는지에 대한 연구를 지속해 왔다. 그리고 아울러 이 문제에 대한 답을 얻기 위해 각국별로 연구를 진행했는데 그 연구 결과를 놓고 서로 의견을 교환하고자 1973년 1월 방콕에서 80여 개 국의 300여 대표가 참석한 가운데 '오늘의 구원'(Salvation Today)을 주제로 국제협의회를 가졌다. 한국의 대표로서는 강원용, 김관석, 박상증, 강문규, 오재식, 이인하 등이 참석하였다. 이 협의회의 결과를 바탕으로 한국교회는 1973년 4월 같은 주제로 협의회를 열고 한국이라는 특수상황에서 구원의 복음이 어떤 의미를 갖는지 검토했다. 우선 방콕에서 열린 '오늘의 구원' 대회에서는 정치적, 인종적, 사회적으로 온갖 압제와 불의에서 구원을 얻고자 하는 모든 사람들의 열망을 다루었으며, 또한 이러한 열망을 달성시키는 데 기독교

---

15) 이어서 신학적인 입장에서 다음 세 가지 문제, 즉 첫째, 권력이 그 한계를 알고 정의를 위해 행사되는지, 둘째, 하나님께 속한 인간의 기본권이 보장되고 있는지, 셋째, 신앙행위의 자유가 보장되어 있는지를 예의 주시하고 있다고 경고했다(NCCK 404).

의 '구원의 복음'이 어떤 의미가 있는지에 대해 논의하였다고 평가되었다. 이어 다음과 같이 기독교의 구원관을 설명하였다(NCCK 234~235).

> 기독교의 구원관은 전통적으로 성서에 근거하여 연구되어 왔다. 그러나 시대와 성서학자에 따라 그 구체적인 내용은 다각적으로 표현되어 왔다. 어떤 시대에는 구원은 하나님의 영원한 의지로, 때로는 역사의 사건으로, 또 하나님의 심판행위로 나타났다. 또한 구원은 교회에서 소망과 믿음으로 생활하는 사람에게 신앙의 목표로 받아들여져 왔다. 그것은 개인의 영적인 만족을 채워주는 하나님의 의롭고 순수한 역사로 인식됐다. 때문에 기독교 신자에 있어서의 구원은 '하나님을 믿음으로써 죽은 후에 영혼의 구원을 받는다'는 소박한 개념으로 해석되었다.
>
> 그러나 구원의 의미가 이러한 차원에 머물러 있어서는 안 된다는 것이 전 세계 기독교계의 움직임이다. 이번 방콕대회는 이 같은 교계의 경향을 반영한 것으로, 구원은 추상적이고 개인적인 면을 떠나 현실사회에 부딪쳐 구원의 원뜻을 실현해야 한다는 것이다. 말하자면, 개인의 구원이 사회적으로 관계되는 방법을 토론했다(《한국기독공보》 1973. 1. 20 ; NCCK 234~235).

천주교 안에서도 구원관 및 복음화에 대해 이와 유사한 견해가 소개되었다. 즉 현대 세계는 기술혁명과 세속화로 말미암아 종교가 지배하는 분야는 차츰 줄어들고 있기 때문에 특정 지역에 교회를 세우는 일은 매우 어려울 뿐 아니라 때로는 필요하지 않다고 보았다. 따라서 현대의 복음화는 그리스도의 복음을 묵묵히 실천하면서 정치적 독립, 경제적 발전, 사회의 향상, 세계의 평화를 지원하거나 선도하며 각 민족 고유의 전통적 종교 안에서 구원의 가능성을 발견하도록 도와주는 데 있다고 주장했다.

다른 지역에 신생교회를 세우는 것을 선교의 목표로 삼는 것은 과거 농경사회에 적합한 사고방식이었으며, 또한 포교 역사에서 볼 때 선교사들이 외지에 서양식 구조와 형태를 가진 교회를 세우고 육성한 것은 결국 효과를 보지 못해 결과적으로 많은 시간과 노력을 허비했다는 것이다. 왜냐하면 수백 년 후에도 교회가 토착화하지 못했으며 여전히 외국의 인력과 재력에 의존하기 때문이다. 또한 교회를 세우는 사업은 후진지역의 백성들에게는 식민지 근성을 심어 주었고, 탈(脫)그리스도교적인 선진국에서는 많은 이가 하느님이나 그리스도를 인정하면서도 교회는 배척하는 현상을 초래했다고 주장하였다. 따라서 이들은 선교를 반대하지는 않지만 그보다도 사회개발에 더 치중하고, 이것만이 항구적인 복음화라고 강조했다(《암흑속의 횃불》 1권, 150~151).

이와 같은 견해가 복음화에 대한 기존의 전통적 사고에 수용되어 종합된 결론은 '복음화의 궁극적 목표는 인간 구원에 있지만 인간의 기본적인 생활문제를 해결하지 못하면 구원의 진리를 받아들일 정신적 여유가 없기 때문에 복음화의 방법으로 먼저 인간계발 내지 사회발전을 이룩해야 한다'는 것이었다. 따라서 직접선교인 복음선포에 앞서서 경제 사회개발 즉, 간접선교 또는 예비선교가 먼저 필요하다는 이야기다. 이런 견해는 현대 교회사에서 매우 건설적이고 효과적인 선교방법론으로 인정되어, 적어도 레오 13세 교황 이후 근 80~90년 동안 가톨릭교회의 선교신학의 주류를 이뤄왔다고 평가되었다. 이러한 사고를 바탕으로 교회는 많은 포교지방에서 교육

사업, 의료사업, 자선사업, 기타 개발사업으로 그 지방 사회발전에
도 이바지하고 많은 영세자(領洗者)를 내었다. 특히 저개발국 국민들
이 교회 사업의 혜택을 받은 것을 계기로 교회와 접촉하고 세례까
지 받은 예가 많다는 점은 한국교회의 체험에서도 알 수 있다고 주
장하였다(《암흑속의 횃불》 1권, 151).

〈한국 그리스도인의 신학적 성명〉에 따르면, "때가 찼고 하나님
의 나라가 가까이 왔으니 회개하고 복음을 믿으라"(마가 1 : 15)는
말은 복음의 핵심으로, 이때 '하나님의 나라'는 역사적, 사회·정치
적 영역을 포함하고 그것을 넘어서는 것이며, 영적이라고 표현하는
개인적 타계적인 종교영역만을 말하는 것이 아니다. 예수의 첫 선
포는 "주의 성령이 내게 임하셨으니 이는 가난한 자에게 복음을 전
하게 하시려고 내게 기름을 부으시고 나를 보내사 포로된 자에게
자유를, 눈먼 자에게 다시 보게 함을 전파하며, 눌린 자를 해방하고
주의 은혜의 해를 전파하게 하심이라"(누가복음 4 : 18~20)는 것이
다. 이는 현실 생활과는 무관한 정신세계를 뜻하는 것이 아니라 경
제적으로 가난한 자, 정치적 권력구조에서 눌린 자, 신체적 또는 지
적으로 눈 먼 자, 실제 삶에서 포로된 자가 개인 또는 집단적으로
그러한 속박과 결핍으로부터 해방됨을 가리킨다.

이러한 구원과 해방의 말씀이 교회의 선교이므로 선교는 현대사
회에서 정치적·사회적 활동으로 추진될 수밖에 없다. 인간이란 영
혼만이 아니라 육체이고, 개인적 실존만이 아니라, 사회적 관계이며,
또한 전체 환경 안에 있는 존재이기 때문에 인간의 구원에 개인적,
심령적 구원이 따로 있지 않고, 그것이 선행하는 것도 아니다. 이는
항상 영혼과 육체, 인격과 사회, 인간과 자연을 함께 포함하는 전체

적이며 구조적인 것이다. 그러므로 교회의 선교는 현대사회에서 인간의 자유화, 인류의 사회화, 제도의 인간화, 사회정의, 세계평화, 인간과 자연과의 화해에 종사하게 된다는 것이다(NCCK 406~407).

〈성명〉은 이어, 하나님의 말씀을 선포하는 예수의 선교에서, 박두해오는 하나님 나라는 현 질서에 대한 위협이었다고 보았다. 그것으로 구질서를 주관하는 악의 세력은 무너지기 시작했으며, 체제의 속박, 권력의 압박, 이데올로기의 절대화는 허물어지기 시작했다. 예수는 이러한 선교활동의 대가로서 로마의 법에 따라 정치범이 받는 십자가형을 받았으므로 예수의 제자로서 선교의 길을 갈 때 정치적 결단인 십자가는 피할 도리가 없다는 것이다.

따라서 오늘날 한국의 기독교인들이 선교를 정치적·사회적 행동으로 수행하는 까닭은 하나님의 나라가 하나님의 선물로 오는 것이지 인간의 힘으로 이루어지는 것이 아니라는 사실을 몰라서도 아니고 교회의 정치적·사회적 행동이 단번에 결정적인 이상사회를 이룩할 수 있다고 생각해서도 아니다. 단지 구약의 예언자들, 신약의 사도들, 그리스도교 역사상의 증인들과 순교자들, 그리고 무엇보다도 예수 그리스도의 선교활동에서 그 삶과 행동의 표본을 보았기 때문에, 학생들은 정치체제의 민주화운동에 앞장서고 교역자들이 노동자·농민의 생존권을 위한 산업선교에 종사하며 기독교인들이 민주화와 언론의 자유를 부르짖는다는 것이다(NCCK 406~407).

이처럼 확고한 신학적 입장은 공장이나 농촌, 또는 빈민촌 등에서 민중들의 생존권을 위해서 싸우는 것과 하나님 나라를 선포하는 것을 일치시키는 선교행위를 낳았다. 이 같은 선교 이해는 정부가 이러한 선교행위를 종교의 영역을 벗어난 불온행위라 간주하고 박해하는 현장에서 형성되었다. 〈성명〉은 결론으로 인권옹호를 위한 여러 가지 한국교회의 선언문들이 신학적으로 정당하다는 사실을 천명함과 동시에 그러한 선언을 가능하게 한 선교현장의 활동이 예수 선교의 현대적이며 상황적인 수행이라고 보고 그것을 지지한다고 선언했다(NCCK 8~9).

(3) 도시산업선교

　　1950년대에 시작된 한국교회의 산업선교는 처음에는 단지 노동자들을 전도하기 위한 목적에서 출발하였다. 그러던 중 감리교 조지 오글 목사가 1964년 한국에 와서 산업선교를 시작했는데 그는 다른 사람들과 달리 공장에 가서 노동자들과 함께 일했다. 그때 조승혁과 조화순이 선교훈련을 받았다고 한다. 또한 장로교 조지 파시 목사는 영등포에서 활동을 했다. 이들이 한국선교 변화에 자극을 주었다고 할 수 있으며, 수도권 선교도 이들에 의해 활발하게 전개되었다.

　　이 과정에서 선교 실무자들은 노동자들의 삶의 문제들이 개인적으로 구원될 수 있는 성격이 아니라는 사실을 깨닫고 사회구원의 문제에 관심을 쏟기 시작했다. 군사정부의 압력을 피하기 위해 이들은 1968년 연세대학교에 도시문제연구소를 만들어 그 안에 사회선교부서를 두고 박형규 목사가 위원장을 맡았다. 연구소는 근로자 및 빈민문제를 연구하고 도시산업선교 실무자를 훈련시켰으며, 이를 보완하고자 현장에서의 구체적인 선교행위를 위한 도시선교위원회를 연구소 안에 조직했다. 그 뒤 도시산업선교의 노동현장과 도시빈민지역을 중심으로 한 도시선교가 손잡기 시작했고 이것이 1970년대로

이어졌다. '도시산업선교'란 말도 1968년부터 사용되기 시작했다. 이
와 같은 용어의 변화는 1968년 홍콩에서 열린 동아시아기독교협의
회(EACC) 회의의 결정에 따른 것이기도 했지만 이 결정은 일대 전
환을 요구하고 있는 한국 내의 산업전도 현실과 부합하는 것이기도
했다(오재식 2004, 175 ; NCCK 168~171).

1971년 1월 4일에는 한국 도시산업화 과정의 선교에 관심을 가진
교계지도자들을 중심으로 한국 산업문제협의회를 구성하고 한국교회
가 선교 차원에서 연합할 것을 다짐하였다. 그해 9월 1일에는 한국특
수지역선교위원회가 발족하여 위원장에 박형규, 부위원장에 김동수,
총무에 조승혁이 선임되었다. 가톨릭 노동운동단체, 기독교산업선교
회(인천), 한국기독학생회총연맹(Korea Student Christian Federation,
KSCF), 크리스챤 아카데미, YWCA 연합회, YMCA 연맹 등은 연합모
임으로 발전시키기로 하여 1971년 9월 28일 크리스챤사회행동협의체
를 발족시켰다(NCCK 172 ; 김병서 2000, 56~57, 66). 설립취지는 다음
과 같이 제시하였다.

> 종래의 한국교회의 보수성에 근거를 둔 사회복지사업이나 봉사 또는 교
> 육활동 위주의 선교활동과는 그 성격을 달리하고 있다. 즉 힘없고 간난하
> 며 압박받는 대중들(노동자, 빈민지대 주민, 농민)의 문제는 단지 개인적이
> 며 또 자신들이 무능해서가 아니라 사회적이며 정치적인 차원에서 보아야
> 한다는 것이다. 그런 면에서 우리 선교행동단체는 교회선교 활동으로서만
> 이 아니라 교회선교 활동으로서 사회개혁을 위한 교회선교 행동표현을 강
> 조하고 있다 하겠다. 우리 선교됨은 좁은 의미에서 도시산업선교 단체에
> 국한하는 것이 아니다. 교회청년(YWCA, YMCA, 가톨릭 노동청년회), 학생

그룹(KSCF, Pax Romana), 교회그룹(성직자와 교회들), 노동자와 빈민지대 주
민조직(산업선교팀과 도시선교팀)들로 구성되었다. 우리는 교회의 사회적
관심과 행동이 오늘 우리의 한국적 상황에서 어떻게 표현되어져야 하는가
에 대하여 주의 깊게 연구하면서 한 걸음씩 전진하여 나가야겠다(크리스챤
사회행동협의체, 〈1972년 사업보고서〉; 김병서 2000, 57).

산업선교 및 도시빈민운동 등이 박정희 정권에 대한 비판 세력으
로 등장하고 있던 차에 1973년 남산 부활절예배사건이 발생했다.
이 사건은 1973년 4월 22일 남산 야외음악당에서 열린 부활절예배
에서 유신체제를 반대하는 전단지를 배포했다고 하여 박형규 목사
와 KSCF 회원, 빈민선교 활동가들을 국가내란예비음모 혐의로 구
속한 사건이다. 이를 계기로 교회 대학생회의 기도회와 가두시위가
일어나고 10월 2일 서울대 문리대 학생 250여 명이 4·19 기념탑
앞에서 시위를 벌이는 사건이 발생하였다. 이 사건들 이후의 대책
을 수립하는 과정에서 교회의 인권운동이 조직화되었으며 1974년 4
월 NCC는 인권위원회를 신설했다(김흥수 2007, 201).

5. 민중신학

박정희 정권의 근대화 정책은 사회적으로 많은 부작용을 불러왔
는데 그 가운데서도 노동자, 농민을 포함한 빈민문제가 매우 심각

했다. 이러한 상황에서 기독교 복음화나 자선사업 수준에 머물던 선교사업은, 보다 근본적인 문제 해결을 위해 사회구조와 정책의 변화가 필요하다고 판단하여 앞서 살펴본 바와 같이 도시선교, 산업선교, 농촌선교 등으로 발전하게 되었다.16) 이와 동시에 한국기독학생총연맹은 총무인 안재웅이 중심이 되어 민주주의와 사회정의의 실현을 위해 기독교 신앙에 바탕을 두고 운동을 전개시켰다. 이들 도시·산업·농촌 선교단체들과 기독학생 단체들은 신학자들의 도움을 요청했는데, 그와 같은 과정에서 NCC 안에 인권위원회가 구성되어 소수의 신학자들이 참여하게 되었다.

이들 신학자들은 빈민들의 참상을 직접 듣고 목격하면서 그동안 멀리서 신학적인 높이에서 알았다고 여겨지던 것과는 비교도 안 되게 처참한 현실을 알게 되자, 이 같은 현실을 보다 학문적으로 연구하게 되었다. 그러한 활동을 했다는 이유로 교수직을 박탈당하거나 교도소에 수감되었을 때 그들은 한국 역사, 특히 억압받는 자, 민중의 입장에서 다시 역사를 연구하기 시작했다. 그들은 역사뿐 아니라 한국의 현실, 도시 빈민, 산업 근로자, 창녀와 같은 사람들의 문제를

---

16) 남산 부활절예배사건이 정부를 놀라게 한 것은, 예배에서 약 2,000매의 전단을 10만 신앙인에게 뿌린 것이 아니라, 또한 '무력에 의한 정부타도'가 아니라, 바로 사건 당사자인 박형규 목사를 비롯한 몇몇 사람들이 서울의 빈민촌에 사는 민중 100만을 조직하고 있었기 때문이다. 이들의 목적은 빈민을 조직하여 그들로 하여금 거주의 안정과 그들 자녀를 위한 교육권한을 요구하게 만드는 데 있었을 뿐이었다. 그러나 정부는 이러한 면은 언급하지 않고, 체포된 사람들은 불만 있는 기독교인을 조직하여 무력으로 정부를 전복시키려고 했다고 보고하여 진실을 왜곡했다. 이들은 자신들이 빈민촌으로 들어가 살면서 그 주민들과 더불어 그들의 생활과 불만에 대하여 토론하면서 조직을 형성하였다. 지역주민들이 자신들의 곤란한 처지와 그에 대한 정치적 이유를 알게 되면 그 지역주민 가운데서 나온 지도자가 개발계획 사업을 담당하게 된다. 그런데 박 목사의 소송을 기다리는 동안 빈민촌의 민중조직은 정지 상태에 있었으며, 정부는 이런 결과를 기대한 것 같다(Far Eastern Economic Review, 1973. 7. 16 ; NCCK 260~261).

연구하여 그 원인을 파악하려고 했다. 또한 우리 민중의 문화인 판소리와 탈놀이, 민요, 민담, 무교에 대해서도 연구했다. 그들은 이러한 연구를 통해 기독교를 다시 이해하고 민중신학을 형성하였다.[17] 현영학은 민중신학을 다음과 같이 설명했다(현영학 1984, 333~375).

> 민중신학은 기본적으로 민중을 위한 신학도 아니고 민중에 의한 신학도 아니며 민중의 신학도 아니다. 사람들이 흔히 말하는 것처럼 민중을 '의식화'시키기 위한 신학도 아니며 민중을 선동하기 위한 신학은 더욱 아니다. 콘스탄틴 황제에 의해서 로마제국의 국교로 인정된 이후에 그리스도교가 지배층 엘리트의 입장에서 역사와 현실을 보고 성서를 해석해온 전통에 반해서, 처음에 예수를 따르던 사람들, 지배당하고 수탈당하고 업신여김을 받던 사람들, 창녀와 세리와 문둥병자와 같이 소위 '죄인' 취급을 받던 사람들의 시각과 그들의 예수 이해를 되찾아 보려는 것이 민중신학이 뜻하는 바다. 60년대와 70년대에 걸친 우리나라 '근대화' 과정에서 겪은 경험과 배움을 통해서, 엘리트들만이 할 말이 있고 사회를 좌지우지할 것이 아니라 권력도 없고 돈도 없고 사회적 지위도 없고 교육도 받지 못한 사람들에게도 할 말이 있고 또 그들에게서 배울 것도 많다고 느끼고 믿게 되었기 때문이다.

1960년대 말~1970년대 전반에 걸친 기독교 민중운동의 원칙은 민중 스스로 말하고, 스스로 행동하고, 스스로 조직하게 하는 것이

---

17) 1972년 4월 대만 출신의 신학자 송(C.S. Song) 박사는 처음으로 한국을 방문하여 강연회를 가졌는데, 그 후 1970년대 한국교회의 인권 선교와 더불어 발전한 민중신학을 주시하고 이를 자기의 아시아적 신학 전개에 병행시켰으며 또 세계 신학 무대에 소개하는 역할을 하게 된다(NCCK 32).

었다. 즉 민중운동가는 민중을 가르치기보다 민중에게 배우는 자세를 견지하면서 민중의 자발적, 주체적 활동을 돕는 역할을 맡았다. 박재순의 말에 따르면, 기독교 운동가들이 빈민현장에 들어가 민중을 가르치려 들지 않고 오히려 민중의 삶을 배우려 한 것은 당시의 폭력적 정치상황과 기독교 민중운동의 태동기였다는 점을 감안하면 당연한 일이었다. 이러한 민중운동의 원칙이 민중신학에 관철되어 민중의 자발적 주체성에 대한 민중신학의 원칙이 확립되었다(박재순 1989, 126~127).

박재순은 이렇듯 민중의 주체성을 강조하는 민중신학은 함석헌 사상의 중요한 내용인 '스스로 함'에 영향을 받은 바가 크다고 보았다. 함석헌 사상을 한마디로 표현한다면 그것은 '스스로 한다'이다. 이것은 자연, 생명의 원리일 뿐 아니라 인간, 역사, 종교, 하나님의 원리이다. 서구 정통 신학에서는 신을 주체적 존재로 보고 인간을 수동적, 예속적 존재로 보지만 함석헌은 '믿는 나'와 예수를 동일시했다. 다시 말해 내 속에 살아 있지 않은 예수는 무의미하고 예수를 믿지 않는 나도 무의미하다는 것이다. 따라서 내가 예수의 자리에 설 때만 속죄를 받을 수 있고 예수도 나의 삶 속에 살아있을 때만 산 존재라는 것이다.

또한 그는 하늘에 있는 하나님이 땅에 내려와 흙 묻은 것이 바로 민중이라고 주장한다. 곧 하나님과 민중은 같은 존재로서, 우주적으로 말하면 하나님이고 역사적으로 말하면 민중이라는 것이다. 따라서 민중은 하나님과 마찬가지로 주체적 존재이므로 정치적으로 간섭하거나 사회제도로 막아서는 안 된다고 주장했다(박재순 1989, 129~131).

안병무도 예수와 민중을 분리할 수 없다고 주장했다. 예수는 민중들을 규합하거나 어떤 가치를 가르치기 위해 직접 접근하지 않았고 오직 이들의 요청에 응했을 뿐이라는 것이다. 즉 예수는 수동적으로 그들과 일치하는 입장에 섰지 이들의 지배자, 랍비 또는 수령이 되려고 하지 않았다. 안병무는 히브리적 사고나 동양적 사고에 개체적인 인격 개념인 'person'이 없다는 사실을 지적하였다. 즉 개체적 인격 개념은 서구 계몽주의 이후에 등장한 개인주의의 사고로서 본래 기독교에 있는 사고가 아니라는 것이다. 따라서 예수를 집단적이고 역동적인 관계 속에서 파악해야 한다는 입장이다. 예를 들면 예수가 보여준 병을 고치는 등의 기적은 그의 초인성을 나타내는 것이라기보다 예수와 더불어 표출된 민중의 능력을 나타냈다는 것이다. 즉 예수는 "네 믿음이 너를 구원했다"(마가복음 5 : 34)고 말했다.

또한 안병무는 예수의 사건을 '고난과 자기초월의 사건'으로 보고, 이는 현재 교회에서 일어나는 것이 아니라 민중에게서 일어난다는 사실에 주목하면서, 예수 사건은 2천 년 전 단 한 번 일어나고 만 것이 아니라 오늘의 민중 현장에서 계속 일어나고 있다고 보았다. 따라서 예수가 인류를 구원한 것처럼 민중은 구원받는 존재가 아니라 오히려 비(非)민중계층을 구원하는 존재이다. 즉 민중에게 고통을 주거나 민중의 고난을 방조한 비민중계층이 구원받을 수 있는 단 하나의 길은 민중을 향해 회개하고 그들의 고난과 투쟁에 참여하는 것뿐이다. 비민중계층이 민중의 절규를 듣고 자기영역에 안주해 있는 상태에서 해방되는 것이 곧 구원이라고 안병무는 주장했다(박재순 1989, 135~139).

서남동은 "오늘날 신학적 추세는 원시교단의 종말신앙, 교회사의 소종파들, 가난한 자, 눌린 자의 종교를 찾으려고 한다"고 하면서, 현금을 풍미하는 혁명, 정치, 해방의 신학은 마르크스주의자, 특히 신마르크스주의자들의 도전에서 촉발되었다고 설명한다. 즉 마르크스주의자와의 대화와 경쟁에서 기독교는 새로운 활력을 얻어 다시 민중의 종교로 복귀하려고 한다는 것이다. 이를 통해 기독교는 첫째로 잃어버렸던 복음의 사회적 차원, 사회적 구원을 되찾았고, 둘째로 신의 초월을 형이상학적인 영역으로부터 미래의 초월로 환원했으며, 셋째로 지금까지의 '억압자의 이데올로기'로부터 민중의 종교, 해방의 복음으로 복귀했다. 넷째로 정통적 교리가 절대적으로 주어진 규범이라는 생각에서 벗어나 역사적 현실에서 실험과 행동을 통해 진리를 검증하는 태도로 바뀌었으며, 다섯째로 교회는 정통적인 교회사의 족보를 자랑하는 것을 의심하고 소종파들과 이단들의 동기와 족보를 찾기 시작했으며, 마지막으로 교회와 사회 사이에 세운 두터운 담을 헐기 시작했다(서남동 1975).

그는 또한 하나님 말씀의 존재양식과 유언비어, 곧 민중의 소리의 존재양식이 매우 흡사하다고 하면서 그러한 점에서 민심이 천심이라는 말이 맞는 것 같다고 했다. 그러므로 한국교회는 '침묵해 버린' 국민의 소리를 듣고 그것을 대변해야 한다는 견해를 밝혔다. '방언도 없고 말씀도 없어서 그 소리도 듣지 못하지만 온 땅에 통하고 땅끝까지 퍼진' 민중의 소리를 듣고 대변하는 것이 하늘의 소리를 듣고 대변하는 것과 마찬가지라는 입장이다. 교회의 강단이 민중의 소리를 듣고 전할 때 민중의 해방은 선포된다고 그는 주장했다(서남동 1975).

그렇다면 민중신학에서 보는 예수의 모습은 어떠한 것인가. 서남
동은 '예수는 항상 언제, 어느 경우에나 병든 자, 가난한 자, 눌린
자, 억울한 자'였다고 말했다. 예수는 부자도 권력자도 아니었고, 그
들 편에 선 적도 없다. 즉 예수의 하나님은 부자도 가난한 자도 같
이 믿고, 억압하는 자도 억압받는 자도 함께 예배하는 그런 하나님
이 아니라 항상 가난한 자, 억압받는 자의 하나님이라는 것이다. 곧
하나님은 가난한 자, 억압받는 자를 해방하는 분이라고 주장한다
(서남동 1975).

> 예수는 무조건 가난한 자, 눌린 자, 당시 로마의 식민지인 유대땅의 '암
> 하레쯔'18)와 자기를 동일화했다. 이 점이 다음 시대의 교회와 교회사의 규
> 범이다. 이들이 본 역사적 전망은 어떠한 것일까. 그것은 절망이다. 단축된
> 역사, 종말이다. 그러기에 그들은 '하나님의 나라의 급박한 도래' 역사의
> 묵시록적 종말을 내다보았다. 주전 2세기부터 주후 1세기까지 유대인의 문
> 화이념을 지배했던 것은 다름 아닌 묵시록적인 종말이었다. 그것은 가난한
> 자, 눌린 자, 서민대중의 종교였다. 예수는 이 '민중의 소리'를 외친 것이다
> (서남동 1975).

암하레쯔의 희랍어에 해당하는 '오클로스'(ochlos) 개념으로 민중
신학을 이론적으로 발전시킨 안병무는, 예수가 권력층이나 부유층
은 말할 것도 없고 모범적 시민이나 지식층을 위하지 않았다고 주
장했다. 성서에는 민중을 뜻하는 두 가지 개념이 등장하는데, 하나

---

18) 암하레쯔(Am-ha-Aretz)는 '땅의 사람들'이라는 뜻으로, 이렇게 불렸던 민중들은 지배집
   단에 의해 죄인으로 몰리고 상놈으로 천대받았다(한완상 1978, 43).

는 '라오스'(laos)로서 '선택된 하나님의 백성'이란 의미를 갖는다. 이 말은 '국민'에 가까우며 어떤 집단 안에서 보호받을 권리를 가진 민중의 칭호였다고 한다. 또 다른 말로는 '오클로스'가 있는데 이는 '권외적(圈外的)인 대중'으로 한 집단 안에 있으면서도 권리를 향유할 수 없는 무리들이었다. 그런데 가장 처음에 씌어진 마가복음에서 예수가 보호하고자 하고, 또 예수를 무조건 따르는 사람들을 라오스라고 하지 않고 오클로스라고 일컬었다는 것이다.[19] 안병무는 다음과 같이 오클로스를 표현했다(안병무 1975, 82).

> 오클로스! 저들이 바로 수고하고 무거운 짐 진 사람들이며 기성 사회에서 죄인으로 규정된 사람들이며 잃어버린 양이며 백안시당한 탕자며 초청받지 않았던 '동네 큰 거리와 골목에서 배회하는 가난한 사람들, 불구자들, 맹인들, 절뚝발이며 해가 져도 일자리 없어 거리를 헤매는 실업자들이며 눌린 자, 포로된 자들이며 배고프며 헐벗었으며 슬퍼 통곡하며 박해를 받은 자'들이다.

안병무는 초창기 한국교회에는 이러한 오클로스들이 모였고 선교정책도 이들을 중심대상으로 정했다고 했다. 그런데 "언젠지 모르게 한국교회는 밥술이나 먹고 갈아입을 옷이나 있는 계층 이상이 모이는 곳이 됐고 예수의 친구인 오클로스들은 그 문전에 오기도 부끄러워할 체질로 바뀌었다." 안병무는 이것이 한국교회가 무력해지는 원인이 됐으며 민중과 유리될 뿐 아니라 예수에게서 멀어지는

---

19) 박형규에 따르면, 라오스는 대체로 교회 안에 들어온 사람, 오클로스는 예수 주변에 모여든 군중을 뜻한다(박형규 1984, 223).

결과를 가져왔다고 비판했다. 그러나 이제 교회가 다시 오클로스의 소리를 듣기 시작했다고 하면서 이는 반정부운동도, 정치운동도 아니고 단지 잃었던 예수의 정신으로 되돌아와 자기 동일성을 찾으려는 것일 뿐이라고 주장했다(안병무 1975, 83).

한완상도 예수는 민중의 벗으로서 민중 속에서 민중을 위해 살았고 또 죽었다고 주장했다. 당시의 민중들은 포악한 군주의 공포정치 아래서 떨면서 살았으며 경제적으로는 로마제국과 토착 정치종교 세력에 이중적으로 수탈당해왔다. 또한 사회신분적으로도 상놈으로 천대받았으나 예수는 그들을 격려하고 희망을 주고 고통을 덜어주었다는 것이다. 그에 의하면 예수는 구조적 악 때문에 입이 있어도 말을 못하는 벙어리로 하여금 말하게 하고, 귀가 있어도 듣지 못하는 귀머거리로 하여금 듣게 하였으며, 소경에게는 다시 보게 하였다. 그러면서 예수는 당시의 정치 세력을 '여우'라고 힐책하였으며 위선적인 종교집단을 '회칠한 무덤'과 '독사의 새끼'라고 신랄하게 규탄하였다(한완상 1978, 42~43). 유순하고 점잖은 예수가 아닌, 분노하는 예수에 대한 강조 또한 민중신학의 특징이다. 현영학은 예수가 바리새인과 서기관들에게 "화 있을 진저" 또는 "회칠한 무덤"이라고 욕하고, 제사장과 귀족층들이 성전을 중심으로 종교세를 무겁게 부과하고, 잡상인들을 통해 가난한 순례자들을 착취하자 울분을 터뜨리고 행패를 부렸던 점을 강조했다(현영학 1984, 336).

또한 예수는 "희년의 해방을 선포하고 그 해방의 일을 실천하고자 세상에 왔다"고 보았다. 희년은 '해방의 해'로 "억울하게 빼앗긴 땅을 민중들은 도로 찾게 되고, 가난해서 빚질 수밖에 없는 불쌍한 채무자들은 그 빚을 탕감 받게 되고, 자기 몸이라도 팔아야 입에 풀

칠할 수 있기에 자신을 노예로 팔아먹었던 민중들은 노예상태로부터 해방되는 기쁜 사건이 바로 이 희년에 이루어지는 경사"였다는 것이다. 예수는 이 같은 해방과 구원의 일을 충실히 해내는 것이 곧 민중을 위한 가치 있는 삶이라는 사실을 실천으로 보여주었으며 이러한 뜻있는 삶은 지배집단이 조작하는 비방·고난·죽음과 맞서게 될 수밖에 없음을 우리에게 가르쳐 주었다고 했다. 즉 십자가를 지고 고난과 죽음의 길로 나아갈 수밖에 없음을 그 자신의 삶을 통해 우리에게 알려준 것이며, 여기에 기독교의 저력이 있다고 보았다. 다시 말해 기복제화(祈福除禍)라고 하는 이기심에 기독교가 서 있지 않으며 "오히려 억울하게 부림당하는 민중을 위해 자기를 비워, 죽기까지 헌신하겠다는 애타심이 바로 기독교의 참 밑둥지 힘"이라는 것이다(한완상 1978, 43~44).

종교의 사명은 "교만한 자들이 꾸민 일을 흩으며, 권세 있는 자들을 그 자리에서 내치며, 보잘 것 없는 이들을 높이며, 배고픈 사람을 좋은 것으로 배불리고, 부유한 사람을 빈손으로 돌려보내는"(루가 1 : 51~53) 것이라고 주장하였다. 그러한 사명을 바탕으로 민중 스스로 자신의 운명의 주인공이 되도록 하는 데 신학적 목적이 있다는 것이다(《암흑속의 횃불》 3권, 76).

민중신학의 또 하나의 특징은 앞서 언급했듯이 우리의 전통 민중문화에 대한 관심이다. 특히 '한'(恨)의 문화에 관심을 두었다. 서남동이 처음으로 주장한 '한의 신학'은 복음을 한 맺힌 가난한 사람들의 시각을 빌려서 새롭게 해석할 수 있는 가능성을 제공해주었다(현영학 1984, 341).[20] '민중구원'이란 바로 '민중적 한의 속량'이라고 할 수 있는데, 민중적 한은 파괴된 인간 공동체의 구조적·집단적 죄악으로 말미암아 생기는 것으로 반공동체적이고 반인간적인 현실이다. 그런데 서남동은 '우리 모두를 해방시키는 메시아의 도래는 고난 받는 민중의 신음소리, 한의 소리를 타고 오시는 길밖에는 없다'고 보았다(박재순 1989, 133~134). 박형규는 1970년대에 생겨난 한국적 신학이 민중신학 또는 '한의 신학'이라고 하면서 이는 탁상에서 생긴 것이 아니라 우리의 경험에서 생겨난 것이라고 말했다(박형규 1984, 222).

김지하가 옥중에서 구상한 소설《장일담》은 민중의 가슴속에 쌓인 한, 세상으로부터 소외되었기 때문에 축적된 한의 엄청난 자기운동에 대한 이야기라고 가톨릭 사제단은 평가했다. 민중들이 각성하면 그 한은 반드시 폭력화할 것인데 이때 기독교는 메시지를 통하여 이러한 폭력을 사랑으로 변화하게 해야 하며, 그렇게 되면 민중의 쌓이고 쌓인 한은 놀라운 변화를 일으킨다는 것이《장일담》의 주제이기 때문이다. 따라서 '김지하는 민중의 한과 기독교의 통일, 진정한 의미의 기독교의 토착화, 기독교적인 보편진리가 우리의 특수 현실 속에서 민중과 결합할 수 있는 가능성을 추구하고 있다'고 사제단은 평가했다(《암흑속의 횃불》 3권, 85~86).

박재순 또한 "민중적 한의 메시아적 속량을 말하는 것과 밑바닥 민중과 하나님의 일치를 말하는 것은 김지하의 문학과 통한다"고

---

20) 또한 한의 신학은 우리나라의 가난한 사람들의 전통적인 종교, 즉 무교와의 '몸의 대화'를 가능하게 해주"는 것이었다. 무교는 그동안 미신이라고 해서 업신여김을 받았지만, 일상생활에서의 지독한 고통과 고생, 그리고 거기서 맺히고 쌓인 한 때문에 생긴 종교라는 것이다. 무당은 작두날같이 험하고 무서운 이 세상과의 싸움에서 살아남은 힘을 과시하는 것이라고 보았다. 따라서 무당은 "'한의 사제'로서 몇 천 년 동안 우리나라 사람들에게 위로와 격려와 힘을 줄 수 있었던 것"이다(현영학 1984, 338~341). 박재순은 "한국 민중의 고유한 무속적 세계관은 신들과 죽은 혼령들이 인간들과 더불어 사는 매우 인간중심적인 사상"이라고 평가했다(박재순 1989, 147).

보았다. 그의 견해에 따르면 민중신학은 김지하의 문학적 상상력에 힘입은 바가 크다. 장일담은 민중운동의 화신으로 그에게는 예수의 모습이 투영됐으며,《금관의 예수》에서는 밑바닥 민중이 예수의 머리에서 금관을 벗겨줌으로써 예수에게 생명력을 준다. 예수가 민중과 만나서 다시 살아날 수 있었다는 내용은 당시 한국교회를 향한 통렬한 고발이었다고 할 수 있다(박재순 1989, 127~128).

6. 불교인의 민주화운동

박정희 정권 기간 동안 불교인들은 사실 기독교인들처럼 민주화운동에 열성적이지는 않았다. 그것은 전통적으로 한국불교가 보여준 모습과 다른 것이었다. 한국불교는 호국불교의 전통을 이어 일제시대에 3·1운동에 참여하는 등 다양한 방식으로 독립운동을 전개했다. 해방 후에도 일제 잔재 청산을 위한 자정운동을 전개하고 자주독립국가를 건설하려는 노력도 진행했다. 사실 김구도 한때 승려였다. 그는 일제시대에 쫓기는 몸으로 은신하던 가운데 원종이란 법명의 승려가 되었다. 이에 불교계 인사들이 김구를 따라 남북협상에 참여하기도 했다. 그러나 기독교 장로였던 이승만은 불교를 차별했는데 그 대표적인 사례가 1954년 5월 21일 대처승은 사찰을 떠나라는 내용의 '정화유시'라고 할 수 있다. 이때 비구와 대처 사이에 충돌이 생기면서 불교도들은 정치·사회문제에 침묵하기 시작했다(김정남 2005, 517~518). 박정희 정권도 '불교재산관리법'을 만들고 도지사의 승인이 있어야 사찰의 주지 임명을 할 수 있게 하는 등 불교계를 통제했다(《내일신문》 2008. 9. 5).[21]

1970년대 초 박정희 정권에 대한 불교계의 투쟁은 조직적이기보다는 개인적 수준에서 이루어졌다. 대표적인 경우로는 전등사 주지였다가 환속한 고은이 자유실천문인협의회에서 활동한 것과 법정스님이 민주수호국민협의회 결성에 동참하여 유신철폐 개헌 서명운동에 참여한 점을 들 수 있다(김정남 2005, 519~520). 수필집 《무소유》의 저자로 더 잘 알려진 법정 스님은 사실 1970년대 민주화운동을 이끈 주요 불교인이었다. 《무소유》에도 그러한 체제 비판적인 내용이 암시적으로 표현되고 있다. 그는 1973년 조계종 기관지인 《불교신문》 논설위원 및 주필과 당시 민주화운동을 이끌었던 《씨알의 소리》 편집위원으로 활동했다. 인혁당 사건이 터지자 그는 순천 송광사 불일암으로 들어가 은둔하면서 독재에 대한 분노와 저항이 담긴 글을 계속 썼다. 정권의 감시를 피하고자 '형운'이란 가명으로 《불교신문》에 민주화에 대한 열망과 개혁을 담을 글을 쓰기도 했다(《한겨레》 2010. 4. 6).

1970년 중반 일부 불교계 인사들도 조직적으로 민주화운동에 나서기 시작했다. 긴급조치위반으로 구속되었던 여익구, 동아일보에서 해직된 고준환, 그리고 황석영과 일부 대학생불교연합회 회원들

---

21) 이러한 불교탄압은 김영삼 정부에 들어서도 마찬가지였다. 불교계 내의 '종교편향 대책위'는 김영삼 정부 때 만들어졌는데 그 계기는 "육군 특수전부대에 개신교 부대장이 부임해 교회예배를 강제로 시키고, 법당에 오물을 투척하는 등의 사건이 발생"했기 때문이었다. 당시 대책위는 관계자의 사과를 받고 법당을 살리는 성과를 얻었다고 한다(《내일신문》 2008. 9. 5).

이 주축이 되어 민중불교회를 조직하였다. 여익구는, 기독교가 적극적인 반유신투쟁을 벌이는 것과 달리 불교는 아무런 행동도 보이지 않는 것에 대해 불자로서 매우 부끄러웠으며, 이것이 그로 하여금 민중불교회를 조직하게 한 계기가 되었다고 밝혔다. 그러나 불교계의 반응은 냉담했다. 또한 중앙정보부는 민중불교운동을 제2의 민청학련사건으로 조작하려 하여 여익구, 전재성, 최연 등을 구속하고, 탄허 스님, 고은, 고준환, 황석영을 참고인으로 불러 조사했다. 여익구와 전재성은 기소유예로 풀려나서 사건은 마무리됐으나 민중불교회는 단명하게 되었다. 민청학련사건 때 중요 수배자였던 장기표는 부산 태종암으로 가서 도성 스님의 상좌로 승려가 되었으나 그 뒤 다시 민주화운동에 매진했다. 그 밖에 청계피복노조의 민종덕, 고려대 학생 안희대 등이 1970년대 정치적 탄압과 수배를 피해 절에서 행자와 승려로 생활했다. 이들은 나중에 민중불교운동 과정에서 중요한 역할을 하게 되었다(김정남 2005, 518~520).

1980년 10월 27일 전두환을 정점으로 한 신군부 세력이 "분규만을 일삼는 조계종단은 더 이상 자체정화의 능력이 없으므로 부득이 타력으로나마 정화하지 않을 수 없다"는 구실로 당시 비상계엄합동수사본부로 하여금 불교종단의 주요 간부를 강제연행하였다. 총무원장이던 송월주 스님은 강제사퇴하고 18명의 승려가 구속되었으며 32명의 승려는 강제로 승적을 박탈당했다. 이것이 '10·27법난'으로, 이 사건은 광주민주화운동 과정에서 대학생불교연합회 전남지부장 김동수의 죽음과 맞물려 불교계를 크게 자극하여 1981년 가을부터 여래사 운동이 제창되었다. 최연은 이에 대해, "하와중생의 구체적인 방법론의 모색과 실제 적용을 위해 사회와 민중에 대한 적극적인 관심을 함께 엮어 명실 공히 젊은 불자들의 전열을 정비해야만” 했고 이렇게 만난 동지들을 ‘여래사’라 하며 여래사들의 재도전을 ‘여래사 운동’이라고 했다고 설명했다. 그러나 이 운동은 1982년 초에 불교사회주의운동으로 규정되어 탄압을 받았다.

그러나 불교계는 이에 굴하지 않고 1983년 7월 전국청년불교도연합대회를 개최하여 불교운동의 조직적인 모습을 보여주었고 1985년 5월 민중불교운동연합(민불련)을 창립시켰다. 민불련은 창립선언문에서 “반민중적 권력집단이 자행하는 폭력과 비민주적 제도는 철폐되어야 한다”면서 “간단없는 투쟁을 지속하여 불교의 민중화를 이룩할 것”을 다짐했다. 민불련에는 월운 스님, 용태영, 고은, 김지하, 김승균, 성연 스님, 지선 스님, 황석영, 장기표, 성승표, 백영기, 김만선, 여익구, 박진관, 김래동, 서동석, 현기 스님 등이 임원으로 활동했다. 민불련은 이후 활발한 활동을 펼치면서 민주화운동에 크게 기여하였다(김정남 2005, 521~523).

7. 민중불교

여익구는 민중불교의 특성을 비판주의, 인문주의, 평등주의, 민주주의, 평화주의로 제시했다.[22] 첫째로 비판주의는 스스로 다른 것을

---

22) 이하의 내용은 여익구(1984, 345~360) 참조.

비판하는 것과 아울러 다른 것으로부터의 비판을 감내하는 것을 말한다. 그는 불교는 결코 교조주의가 아니라고 설명했다. 즉 고도의 합리성과 윤리성을 지니고 있으므로 사교적 요소를 배제하고 독단을 부정하였다. 석존은, 아무리 바른 교설이라 하더라도 우리가 그것을 무조건 신봉할 것이 아니라 올바른 근거에 따라서 검토해야 한다고 가르쳤다. 심지어 자신의 말조차 법에 맞지 않는다면 배척하라고 설하였다. 또한 불교의 출가자가 고기를 먹은 것을 가지고 다른 종교인들이 그를 더러운 족속이라고 비난하자 석존은 먹는 것에 의해 인간이 더러워지거나 깨끗해지는 것이 아니라 사람의 마음가짐과 행위의 선악만이 더럽고 깨끗함을 판별할 수 있다고 가르쳤다.23)

둘째, 불교는 인간을 중심으로 하고 인간에 초점을 두는 종교로서 인문주의가 그 특징이다. 불교는 심지어 인간뿐 아니라 모든 생물의 생명과 인격을 존중하는 생명존중사상을 강조한다. 불교 이전의 시대에 불살생의 사상은 없었다고 한다. 오히려 살생을 선한 행위로 보았으며 신을 기쁘게 하기 위해 살아있는 희생제물을 바치고 심지어 살아있는 인간이 제물이 되기도 했다.

셋째, 불교는 평등주의적 특성을 갖는다. 석존 시대 인도에는 엄격한 계급제도가 존재했으나 석존은 계급차별과 세습으로 말미암아 인간의 가치가 결정되는 것은 도리에 맞지 않는다고 하여 계급제도에 반대했다. 석존의 말에 따르면 모든 인간은 진리와 정의를 이해하고 실현하는 능력을 갖고 있으며 인격을 완성하고 깨달음을 얻어

---

23) 이는 예수의 가르침과도 유사하다고 하겠다. 즉 바리새인들과 율법학자들이 예수 제자가 더러운 손으로 음식을 먹는다고 비난하자 예수는 "사람 밖에서 몸 안으로 들어가 그를 더럽힐 수 있는 것은 하나도 없다. 오히려 사람에게서 나오는 것이 그를 더럽힌다"고 말했다(마르코복음서 7장).

고통에서 해방될 수 있다는 것이다. 《숫타니파타》에는 다음과 같이
씌어 있다.

> 태어남에 의해서 천민이 되는 것이 아니다.
> 태어남에 의해서 바라문이 되는 것은 아니다.
> 행위에 의해서 천민이 되고
> 행위에 의해서 바라문이 된다.

넷째, 불교는 본래 민주주의적이다. 석존은 출가 교단의 운영을
결코 독단·전횡하지 않고 반드시 대중에 맡겨서 모든 일들을 처리
했다. 교단의 운영은 모두 민주적인 합의제였다. 즉 '갈마작법'이라
고 하는 의식을 통해, 무슨 일을 결정할 때는 전원의 합의를 거쳐
민주적으로 운영하였다. 또한 석존은 국가가 번영하기 위한 7가지
방법, 즉 ① 정치에 종사하는 왕족이 자주 모여 합의에 따라 국사를
운영할 것, ② 사람들이 모이고 일을 시작하고 일을 완수하는 데 일
치 협력해서 할 것, ③ 정해진 법률을 존중하고 법에 따라 행동할
것, ④ 노인을 공경하고 그의 말을 경청할 것, ⑤ 부녀자를 폭행하
지 말 것, ⑥ 제사, 공양 등 전통을 존중할 것, ⑦ 뛰어난 종교가를
존경하고 보호할 것을 제시했는데, 이를 보면 불교의 민주적인 성
격을 알 수 있다.

다섯째, 불교는 매우 관용적이며 평화적이다. 석존은 《범망경》에
서, 다른 종교가들이 불교를 비방하더라도 분노하지 말고 또한 불교
를 칭찬하더라도 기뻐하지 말라고 가르치고 있다. 또한 석존은 본래
자이나교도인 우바리가 불교신자가 되고 싶다고 하자, 기뻐하지 않

고 오히려 잘 숙고하라고 그를 타일렀다고 한다. 또한 이후 불교신자가 되더라도 이전처럼 자이나교를 존중할 것을 당부했다. 여익구는 역사에 불교가 신앙 때문에 스스로 전쟁을 일으킨 적이 없었다는 것을 보아도 불교가 평화적인 종교임을 알 수 있다고 말했다.

V. 남북관계 및 통일론

　1970년대는 국제정세의 변화 및 7·4남북공동성명으로 말미암아 통일논의가 활발해지던 시기이다. 특히 7·4남북공동성명이 공표된 뒤 온 국민은 기쁨과 놀라움을 감추지 못했으며 남북통일의 기대를 갖게 되었다. 그러나 그러한 기대는 곧바로 실망으로 이어졌다. 공동성명에 따라 1973년 6월까지 세 차례의 회의가 열렸으나 아무런 합의도 이루지 못했으며, 급기야 8월 8일 발생한 김대중 납치사건은 북한으로 하여금 남측과 더 이상 대화를 진전시킬 수 없다는 선언을 하게 만들었다.

　그러나 7·4남북공동성명은 그동안 억제되어 온 통일운동과 통일논의를 활성화시키는 계기가 되었다. 특히 분단극복 및 통일실현에 대한 학술적·실천적 논의가 이어졌다. 또한 정부의 통일의지에 대한 기대가 사라짐과 동시에, 통일이 지상과제이지만 통일추진 세력은 정권이 아닌 민중이어야 한다는 주장이 힘을 얻었다. 이는 통일 이전에 민주화가 선행되어야 함을 의미하는 것이기도 했다. 그러나 이를 반박하는 논리도 뒤따라, 민주화와 통일의 선후관계에 대한 논쟁이 첨예화되었다.

1. 7·4남북공동성명에 대한 평가

4·19혁명 이후 진보 세력은 통일운동과 남북협상, 남북교류, 중립화 등 다양한 방안을 제시하면서 통일논의가 활발하였으나 5·16쿠데타로 통일운동은 좌절되고 오랫동안 휴지기에 들어갔다. 박정희 정권은 '선건설 후통일론'을 내세워 통일운동을 억압했고 따라서 1960년대의 통일논의는 개인적 차원에 그치거나 지하에서 은밀하게 진행될 수밖에 없었다(통일노력 60년 발간위원회 2005,[1] 74).

그러나 1970년에 들어오면서 박정희 정권의 대북정책이 크게 변화하게 되는데 그 배경에는 국제정세의 변화가 있다. 즉 1970년대 미국과 소련의 핵군사력이 평형을 이루게 되자 양국은 긴장을 완화하고 평화공존을 지향하는 데탕트를 추구하게 되었다. 미국은 중국과도 화해를 하고 이에 일본도 중국을 방문하는 등 적극적인 대중국 정책을 펼쳤다. 미국은 한반도에서도 현상유지를 통한 안정화를 추구했으므로 한국이 북한 등 공산권 국가들과 적극적인 외교 교섭을 가질 것을 권고했다. 따라서 박정희는 남북대화를 추진하는 한편 닉슨독트린, 주한미군 감축 등으로 한국에 대한 미국의 안보 공약이 약해질 것을 우려했다.[2] 국내적으로는 경제성장률의 둔화, 3

---

1) 이하 '통일 60년'으로 표기함.
2) "1972년 10월 17일 라디오방송을 통해 육성으로 중계된 박정희 대통령의 〈10·17대통령특별선언〉은 먼저 국제정세가 긴장완화의 방향으로 나아가고 있음을 지적한 후, 열강들의 이 같은 긴장완화는 제3국이나 중소국가들을 희생제물로 삼을 가능성도 있으므로 이제 우리의 운명은 우리 스스로의 힘으로 지킬 각오를 해야 할 것이라고 선언하고, 계속해서 그간의 남북대화를 위한 노력을 약술하면서 조국의 평화통일은 남북의 성실한 대화를 통해서만 가능

선 개헌, 노동자·농민·빈민 생활의 악화, 저항 세력의 반체제운
동 격화 등이 대북정책의 변화를 압박했다. 또한 대통령 후보로 나
선 김대중의 적극적인 대북정책 및 통일정책이 국민의 관심을 받았
고, 1971년 대선과 총선에서 야당이 약진했다. 이에 박정희 정권은
위기의식을 느낄 수밖에 없었다(통일 60년 87~90).

한편 1970년대 북한은 연방제론을 구체화하고 평화노선을 제시
했다. 해방 후 북한의 통일노선은 '민주기지론'으로, 이 노선에 따르
면, 해방직후 형성된 한반도의 복잡한 정세는 혁명의 전국적·동시
적 발전을 제약하므로 좀 더 유리한 지역인 북한을 먼저 정치·경
제·군사적으로 강화하고 이를 담보로 하여 전국적 혁명의 승리를
쟁취한다는 것이다. 즉 "혁명의 원천지인 북반부의 민주기지를 정
치, 경제, 군사적으로 더욱 강화하여 제국주의와 그 주구들의 침략
을 반대하며 공화국 북반부를 보위할 강력한 역량으로 되게 할 뿐
만 아니라 우리나라의 통일독립을 쟁취할 결정적 역량으로 전변시
킨다"는 내용이었다(《신동아》 1989, 1월호 별책부록).

그러나 한국전쟁 후 분단이 기정사실화되고 남북한의 사회경제
적 조건이 차별화되어가면서, 민주기지론은 남한에 대한 직접적 영
향보다는 간접적 영향을 미칠 것을 강조하는 방향으로 변화했다.

하리라는 것이 자신의 소신이라고 밝혔다."(NCCK 208) 이렇듯 강대국 사이의 긴장완화를
오히려 더 독재의 명분으로 삼으려고 하는 정권에 대해 〈10·2 서울문리대 학생시위 선언
문〉은 "미·중공의 화해는 반공 일변의 현 체제에 심각한 모순을 야기시켰으니 그들의 최
후발악은 국민대중을 칠흑 같은 공포 속에 몰아넣고 정보·파쇼체제를 제도화하여 민족적
양심인 자유민주주의의 신념을 철저히 말살하는 것"이라고 규탄했다. "이미 흔적마저 찾아
볼 수 없는 자유의 사각(死角) 지대에서 우리는 민족을 외면한 현 정권의 정보·파쇼통치
를 목격"하며, "그들은 입법부의 시녀화, 사법부의 계열화 등 일체의 국가기구를 파쇼통치
의 장식물로 전락시키고 학원과 언론에 가증스러운 탄압을 가함으로써 영구집권을 기도하
고 있다"고 폭로하였다(NCCK 275).

즉 남조선혁명의 성격변화 및 남조선혁명의 독자성에 대한 인식이 형성되기 시작한 것이다. 남조선혁명은 '하나의 사회혁명으로서의 모든 특성'을 갖게 되며 자체에 고유한 성격과 임무, 동력과 대상, 자체의 독자적인 전략전술을 갖게 된다고 보았다. "북조선인민들은 남조선인민들을 지원할 수 있으나 그들의 투쟁을 대신할 수 없"다는 언급이나, "남조선인민들이 자체의 힘으로 혁명할 생각을 않게 되면 끝내는 조국통일이 불가능하게 될 것", 또한 "남조선동무들도 누가 당을 조직해주고 지도해줄 것을 기다릴 것이 아니라 공산주의 기본원칙을 똑똑하게 안 다음에는 당도 자체로 조직하고 전략전술도 자체로 세우며 투쟁 속에서 자신을 표현하여야 합니다"라는 언급 등은 그러한 변화를 잘 나타내고 있다(이종오·조희연 1989, 153~162). 이러한 북한의 노선 변화는, 남한의 혁명을 남한인민의 과제로 돌림으로써 이후 북한 당국이 남북대화를 포함한 평화노선을 표방하게 되는 근거를 마련했다고 할 수 있다.3)

또한 북한 최고인민회의는 1971년 4월 남한의 제단체와 국민에게 "완전 통일이 완성되기 전에 전 인민의 공동적인 관심사인 민족통일을 추진하기 위해 임시적으로, 필요에 의해서, 북과 남의 정치적·사회적 차이를 변경함이 없이 북과 남의 연방제를 수립할 것"을 제의했다. 박정희 정권은 "지금은 온 세계 국민이 평화를 요구하

---

3) 또한 이후 1970년대 북한의 평화노선에 대해 선우학원은, 외국의 원조가 많은 남한과 달리 북한은 독립적 정책 때문에 과거에 받던 소련의 원조가 많이 줄었고 중국의 원조는 거의 없는 상태이므로 이런 상황에서 남한의 군비확장이 북한 정권을 우려하게 했을 것이라고 지적했다. 즉 "재무장을 서두르고 있는 일본 정권과 손을 잡고 미국의 적극적 원조 밑에서 박 정권이 군비확장을 계속한다면 북한이 대비할 수 있는 길은 군비확장을 경쟁하기보다는 차라리 평화공세를 정책으로 삼고 제3세계 여론의 힘으로 남한의 군비확장을 억제하는 것이 현명한 정책이 아닌가"하고 생각하게 되었다는 것이다(선우학원 1978, 38).

고 있고, 모든 문제를 군사력이 아니라 평화적 방법으로 해결하는 것이 국제적으로 새로운 경향"이라고 하면서 긍정적인 반응을 보였다. 이에 1971년 9월 22일 한국전쟁 이후 최초로 남북적십자회담이 판문점에서 열렸으며 1972년 6월 16일 회담의 결의가 발표되었다(선우학원 1997, 247~248).

이러한 여러 가지 국내외 환경의 변화가 박정희 정권으로 하여금 7·4남북공동성명을 공표하도록 이끌었다고 할 수 있다. 특히 미국의 충고가 크게 작용했다. 1972년 7월 4일 '자주·평화·민족대단결'이라는 통일원칙에 기초하여 남과 북이 동시에 발표한 '7·4남북공동성명'의 요지는 다음과 같다(통일 60년 102).

1. 통일원칙

   첫째, 통일은 외세에 의존하거나 외세의 간섭을 받음이 없이 자주적으로 해결

   둘째, 통일은 무력행사에 의거하지 않고 평화적 방법으로 실현

   셋째, 사상과 이념·제도의 차이를 초월해 민족적 대단결 도모

2. 긴장상태를 완화하고 신뢰의 분위기를 조성하기 위하여 상대방에 대한 중상 비방 중지, 무장도발 중지, 군사충돌사건을 방지하기 위해 적극적 조치를 추진

3. 남북 사이의 다방면적인 제반교류 실시

4. 남북적십자회담 추진 적극 협조

5. 서울과 평양 사이에 상설 직통전화 설치

6. 이후락 부장과 김영주 부장을 공동위원장으로 하는 남북조절위원회를 구성·운영

7. 이 합의사항을 성실히 이행할 것을 온 민족 앞에 엄숙히 약속

남북공동성명은 국민들을 매우 놀라게 하였으나 경색된 남북관계의 개선에 대한 희망을 주는 것임에는 분명했다. 그러나 남북 간에 전격적으로 이루어진 화해분위기를 경계하는 시각도 있었다. 곧 공동성명에 민주적 이념이 배제된 것과 성급한 남북대화의 추진으로 반공적 여론과 질서가 혼란해지지 않을까 하는 우려였다(통일 60년 128). 1972년 7월 11일 한국기독교장로회의 '교회와 사회 위원회'는 북한 당국자들과의 정치적 대화를 통한 통일모색 과정에서는 어떤 이유에도 인간의 기본권인 인권의 존중과 자유가 침해되서는 안되고 국민 각자의 의사표현의 자유는 물론 특히 신앙과 선교의 자유가 절대적으로 보장되어야 함을 전제하여야 한다고 강조했다. 또한 7·4공동성명에서 표명한 일부 내용에 대해서는 보류하며 그 실현과정을 예의 주시할 것, 또한 그것이 우리나라의 국기(國基)인 민주제도와 자유정신을 억제하거나 저해함이 없어야 할 것을 요망한다고 주장했다. 뒤이어 7월 18일 NCC는 남북대화를 위한 국민총화를 명목으로 당국이 언론 및 여론에 대한 규제를 강화해서는 안 될 것이며, 또한 당국은 민족통일의 문제를 사적인 이익을 위해 이용하지 말라는 내용의 성명서를 발표했다. 또한 다음과 같은 내용도 포함되어 있다(NCCK 162~163).

우리 교회가 염원하는 민주적인 국가건설을 뒷받침하기 위하여 반대진영인 공산주의 이념에 대한 깊은 연구와 분석비판을 소홀히 할 수가 없다. 그러나 통일은 외세에 의존하거나 외세의 간섭을 받음이 없이 자주적으로

해결하여야 한다는 조항은 상당히 검토되어야 한다. 오늘 남북대화의 길이 트인 것은 남북 간의 세력균형이 이루어졌기 때문이다. 그러나 조속한 미 군철수는 우리 남한에 힘의 공백을 초래할 우려가 있다. 그리고 사상과 이념·제도의 차이를 초월하여 우선 하나의 민족으로서 민족적 대단결을 도 모하여야 한다는 것이 구체적으로 통일을 위하여 우리의 민주적 이념을 경시함을 의미할 수는 없다. 북한은 남북대화를 그들의 공산주의 이념을 실현하는 전략이라고 간주하여 더욱 공산주의 교육을 강화한다고 생각하 기 때문에 우리는 민주주의적이며 반공적인 질서와 교육을 소홀히 할 수 없고, 대화의 밑바탕이 될 우리의 민주적 힘을 강화하여야 한다.[4]

이렇듯 7·4남북공동성명에 대한 기독교의 입장은 신중론으로 귀 결되고 있었다. 7·4공동성명의 의욕적인 선언 내용에도 당국은 별 다른 변화가 없을 것이라는 점을 재확인하면서 초점을 국민총화로 돌렸고, 교회는 역시 공동성명의 기본입장을 긍정적으로 받아들이면 서도 그것이 국민을 '현혹'하는 데 지나지 않을지 모르므로 이 기회 에 민주기반 형성에 더욱 박차를 가해야 한다고 주장한 것이다.

7·4공동성명에 대한 지식인들의 입장도 마찬가지로 민주 기반 형성을 전제로 한 신중론이어서 민주수호국민협의회는 7월 5일 성 명을 통해 다음과 같은 입장을 제시했다. 첫째, 통일을 전제로 남북 간의 긴장완화를 위해 교류의 개시를 지지한다, 둘째, 남북통일을 위하여 민족의 실체인 민중이 참여하여야 한다, 셋째, 국가비상사태

---

4) 또한 1973년 7월 한일교회협의회 공동성명은 "민족의 남북통일문제에 있어서는 통일에 대 한 희망을 거의 열광적으로 희구하면서도 그 통일국가는 반드시 인간의 기본적 자유권의 보장됨은 물론 특히 신앙과 복음 선교의 자유가 절대적으로 보장되어야 함을 선행시켜야 한다는 데에 일치한 견해를 가지고 있"다고 강조했다(NCCK 244).

에 관한 특별조치법이나 국가보안법, 반공법 등을 폐기 또는 수정하고 비상사태 선언을 철회하여야 한다는 것이었다(NCCK 164).

민주화운동 세력은 정부의 통일 의지에 대해서는 의심했지만, 남북공동성명을 계기로 북한에 대한 인식 변화와 통일논의의 활성화를 꾀하고자 했다. 특히 문익환, 김정준, 박형규는 북한의 공산주의자들과 민족적 입장에서 대화해야 한다고 주장했다(선우학원 1997, 257). 박형규는 〈화해의 복음과 남북의 대화〉에서 한국의 교회가 직접 대결해야 할 자본주의 사회의 모순과 악에 대해서는 너무 관용적인 데 견주어 공산주의 체제에 대해서는 소아병적인 반감을 표시해왔음을 지적했다. 또한 그는 이제 교회가 북한 땅에서 십자가를 지고 박해를 받을 각오를 해야 하는데, 이를 위해서는 먼저 북한의 사상체계와 용어를 배워야 한다고 주장했다. 또한 진보적인 기독교 단체들은 앞장서서 통일운동을 전개했다. 예를 들면 기독교청년협의회는 1974년 통일을 기원하는 예배 및 가두행진을 벌였다(통일 60년 125, 128).

7·4남북공동성명은 또한 해외동포를 포함하여 세계 각국 사람들이 한반도 통일문제에 관심을 갖도록 만들었다(박경서 2006, 21). 그 가운데서도 특히 재일 동포들이 조국통일운동에 관심을 갖게 한 계기가 되었다. 민단과 총련의 지부가 공동으로 7·4공동성명지지 공동대회를 개최하고 통일운동을 추진하는 모체를 결성하기로 하여 8월 민족통일협의회(민통협)를 결성하였다. 민통협은 남북공동성명의 정신인 '자주, 평화, 민족대단결'의 3대 원칙에 따른 조국통일의 달성을 강령으로 삼았으며 민단의 범위를 벗어나 전 민족적 운동으로 발전했다. 민통협을 포함하여 자주위, 민단도쿄, 민단가나가와,

한청, 부인회도쿄 등 6단체 협의회가 구성되어 민주 세력의 거점이 되었고 이들이 한국민주회복통일촉진국민회의(한민통) 결성의 모체가 되었다. 그 뒤 한민통은 남한 공안정국시 일본에 체류하고 있던 김대중의 구출작전에서 중요한 역할을 했다. 또한 한민통은 통일운동의 선봉에 서게 되고 미국, 유럽 등에 지부를 설치하여 해외운동을 연계하는 주도자 역할을 맡았다(조현옥 2005, 80).

2. 분단 극복 및 통일의 사상

1970년대는 7·4남북공동성명의 영향과 더불어 그동안 잠잠했던 통일논의가 활발해지고 '분단시대'[5)]라는 의식이 싹트게 되었으며 본격적인 통일운동이 시도된 시기이다. 실제로 7·4공동성명을 발표하기 전에는 '분단'이라는 의식이 강하지 않았다. 즉 나라와 민족은 하나인데 괴뢰도당이 한반도 일부를 강점하고 있으므로 이를 물리쳐 민족의 일부를 해방시켜야 한다는 논리가 남북 모두에게 지배적이었다. 따라서 분단을 극복하고 통일을 이룩해야 한다는 의식보다는 괴뢰의 점령을 종식시키면 자동적으로 통일이 주어진다는 사

---

5) 강만길의 견해에 따르면, 분단시대의 의식은 갈라진 다른 쪽을 나의 일부로서 생각하는 의식으로, 분단의 책임이 누구에 있든 하나의 민족, 하나의 정치적·경제적·문화적 공동체가 부자연스럽게 갈라져 있으므로 어느 쪽도 완전한 하나가 되지 못하고 있다는 의식이 중심을 이루는 역사의식이다. 따라서 분단시대의 의식은 통일을 목표로 전제하는 의식이다(강만길 1978, 15 ; 이삼열 1986, 204~205).

고가 더 일반적이었다(이삼열 1986, 204).

그러나 7·4공동성명에서 남북이 각각 상대방의 국가 명칭을 쓰게 되면서 서로를 통일의 상대자로 인정하게 되었다. 또한 분단의 장벽인 사상과 이념의 대립을 넘어 민족의 단일성을 되찾자는 목표를 공동으로 천명하게 됨으로써 '분단시대의 의식'이 공식적인 쟁점으로 떠오르게 되었으며(이삼열 1986, 204), 통일운동도 활성화되었다. 장준하는 7·4공동성명 이후 자신이 이전에 지녔던 반공주의를 반성하면서 민족문제를 새롭게 이해하였고 통일운동에도 적극적으로 참여했다(문지영 2002, 163 ; 통일 60년 126). 박정희에 대해서는 늘 반대하던 장준하가 7·4공동성명 후 처음이자 마지막으로 기대감을 보이며 지지를 보냈다고 할 수 있다(김형수 2004, 427).

민족적 양심 앞에 살려는 사람 앞에 갈라진 민족, 둘로 나누어진 자기를 다시 하나로 통일하는 것 이상의 명제는 없다. 이를 위한 안팎의 조건을 만들어가는 일 이상의 절실한 과제는 없다. 어떤 논리도 이해도 이 앞에서는 뒤로 물러나야 한다. 이런 대원칙 아래서 굳어진 논리, 고집스러운 자세를 고쳐가야 한다. 근본과 말단을 바꾸어서는 안 된다. 무엇이 앞선 당위이며, 가치며, 무엇이 거기에 따르는 것인가를 가려야 한다. 모든 통일은 좋은가? 그렇다. 통일 이상의 지상명령은 없다. 통일로 갈라진 민족이 하나가 되는 것이며, 그것이 민족사의 전진이라면 당연히 모든 가치 있는 것들은 그 속에 실현될 것이다. 공산주의는 물론 민주주의, 평등, 자유, 번영, 복지 이 모든 것에 이르기까지 통일과 대립하는 개념인 동안은 진정한 실체를 획득할 수 없다. 모든 진리, 모든 도덕, 모든 것이 통일과 대립하는 것일 때는 그것은 거짓 명분이지 진실이 아니다. 적어도 우리의 통일은 이런 것이며, 그렇지 않고는 종국적으로 실현되지도 않을 것이다(장준하 1992, 54).

그러나 박정희 정권의 유신단행과 반공정책 강화로 7·4공동성명에 걸었던 통일을 향한 기대가 완전히 무산되고 남북한 통일문제에 강대국의 개입이 지닌 문제점을 깨달은 뒤 장준하는 민족사와 통일문제에 대해 새로운 역사관을 정립하게 되었다(통일 60년 126). 그는 일관되게 통일을 민족의 최대과제로 제시하면서 통일은 처음부터 끝까지 민중의 일이고 따라서 통일은 민중 스스로가 관여하고 따지고 밀고 나가야 함을 주장했다. 왜냐하면 한반도의 민중은 두 개의 국가로 말미암아 고통받고 있으나 민중의 조국은 하나이며 또한 끝까지 하나이어야 한다는 것이었다. 그는 통일의 구체적인 방법으로 복합국가론 체제를 제안했다. 또한 통일을 위한 구체적 과제로는 "분단적인 민족관, 국가관에 입각한 교육, 이념, 문화와 제 가치관을 통일적인 민족이념과 가치관으로 고치는 일"과 "모든 가치를 통일에 두고 분단적인 사고행동을 반민족적인 것으로 규정하는 일" 등을 제시하였다. 이를 실현하기 위해서 그는 정권 교체와 민주화, 민족화해 정권의 수립, 냉전 논리에 기초한 법과 제도, 교육, 가치관, 문화 등을 청산하고자 노력했다(통일 60년 126).[6]

나의 사상, 주의, 또한 지위, 나의 재산, 나의 명예가 진실로 민족통일에

---

[6] "이 어려운 국난을 성공적으로 극복할 수 있는 길은 오직 파괴된 민주질서를 급속히 평화적으로 회복하는 데 있다고 굳게 믿는 바입니다. 민주주의만이 북과 대결할 수 있는 우리의 정신적 지주요, 도덕적인 바탕인 것입니다."(장준하 1992) 또한 그는 통일을 위한 국내 과제를 제시하면서 "지금은 통일보다는 통일운동의 자유를 쟁취해야 할 때"라고 천명했다(장준하 1992 ; 문지영 2002, 135).

보탬이 되지 않는 분단체제로부터 누리고 있는 것이라면 우리는 이를 과감하게 희생시키지 않으면 안 된다. 이 위대한 자기희생 없이는 통일은 결코 실현되지 않을 것이며, 이것은 또 새로운 반역이 될 수도 있다. 조금이라도 분단체제 때문에 누리고 있는 것이 있다면 그것은 나의 것 우리의 것이 아니며 언젠가 민족 앞에 희생해야 할 것이다. 이 위대한 희생을 거름으로 민족통일은 이루어지고 통일조국은 새롭게 자라날 것이다(장준하 1992, 58).

박형규는 분단된 현실이 비정상적이라고 하면서, 분단이 민족의 발전에 장해가 된다는 인식이 생겨나야 하는데 구호로는 민족통일을 말하지만 실제로 국민들은 민족분단을 필연적이고 극복할 수 없는 것으로 보고 앞으로 30년, 백 년이 가야 통일이 이루어진다고 인식하는 체념적인 감정이 많이 퍼져 있음을 지적했다(《창작과 비평》 1978년 봄).

김지하는 우리 민족에게 분단이 가장 큰 문제라고 지적했다. 김지하는 진정한 화해와 친교의 사회로 가는 데 가장 큰 악이 바로 분열이라고 주장했다. 우리 민족이 당하고 있는 슬픔과 고통은 다름 아닌 분단, 적대, 분열, 전쟁, 소외, 상호불신으로부터 초래되고 있기 때문에 이것들을 없애야 한다는 것이다. 그가 말하는 통일은 남북통일뿐만 아니라 그리스도를 중심으로 한 소외 극복, 찢어진 인간의 통일, 전인적인 인간의 통일로, 이 통일에서 분열의 상징인 현 정권의 압박과 착취, 독재와 독점을 없애는 것이 선결 요건이라고 주장했다. 그는 남쪽에서 먼저 민중이 승리하는 날이 올 것이라고 말했다. 그가 꿈꾸는 친교의 사회란 희곡 〈말뚝〉의 구상에서 나타나듯이 "칼을 쳐서 낫을 만들고 창을 쳐서 보습을 만들고 이리와 양이, 사자와 소가, 독사와 어린이가 함께 노는, 눈물과 통곡과 압박과 착취가 없는 새 땅, 새 하늘"이었다(《암흑속의 횃불》 3권, 87).[7]

분단적 가치관과 행동을 학문적으로 연구하여 극복하고자 하는 시도도 등장했다. 이효재는 분단의 문제를 학문적으로 체계화하는 데 선도적인 역할을 했다. 그는 1979년 "분단이라는 역사적 사실이 이 시대 사회구조의 성격을 어떻게 특징지었으며 이로써 형성될 우리의 인식상태, 가치관 및 인간관계가 사회행동, 즉 모든 사회적 현실이 우리에게 무엇을 의미하는가를 연구해야 할 것"이라고 주장했다(통일 60년 131).

선우학원은 매우 구체적으로, 통일에 방해가 되는 요소를 외국자본, 정권의 분열공작, 경제개발계획으로 제시했다. 외자의 경우, 특히 일본의 자본, 기술, 경제, 판로 등으로 묶인 일본경제패권은 한국경제에 무시할 수 없는 존재로서, 예를 들면 여수 석유화학 콤비나드는 표면적으로는 중화학공업의 발달이 목표인 것처럼 보이지만 실제로는 무기생산이 목표라고 보았다.[8] 또한 박정희 정권은 사실상 통일정책이 아닌 분열정책을 취하고 있으며 제4차 경제발전 5개년 계획과 같이 경제발전만을 내세워 통일문제를 차츰 소외시키고 있다고 주장했다. 일반적으로 경제가 발전하면 사회 내에서 인간 사이의 충돌과 분쟁이 감소하는 것이 상식인데 남한의 경제발전은 남한 국민생활의 향상과 별 관계가 없으며 따라서 경제발전을 통한

---

7) 공산주의자로 몰린 김지하를 변호하기 위해 김지하가 꿈꾸는 이상사회는 "당국이 말하는 바 계급혁명 후의 공산사회와는 전혀 관계가 없는 사회"라고 강조되었다(《암흑속의 횃불》 3권, 87).

8) 김재준도 분단 이후 남한은 미국의 군사지와 일본의 경제식민지로 전락했다고 하면서 "그 배후의 검은 손"은 "다국적 기업체라는 자본주의 국가들의 돈벌이 그물"이라고 주장했다(김재준 1971 ; 김재준 1983, 3).

조국통일이란 말은 믿을 수 없다고 비판했다(선우학원 1978, 21~25, 35~36).

　분단극복과 통일실현을 위한 가장 체계적이고 현실적인 방안 가운데 하나는 1971년 대통령 선거에서 김대중 후보가 제시한 '3단계 평화통일론'이다.9) 이 방안은 비정부차원에서 대두된 가장 대표적인 통일방안으로 평가된다. 그것은 평화공존, 평화교류, 평화통일의 3단계로 통일을 이루자는 내용으로, 1단계인 평화공존의 단계에서는 남북한 서로의 실체를 인정하는 조건하에 불가침선언, 평화협정, 감시기구의 확대 등 제도적 장치를 마련하며, 남북한이 유엔에 동시 가입하여 국내외적 동반자 관계를 천명할 것을 제안했다. 또한 이와 병행하여 미국·소련·중국·일본 4개국이 남북의 불가침과 평화조약을 보장하는 제도적 장치를 만들 것도 주장했다. 두 번째 평화교류의 단계에서는 남북 사이의 증오와 불신해소는 물론이고 정치·경제·사회의 모든 부문에 걸친 격차를 완화시키는 과정을 통해 민족동질성을 회복하는 것을 목표로 삼는다. 이를 위해 정부 간 교류 및 언론·문화·예술·학술·체육·경제·종교 분야 등에서 교류를 진행하고 방송과 같은 언론의 상호청취와 시청을 보장한다. 세 번째 평화통일 단계에서는 남북 양측에서 파견한 같은 인원을 대표로 삼아 통일기구 및 연방을 설립한다.

　이 평화통일론은 실질적으로 국가연합의 성격을 띠고 있으며 통일의 상태가 아닌 완전한 통일 이전의 과도기 단계라고 볼 수 있다.

---

9) 선우학원은 김대중의 3단계 통일론에 대해, 당시 "아무도 반공법 밑에서 입을 열지 못하는" 상황에서 "남한의 3천만 민중의 조국통일에 대한 심정을 누구보다도 정확히 이해했다"고 평가했다(선우학원 1978, 19).

즉 신뢰와 동질성이 회복됨에 따라 점차 국방·외교까지 중앙 정부에 이관하게 되면 완전한 통일국가를 이룬다는 것이다. 여기에 덧붙여 김대중은 통일의 필수조건으로 남한의 민주화를 주장했으며, 민주정부 수립 이전에 통일은 불가능하다고 주장했다(통일 60년 124~125).

이후 김대중은 앞서 언급한 3단계 통일방안을 3원칙으로 제시하고, 공화국연합제(국가연합방식)에 따른 국가연합단계를 1단계, 연방제통일단계를 2단계, 완전통일단계를 3단계로 제시하였다. 이러한 단계적 통일방안은, 독일의 조급한 흡수통일이 불러온 폐단을 볼 때 그 정당성이 다시 입증된다고 주장했다. 또한 북한에서도 공식, 비공식적으로 3단계 통일방안 가운데 1단계의 공화국연합제에 대해 긍정적으로 논의할 용의가 있음을 표명했다고 밝혔다. 즉 그들은 공식적으로는 연방제를 주장하지만 그것이 무리한 주장이라는 사실을 인정하는 것 같다는 뜻이었다(김대중 1993, 168).

김대중은 독일의 경우를 제시하면서 결코 흡수통일을 바라서는 안 된다고 강조했다. 서독 경제의 규모는 남한의 6배, 면적은 동독의 수 배, 인구는 동독의 4배이고, 40년에 걸쳐 교류 및 TV의 상호 자유 시청까지 실시했다. 이와 달리 남한은 북한보다 면적도 20% 작고, 남북한 인구비율은 동서독 비율의 절반인 2배이며, 동족 사이에 전쟁을 한 경험이 있고 현재도 무장대결의 휴전상태이다. 이렇듯 서독은 우리보다 압도적으로 우월한 조건에서 동독을 흡수통일하고도 현재 경제적·정신적으로 극심한 갈등을 겪고 있다. 또한 흡수통일의 시도는 북한의 무력대결을 불러일으킬 위험이 있고 한국전쟁의 경우에서 볼 수 있듯이 중국이 가만있으리라고 보장할 수 없다(김대중 1993, 169).

김재준은 김대중의 3단계 통일안이 현명하다고 하면서(김재준 1975 ; 김재준 1983, 225) 어느 한 편이 다른 한 편을 '전패국' 같이 취급하여 자기중심의 '강화조약'을 강요한다면 그것은 오히려 안 하니만 못한 결과를 가져올 우려가 있다고 지적했다. 또한 비정치적으로 합의 가능한 사항을 모색하여 그것부터 실천에 옮기는 지혜가 필요하다고 하면서, 이산가족 상봉, 스포츠 교류, 편지왕래, 견학단 관광여행교류, 물자교류, 무역교환 등 양쪽 모두에 유익한 일부터 실행하면서 정치회담도 동시에 진행하자고 제안했다(김재준 1974 ; 김재준 1983, 91).

통일과정에 대해 함석헌은, 반드시 자유민주주의 체제만을 고수할 것이 아니라 이를 뛰어넘는 통일, 또한 민중이 주체가 되는 통일운동에 따른 통일을 해야 한다고 매우 과감하게 주장했다. 즉 공산주의도 한계가 있고, 자유민주주의도 영원한 것이 아닌데 위정자들이 자신의 체제만 강조해서 국민들에게 그것이 영원한 것처럼 믿게 했다는 것이다. 그는 민중, '씨알'이 주체가 되어야 참 만남과 하나됨이 가능해진다고 주장했다. 통일운동은 전체운동이며 통일은 씨알들의 정신적인 단합으로 이루어지고, 이것이 역사의 대세라는 것이다(통일 60년 126~127). 즉 호전적이고 권력주의적인 두 정권이 하는 대로 맡겨둘 것이 아니라 남북의 씨알이 직접 일어서야만 평화통일을 이룰 수 있고, 평화통일만이 진정한 통일을 위한 단 하나의 길이라고 주장했다.[10] 다시 말해 통일은 결코 남북이 한 정권

---

10) 한국전쟁 후 오직 북진통일만을 통일의 유일한 방안으로 공론화하고 그 외의 통일논의에 대해서는 무조건 사상공세를 퍼붓던 이승만 정권 아래서 이미 그는 '평화통일'을 주장했

밑에 들어가는 일이 아니며, 우리의 목표는 "내적 통일 정치에 상관없이 인정과 이성으로 뜻으로 하나가 되는 새 나라"로써 몸만 아니라 사상이 서로 달라도 같이 살 수 있는 나라라는 것이다(문지영 2002, 154, 157).

함석헌이 사상을 뛰어 넘는 통일, 민중이 주체가 된 통일을 주장한 것은, 그가 박정희 정권을 비판하고 또한 북한 정권과 북한 인민을 구별했기 때문에 가능한 결론이었다. 그는 박정희의 근대화정책이 한국인을 모래알로 만들었다고 하여 남한사회 자체도 분열되었음을 시사했다(통일 60년 126). 또한 그는 소련의 지시에 따라 폭력을 사용하여 강제로 자기 인민을 다스릴 뿐만 아니라 무력으로 남쪽을 정복하여 공산체제 아래 통일하려는 '김일성 정권'과, 동포로서의 '북한 민중'을 구별했다(《함석헌 전집》 14권, 118). 그리고 공산주의가 배격의 대상이긴 하나,[11] 반공의 목적은 사람을 살리고 내 형제를 도로 찾는 데 있다고 보았다(《함석헌 전집》 14권, 126).[12] 나아가 그는 초·중등학교에서 이루어지는 반공일색 교육이 "병신 인

다(《함석헌 전집》 14권, 118).

11) 함석헌은 민주정신을 "각 사람이 자유를 위해 목숨을 버리려는 정신"으로, 공산주의를 "남을 강제로 다스리려" 하는 체제로 규정함으로써 "우리의 통일은 자유에 의한 통일이어야 한다"고 강조했다(《함석헌 전집》 14권, 73~74).

12) 박정희 정권이 겉으로는 공산주의를 비판하지만 실제로는 공산체제를 닮아간다고 비판하기도 했다. "우리 국민의 대다수가 공산주의를 반대하는 것은 인권을 유린하고 정치적 자유를 박탈하며 절대적 독재를 강제하는 것임을 알"고 있는데 "우리의 체제가 이러한 공산주의의 체제적 특질을 날로 닮아가서 그 격차가 좁혀진다면 우리 국민의 공산주의에 대항하려는 의지는 둔화될 수밖에 없으며 빗나간 현 체제의 억압에 반대하는 국민 각계각층의 저항은 계속 확대될 것이다"라고 경고하였다(NCCK 438~439). 따라서 반공을 위한다면 국민에게 자유를 주고 민주주의 제도를 만들라고 주장했다. "우리가 확신하는 바로는 공산독재체제에 효과적으로 대응하는 방법도 국민 각자의 자유의 신장과 민주정치제도의 확신을 가지게 하는 데 있으며 그것이 또한 대한민국의 건국 정신이요, 오늘까지 무수한 애국적 희생을 제물삼아 지켜온 우리 자유한국임을 알고 있다."(NCCK 265)

간을 만들어내게 되고 나라의 백년대계를 그르치는 죄악"이라고 비판하면서, 정부가 '반공'이라는 명분 아래 북한동포에 대한 반감과 적개심을 불어넣고 있음을 경계했다(《함석헌 전집》 17권, 10, 24). 또한 '북괴'라는 말을 쓰지 말 것을 국민들에게 호소하고, 진정 통일을 바란다면 먼저 북한을 인격적으로 인정해주어야 한다고 주장했다(《함석헌 전집》 8권, 397 ; 17권, 23~24 ; 문지영 2002, 162).

> 무기로 잡는 것은 물질이지 인격이 아니다. 사람은 그 양심을 때려서만 사로잡을 수 있다. 이북을 도로 다 찾아도 사람은 다 죽이고 찾으면 무엇하나? 그 사람 건지자고 공산주의를 배격하는 것인데, 뿔을 고치다 소를 죽임은 어리석은 일이다. 사람을 살리고 공산주의를 배격하고 내 형제를 도로 찾는 것은 그의 양심을 찌르는 외에 수가 없다. 무엇으로 양심을 찌를까? 몸은 칼로 잡을 수 있지만 양심은 나의 희생밖에 다른 것으로는 할 수가 없다. …… 우리가 나라라 할 때는 이 남한만 아니라 북한까지도 넣은 전체를 가리켜서 하는 말이다. 그 중 어느 하나가 빠지는 것은 우리의 참 나라가 아니다.

김수환 추기경 또한 1975년 〈북한 동포에게 보내는 메시지〉를 통해 북한 동포는 우리가 사랑해야 할 고귀한 존재라고 했으며, 1978년 〈정의 없이 평화 없다〉를 통해 상호 적대감을 가져서는 안 된다고 강조했다(나정원 2005, 74~75). 다음의 글은 그 내용의 일부이다.

> 오늘날에는 공산주의 치하에서 북한의 교회가 침묵의 시대에 처해 있습

니다. 그러나 천주교회는 오늘날 모든 사람들과의 사이에 있어, 이념의 차이를 초월하여 용서하고 사랑하는 자세를 잃지 않고 있습니다. 인간을 옹호한다고 하면서도 인간들의 창조주는 인정하지 않는 사람들, 교회를 반대하고 여러 가지 형태로 신앙생활을 박해하는 사람들까지도 우리는 사랑과 대화의 대상에서 제외하고 있지 않습니다. 우리는 '잘못'과 '잘못하는 사람'을 분별합니다. 비록 교회에 대해 잘못된 개념을 가지고 있고, 동포 형제들에게 대해 증오와 폭력을 포기하지 않는 사람이라 하더라도, 그 '사람' 자체는 같은 하느님의 한 근원이며 향해야 할 한 목적이라는 점에서 같은 형제이고 서로 아끼고 사랑해야 할 고귀한 존재인 것입니다(〈북한동포에게 보내는 메시지〉).

남북 관계에서 우리는 공산주의의 비리를 이론적인 면과 현실에 비추어 정정당당하게 비판하고 그들은 또한 남한 자본주의 체제를 정정당당하게 비판할 수 있습니다. 어떤 주의든, 사상이든, 어떤 정치체제든, 모두 상대적이요, 결함이 있으며 언제나 비판과 반성으로 시정되어 가야 하기 때문에 이렇게 서로 건설적인 비판을 하는 것이 바람직합니다. 그러나 서로 미워해서는 안 됩니다. 미움이 깔려서는 대화도, 평화도 결코 성립될 수 없습니다. 저는 반공은 필요하지만 반공이 곧 미움의 교육이 되어서는 안 된다고 생각합니다. 마찬가지로 북한에서는 우리를 비판하되, 그것이 우리를 미워하는 것으로 인민을 유도해서는 안 된다고 생각합니다(〈정의 없이 평화 없다〉).

또한 함석헌은 통일을 물질적인 현상이 아니라 정신적 삶으로 보았다. 그 삶은, 그가 씨알론에서 주장한 바와 마찬가지로, "각 부분

이 서로 저쪽을 없어서는 아니 되는 한 지체로 생각해서만 되는
삶"이다. 그는 민족 제일의 과제로 통일을 드는 이유가, 하나되지
못하면 민족이 망하기 때문이라고 보았다. 민족이 망하는 것은 몸
이 죽는 것을 뜻하지 않는데 그 이유는 민족은 땅에도, 몸에도 있지
않고 정신에 있기 때문이라는 것이다. 또한 통일문제는 모든 정치
활동, 정치단체의 존재 이유와 운명을 결정하는 것으로, 인격을 무
시하는 지식이 참 지식이 아닌 것과 같이 '민족의 통일을 무시하는
정치는 정치가 아니라 강제로 하는 지배'일 뿐이라고 그는 보았다.
무엇보다 통일은 나라의 근본문제를 해결하고 국민적 자립을 위해
필요한 것이었다. 그는, 나라가 독립되고도 더 어지러워진 근본 원
인이 남북 분열이며, 국민적 자립은 민족의 통일 없이는 안 된다고
보았다. 따라서 우선 남북통일에 민족의 마음과 힘을 다 모아야 한
다고 그는 주장했다(문지영 2002, 154~155).

3. 민주화와 통일의 관계

앞서 살펴보았듯이 당시 지식인들과 민주화운동 세력은 통일이
지상과제임을 역설함과 동시에 통일을 추진할 세력은 정권이 아닌
민중이어야 한다고 주장했다. 이는 통일 이전에 민주화가 이루어져
야 함을 뜻하는 것이기도 했다. 따라서 이들은 무조건적인 통일지
상주의에 따르는 위험을 경시하지 않았다고 할 수 있다. 그렇기 때

문에 많은 지식인들이 통일을 강력히 주장했으며, 민주화와 통일의 선후관계에 대해서는 대체로 '선민주 후통일'의 입장에 서 있었다고 할 수 있다.

그러나 민주화와 통일에 대한 논자들은 대체로 민주주의와 통일이 이분법적으로 분리하여 생각할 수 있는 것이 아니라고 주장했다. 앞서 살펴본 장준하의 강력한 통일의 지향은 통일지상주의라 하여 내부 비판자들을 양산하였으며, 선민주 후통일이냐 선통일 후민주냐 하는 논쟁을 불러일으키기도 했다. 그러나 문익환은 장준하의 통일론에서 통일과 민주의 선후관계에 대한 질문 자체가 오류라는 것을 정확하게 파악했다. 즉 히브리 민족을 볼 때, 그들은 애굽을 떠났으며, 그들의 공동체와 그들의 역사가 의미하는 바는 영토를 어떻게 하느냐의 문제가 아니라는 것이다. 문익환은 다음과 같이 말했다(김형수 2004, 427~428).

> 그때 나의 관심은 남과 북으로 갈라진 '국토'가 아니라 '민족'이었다. 그 후로 민주냐 통일이냐 하는 문제가 제기되었을 때 이 둘을 하나로 묶어 준 것이 바로 '민족'이라는 개념이었다. 남과 북으로 갈라진 국토는 무력으로도 하나가 될 수 있지만, 주종관계로 갈라진 겨레를 하나로 묶는 길은 '민주'의 길밖에 없다는 것은 재론의 여지가 없기 때문이다.

즉 문익환은 민족통일과 민주회복이 본래 하나의 문제라는 주장을 제기하였다. 그는 분단이 기득권의 이해관계를 지키기 위한 해결책이었음을 지적하고[13] 민족통일의 당위성을 거론하면서도 민주화를 통일의 전제로 보았다. 또한 다른 이들과 마찬가지로 통일의 주도권은 국민이 쥐어야 한다고 강조했다. 이러한 견해는 사실상 '선민주화 후통일론'에 힘을 실어주는 논리가 되어 재야운동이 민주화운동에 더 주력하도록 했다고 할 수 있다(통일 60년 127).

민주주의가 우선인가 통일이 우선인가 하는 문제는 특히 해외 운동세력에게도 큰 쟁점이 되었다. 국내의 사회운동 및 사회변화는 해외에 살고 있는 한국인들에게도 영향을 미쳤으며 해외이주민들도 민주화운동의 구성원으로서 일정부분 역할을 담당했다. 특히 국내 사정이 억압받고 어려울수록 해외는 물질적 지원처로, 운동가들의 도피처로, 한국의 상황을 해외에 알리고 압박을 가하는 전진기지의 기능을 해왔으며 통일운동에서는 남북한을 연계하는 중간자로서의 역할을 주도해왔다(조현옥 2005, 73).[14]

1973년에 만들어진 한국민주통일연합(한민통) 미주본부[15]는 의장

---

13) 불행한 것은 한국에서 민족문제가 한 번도 정권 차원을 초월한 적이 없다는 점이다. 민족의 남북문제는 분단 63년 동안 모든 경우 정권 차원에서 노략질당했다고 할 수 있다. 동·서독의 경우는 분단 이후에 한 번도 정권 차원에서 민족문제를 생각하지 않았는데 한국은 지금도 정권 차원에서 민족문제가 논의되고 있고 따라서 지속성이 없다. 즉 정권이 바뀜에 따라 민족문제도 그때그때 바뀌었다는 것이다(박경서 2009, 18~19).

14) 예를 들어 1973년 민주동지회의 회의록을 보면, "1) 김대중 씨 석방운동: 일본에서 계획하고 있는 대로 국회의원 레벨로 온 세계에 확대한다. 2) 김지하 씨 석방운동: 문인을 동원하며 노벨상 수상운동을 다시 펴도록 한다(김지하 씨 작품을 스웨덴어로 번역한다). 3) 문익환 박형규 목사 등 국내 교계인사 석방운동을 각국 교회기관을 통하여 일제히 일으킨다"고 씌어 있다. 또한 "카터 대통령 방한계획에 대한 대처문제"에 대해서 "단독 캠페인을 하지 말고 서로 정보 교환하면서 협력하여, 1) 원칙적으로 방한반대를 표명한다. 2) 압력단체(예: 미국교회여성 연합회 등)를 동원하여 편지보내기 운동을 전개한다. 3) 북미 인권위원회를 통하여 언론기관을 동원한다. 4) 국내에서는 성명서를 발표한다. 5) 국내입장은 양심범 전원 석방과 긴급조치의 제한선을 지킨다"고 씌어 있다(국사편찬위원회 소장 '민주화기독자동지회' 자료).

15) 미국에서 한국변혁을 위한 운동이 조직적으로 시작된 것은 김대중이 1973년 7월에 도미하여 만든 일본 한민통의 미주본부에서부터이다. 그 이전에도 유학생 중심으로 3선개헌 반대운동, 유신반대운동 등이 산발적으로 있었으나 조직적으로 결합된 것은 한민통이 최초다. 김재준 목사, 임창영 전 유엔대사, 김상돈 전 서울시장 등이 주축을 이루었으며 의장에 김대중, 부의장에 안명국이 선출되었다. 한민통 미주지부는 망명객인 김대중을 통해

선거 시기에 조직 내 갈등이 발생했는데 그 원인은 민주화와 통일운
동 가운데 어느 것에 중점을 둘 것인가에 대해 이견이 있었기 때문
이었다.16) 당시 조직 내에서 '선민주 후통일'을 주장하던 세력은 한
민통을 한국민주화운동연합운동으로 이름을 바꾸고 민주주의국민연
합과 통합하여 한국민주회복통일촉진국민연합(민통연합)을 결성하게
된다. 이 조직은 김영삼 지지자와 김대중 지지자로 분열하기도 했지
만 1987년까지 꾸준히 한국의 민주화를 위한 운동을 전개했다. 이들
은 워싱턴을 중심으로 활동을 벌였으며 특히 미국정부에 압력을 가
하는 데 가장 영향력 있는 집단이었다(조현옥 2005, 81).

　해외에서 민주화 활동 및 국내 민주화운동 지원을 했던 한국기독
자민주동지회도 마찬가지로 내부에 이념 갈등이 있었으나 반공, 반
북적 입장을 분명히 했다. 박상증에 따르면 민주동지회 구성원들은
반공사상이 분명한 사람들이거나 또는 반공이념의 모순을 인식하면
서도 급진적 혁명이론은 받아들이지 않고 점진적 개혁을 추구하는
온건한 사람들이었다. 또는 사회민주주의를 표방하고 사회혁명을
바탕으로 한 복지사회를 건설하자는 사람들도 포함되었다(박상증
1995, 57). 따라서 이들은 사회주의 이념이나 북한을 공개적으로 지
지하는 단체에 가담하기를 꺼려했으므로 일본의 한민통과도 관련을
맺지 않았고 보수·반동·친미 세력으로, 또는 눈치를 보는 민주운
동으로 비판받는 경우도 생겼다. 그러나 민주동지회는 전략적 차원

한국의 직접적인 영향을 받았으며 이미 일본에서 형성되었던 한민통의 미주지부라는 이
름을 사용함으로써 해외민주운동의 연계를 시도했다(조현옥 2005, 81).

16) 민주동지회 회의록을 보면 한민통 미주본부는 "미주에서 1973년 최초로 발족한 반독재
민주화 투쟁 단체"로서 "김대중 중심"이고 "74년 의장 선거를 계기로 임창영 씨 계열 탈
락, 김재준 의장, 현 의장 이재현 박사"라고 기록되어 있다(국사편찬위원회 소장 〈1981년
4월 30일 한국민주화기독자동지회 회의록〉).

에서 북한 또는 친북주의자와 관계를 갖지 않으려고 했다(김홍수 2007, 218). 박상증은 국내 동지들의 활동을 지원하면서 만일 친북단체로 비칠 경우, 한국에 있는 동지들에게 결정적으로 어려운 문제가 생길 수 있었다고 말했다. 당시는 국내에서 이념문제가 걸리면 헤어날 수 없는 엄혹한 상황이었기 때문이었다(박상증 2004, 182). 오재식도 당시 한국 NCC가 한 민족이니 통일이니 하는 얘기를 쉽게 입에 담을 수 없는 처지였기 때문에, NCC를 지원하는 해외 민주 인사들이 '선통일'과 '평화'를 먼저 말할 수는 없는 처지였다고 말했다. 일본에 있는 단체들 가운데에는 함께 손잡고 정부를 무너뜨리자는 의견도 있었는데, 그렇게 되면 한국 NCC가 위험해질 것이라고 우려했다고 한다. 또한 자금을 대겠다는 사람들도 많았는데 그들을 철저히 조사하여 극단적인 반공주의자들이라는 비난을 받으면서도 친북적인 인사들과의 연대, 지원 등을 철저하게 조심했다고 한다. 당시는 'people'이라는 단어만 써도 곤욕을 치렀다고 한다. 이 단어를 '인민'으로 해석해서 사상적으로 문제를 삼은 것이다. 따라서 일각에서는 '선통일'을 얘기했을 때 '선민주'를 강조할 수밖에 없었다고 증언했다(오재식 2004, 183~184).

'선민주 후통일' 논리의 보다 근본적인 배경은 박정희 정권에 대한 불신이라고 하겠다. 박상증은, 7·4남북공동성명이 있은 뒤 고작 6개월도 안 되어 유신헌법이 공포되는 것을 보면서 진정한 의미의 통일이란 민주화 없이는 불가능하다는 생각을 갖게 되었다고 말했다. 통일된 조국에 대한 비전도 단순히 '통일국가'가 아니라 민주적 절차를 거친 '민주적 통일국가'로 상정하게 된 것이다. 그러나 그렇다고 해서 민주와 통일을 분리하고 그것들을 단순히 선후관계의 문제로 간주하게 된 것은 아니다(박상증 1995, 29).

하지만 1979년 10·26사태 이후 민주동지회는 민주화라는 과제와 더불어 통일문제에도 적극적인 관심을 나타내기 시작했다. 당시 민주동지회 총무였던 박상증은 서신을 통해 "남북통일문제를 민주화운동과 유기적인 관계에서 포착하여 앞으로 적극적으로 검토·토의해간다"는 입장을 밝혔다(김흥수 2007, 211~212). 또한 1979년 11월 결의문에서는 다음과 같은 입장을 드러냈다.

> 앞으로 예상되는 민주화운동의 정치화와 다원화가 가져올 운동의 기능과 역기능을 함께 고려하면서 특히 교회와 정치의 중간 무대에서 크리스챤의 소명의식에 따라 행동하여 온 기독자 민주동지들은, 어떤 정치적 인물이나 정파의 선택에 앞서, 민주화를 향한 공정한 절차와 제도적 장치의 확립에 매진할 것이며, 자유와 정의와 인권을 보장하는 참된 안정과 민주화, 그리고 올바른 경제발전과 평화통일의 개념을 밝혀서, 시대적 양심과 민중의 의지를 대변하는 예언자적 사명에 충실할 것을 새롭게 다짐한다. 특히 국가의 안정과 민주화에 필수적 함수관계에 있는 민족통일과업을 위해 기독자로서의 사명과 기여를 다하도록 노력하기로 한다(국사편찬위원회 소장, 〈결의문〉).

1979년 12월에는 김재준을 포함하여 이승만, 이상철, 손명걸, 함성국, 한승인, 임순만, 김정준 등 20여 명의 기독교인들이 뉴저지에 모여 통일문제에 대해 논의했다. 그 이유는 당시 등소평이 평양의 메시지를 갖고 워싱턴을 방문한다는 뉴스를 보고 "민족통일 이슈는 우리 민족의 자주적 문제인데 왜 중국과 미국이 이 문제를 토론하며 우리들은 발언을 못하고 있는가" 하는 공통된 의식 때문이었다(선우학원 1997, 263).

1970년대의 기독교 운동의 대체적 방향은 '선민주 후통일'의 선에 머물렀다고 할 수 있으나 1980년대 광주학살사건과 제5공화국의 출범은 통일문제를 다시 바라보게 하는 계기가 되었다. 즉 유신체제가 무너지면 민주화가 실현되리라고 기대했으나 다시 새로운 군사독재체제가 수립되면서, 민주화가 실현되지 못하는 원인은 안보의 위협을 구실로 삼는 비민주적 정치체제에 있으며 그 뿌리는 남북한의 분단에 있다는 사실을 깨달은 것이었다. 다시 말해 1980년대로 넘어오면서 통일을 이루는 것이 민주화를 위해 필수적이라는 사고가 확산되기 시작했다(이삼열 1988, 85).

한편, '선통일 후민주'는 한민통 미주본부의 임창열 계열의 입장이었다고 알려져 있는데, 선우학원은 노선의 차이보다는 다른 요인이 분열의 원인이 되었다고 설명하였다. 선우학원은 미국 의회에 벌인 로비활동 등을 생각할 때 임창영 전 유엔대사가 위원장이 되어야 유리할 것 같아 그를 지지했으나 보수적인 미국 서부쪽 인사들이 반공적 입장을 가졌기 때문에 임창영에 반대하고 김재준을 지지했다고 말했다. 선우학원은 그들이 민족통일문제를 강조하는 사람들을 반공적 입장에서 적대시했다고 증언했다. 그에 따르면 이들은 대부분 북한에서 월남한 지주로 기독교 보수파이며 포용성과 과학적 자세가 부족했다. 선우학원은 또한 진보그룹도 교조주의적이고 자기중심적이었다고 비판했다(선우학원 1994, 279~294).

사실상 임창영도 북한과의 관계에서는 신중한 자세를 취했다. 그는 1970년 초 북한으로부터 초청을 받았으나 한국 및 해외에서 민주화운동을 하는 사람들에게 끼칠 어려움을 생각하여 그가 직접 가지 않고 부인인 이보배로 하여금 북한을 방문하게 했다. 그는 1973년 김대중 납치사건이 벌어진 뒤 미국에서 김대중 구명운동을 벌이면서 한국의 민주화를 위해서는 민족의 분단극복과 통일이 전제되어야 한다는 생각을 갖게 되어 민주화운동과 통일운동은 뗄 수 없다는 결론을 내렸다. 그는 1976년 북한을 방문하여 북한의 통일정책에 대해 들었으며 미국과의 관계개선을 위해 카터 대통령에게 서한을 보내기도 했다. 임창영의 아들인 Ramsey Liem은, 임창영이 결코 공산주의자가 아니었지만 북한을 방문한 뒤 김일성이 애국자이며, 또한 예측불가능하거나 비합리적인 인물과는 거리가 멀었다고 생각하게 되었다고 회고했다. 또한 그에게 김일성은 지혜와 지식을 갖추었으며 통일을 가능하게 할 인물로 비쳤다고 했다(윤길상 2009, 326~327).

전반적으로 재미 교포들은 통일운동을 위험하게 여겼으므로 민주화운동을 하면서도 통일문제에 대해서는 시기상조라고 생각했지만, 선우학원은 한국 내에서 움직이는 반독재운동과 호흡을 함께 하려면 교포사회에서도 보다 더 진보적인 자세를 가지고 한국 내에서 하지 못하는 사업을 미주에서 해야 한다고 주장했다. 그는 1978년 한국민주화연합운동 제2차 대회에서, 민족통일이 지상의 과제이고 통일의 방해물은 미국이며 주한미군은 철수해야 한다고 주장했다. 또한 국제관계는 미국에 의존할 것이 아니라 제3세계 노선을 따라 자주성을 가져야 한다고 강조했다. 이에 당시 동원모는 선우학원에게 "선민후통을 지지합니까 선통후민을 지지합니까"라고 질문했고, 선우학원은 "이것도 저것도 아니고 둘 다 함께 해야 한다"

고 대답했다. 또한 문명자는 우리가 제3세계에서 얻을 수 있는 것
은 없으며 미국의 보호 없이는 북한의 남침을 막을 수 없는데, 적화
통일이라도 좋으냐고 반문했다고 한다(선우학원 1994, 307~309).

선우학원의 입장은 아래와 같은 1978년 3·1민주선언의 내용과
같다(선우학원 1978, 41).

1. 우리는 먼저 통일을 바란다. 그러나 공산주의식 통일은 거부한다.
2. 우리는 평화를 절실하게 바란다. 그러나 남북이 분단 고착되는 대가
   를 만족해하면서 평화를 바라지는 않는다.
3. 우리는 먼저 통일을 바라되 백지식의 선통일도 거부한다. 통일된 후
   조국이 볼세비키 체제가 될지 파시즘의 체제가 될지 따질 것 없이 덮
   어놓고 백지식 통일론의 심정을 우리는 이해하나 그것을 받아들일
   수는 없다.

위 내용을 보면 선우학원이 무조건적 선통일을 주장한 것은 아니
었음을 알 수 있다. 그는 '내용 있는 통일'을 바랐으며 그것은 '민주
통일'이었다. 그는 "정치적으로는 민중이 주인이 되는 의회민주주의
체제로, 경제적으로는 노사 공동결정을 제도화하는 산업민주주의
체제로 통일되는 것을 바란다"고 피력했다. 그러면서 "이러한 민주
통일은 반드시 민중의 민주적 역량의 확신을 통해서 가능하다"고
주장했다(선우학원 1978, 41).

미국에서 통일에 관심을 갖는 이들은 1977년 미주민주국민연합
(미주민련)을 결성하여 통일운동의 성격을 좀 더 분명히 했다. 미주
민련은 15개 단체의 연합체로 재미 민주한인협회 등이 그 중심을

이루었고 1980년 이후 폭발적으로 성장하여 아직까지 운동을 전개하고 있다(조현옥 2005, 81). 1977년 8월에는 일본 한민통의 주도로 유럽, 미국, 캐나다의 민주화운동 인사들이 동경에 모여 북미주, 유럽, 일본을 연결하는 해외의 운동 연합체인 '민주민족통일 해외 한국인연합회'(한민련)을 결성하였다. 민건회는 한민련 가입을 결의했고 한민련의 유럽본부 의장에 윤이상이 추대되었다. 또한 1978년에는 유럽·미국·캐나다의 한국 기독교인 34명이 북한 기독교인 앞으로 대화를 요청하는 편지를 보냈고, 1980년 9월 독일 프랑크푸르트에서 '조국통일기독자회'(기통회)를 결성했다. 이들은 기독교와 사회주의 사이의 대화를 시도하는 《통일과 기독교》라는 잡지도 발간했다.[17]

1981년 6월 이화선, 이영빈, 김순환은 평양을 방문해 조국평화통일위원회, 조선그리스도교련맹, 조선사회민주당 대표들과 만나 통일대화에 합의했으며, 그 합의는 1981년 11월 오스트리아 빈에서 열린 제1차 '조국통일을 위한 북과 해외동포 기독자간 대화'로 나타났다(김흥수 2007, 217~219). 폐회예배에서 북한 측인 조선기독교도연맹 부위원장 김득룡 목사는 에베소서 2장 14~18절 "막힌 담을 허시고 둘로 하나를 만드시다"라는 문구를 들어 '분단의 담을 헐자'라는 제목으로 설교했다. 그 내용은 "우리가 하나 되지 못하고 둘로 되거나 셋으로 천 갈래 만 갈래 갈라져 이리저리 흩어져 산다면 이것은 하

---

17) 민주동지회 회의록을 보면 "손규태목사가 기통(基統)에 대하여 설명하되, 기독자들의 통일문제의 관심의 표현으로, 한국의 기독교가 통일문제에 대하여 무관심하고 통일에 장애가 된다는 입장에서 출발하여 에큐메니칼 노선과 독자적인 자세를 취하고 이북과의 접촉에 대하여 적극적인 자세를 취하고 있음을 보고하다"라고 작성되어 있다(국사편찬위원회 소장 〈1981년 4월 30일자 한국민주화기독자동지회 회의록〉).

나님의 뜻을 어기는 죄악"이라는 것이었다(김순환 1994, 263).[18] 이후 이 모임은 1982년 2차, 1984년 3차로 이어졌다.

민주동지회도, 기통회과 입장은 달랐으나, 미소 냉전체제가 무너지고 공존관계가 형성되는 등 국제환경이 변하자 한반도 평화 및 통일문제에 관심을 갖기 시작했다. 박상증은 가장 안전하고 현실적인 방법이 WCC로 하여금 통일문제를 제기하도록 하는 것이라고 결론지었다. 그것도 한반도 평화를 직접 거론할 것이 아니라 동북아시아의 평화라는 형식을 빌려 간접적으로 한반도문제를 거론하자는 신중한 제의였다. 이 제의는 마침내 1984년 10월 WCC 국제문제위원회가 일본 도잔소에서 개최한 도잔소협의회로 결실을 맺게 되었다(김흥수 2007, 219). 남한교회와 북한의 조선그리스도교련맹은 이 협의회에 참가하지는 못했으나 대신 전보를 보내 앞으로 모든 것을 WCC를 통해 같이 하겠다는 뜻을 전했다. 도잔소협의회는 남북교회의 교류증진을 위한 포괄적 통일정책을 담은 '도잔소보고서'를 발표함으로써 교회의 통일운동은 추진력을 갖게 되었다.

이후 WCC 대표는 평양을 방문하였고, 드디어 1986년 9월 남북 기독교 대표가 분단 이후 역사적인 첫 만남을 갖게 된 '제1차 글리온회의'를 개최했다. 글리온은 제네바 근교의 한 촌락으로, 이곳에서 미국, 소련, 동·서독, 캐나다, 오스트레일리아, 영국 등 WCC 회원 교회 대표들과 함께 남과 북의 교회가 분단 47년 만에 최초로 만나 동포애를 나누었다(Park 1998, 59~63).[19] 이 글리온회의는 이

---

18) 이삼열도 통일과 평화에 대한 성서적 근거로 에베소서 2장 14~18절을 들었다. 즉 그리스도의 평화는 막힌 담을 헐고, 원수된 관계를 폐하고, 적대관계에 놓인 둘을 하나로 새롭게 만드는 일을 통해서 만들어진다는 것이었다(이삼열 1989, 103).

19) 이러한 WCC의 통일운동은 민주동지회의 국제적인 네트워크가 지원한 것이다(박상증

후 2년마다 계속해서 개최되었다. 또한 WCC 중앙위원회는 1989년 모스크바 회의에 남북 교회 대표를 초청하였고 이 회의에서 만장일 치로 화해 평화통일을 지지하게 되었다(John, Park, Robra 1999, 79).

NCC는 1988년 2월 29일 제37차 총회에서 〈민족의 통일과 평화에 대한 한국기독교회 선언〉을 발표했다. 이 선언은 민간부분에 의해 제출된 본격적인 통일선언으로 한국기독교통일운동사의 한 이정표로 평가되고 있다(통일 60년 129).[20] 서광선에 따르면 이 선언이 나오기까지 3년이 걸렸다. 오재식을 포함한 9명이 위원회를 조직하기로 하고 선언문의 첫 번째 부분인 신학적 성찰은 서광선, 남북정부에 대한 정책제안은 이삼열, 한국교회의 사명 부분은 김용복이 좌장을 맡기로 했다. 이들은 비밀리에 분과토의를 하고 종합토의를 거쳐 선언을 만들어갔으며 두 차례의 큰 모임과 여러 차례의 소모임을 가졌다. 대규모 모임에서 박종화는 한반도 통일문제에 반드시 우리의 참회와 회개가 들어가야 한다고 주장하여 결국 선언문의 주제는 '회개'가 되었다. 또한 남한교회의 그리스도인이 전쟁과 이념

2004(좌담) 190). WCC는 또한 1988년 이후 원산농업대학교의 벼 종자 개발계획, 함흥공업대학교의 실험기구, 원산수산대학교의 생선 어획량 증가계획 등을 도와주었다(박경서 1999, 152).

20) 오재식은 이러한 결과가 나오기까지 1987년 이후 달라진 분위기도 한 몫 했다고 하면서 당시 상황에 대해 다음과 같이 진술했다. "이후 1년 4개월간 큰 협의회를 다섯 번이나 했고, 재정적 후원은 제네바에 있는 박경서 박사가 많은 노력을 했어요. 박경서 박사가 당시 WCC에서 구제활동과 봉사 그리고 복지 쪽을 담당했는데, 독일이 그때 많은 도움을 줬어요. 명목상으로는 가족 돕기였는데 12만 달러가량을 들여와서 그 돈으로 '민주화운동 국민회의'라는 걸 만들고, 시위도 주도하고 여러 단체 뒷바라지도 했지요."(오재식 2009, 110) 서광선은 선언이 나오기까지의 과정에 대해 다음과 같이 말했다. "선언이 나오기까지 역사적으로 한국교회는 통일운동을 꾸준히 진행해왔어요. 일본에서 있었던 도잔소 회의가 있었고, 세계교회협의회가 우리를 도왔고, 박경서, 에릭 와인카트너와 같은 사람들이 남북을 넘나들며 그러한 틀을 만들어 나갔던 거죠. 그 때문에 우리의 선언은 성공적이었고, 과정 또한 잘 돼 왔던 것이라고 봅니다."(서광선 2009, 115~116)

으로 말미암은 증오와 원수된 것을 회개하는 부분은 당시 참가자들에게 깊은 감동을 주었다.

서광선은 이러한 회개 중심의 사고는 한국교회가 처음부터 평화를 선교의 사명으로 했기 때문에 성장해왔고, 3·1운동과 항일운동이 바로 이 같은 평화선교 사명의 좋은 예이며, 이것은 단순히 민족주의에서 벗어나 동북아시아 전체의 평화운동과 연결된다고 회고했다. 그럼에도 한국전쟁을 겪으면서 동족을 원수로 만들고, 교회가 레드 콤플렉스에 사로잡혀 평화라는 선교 사명을 망각했기 때문에 한국교회가 회개를 촉구해야 한다는 것이었다. 그 뒤 한국정부는 이 선언을 기초로 하여 남북기본합의서를 만들었을 정도로 이 선언은 '반공법으로 묶을 꼬투리가 없이 완벽한 문서'였다고 정보국장이 오재식에게 말했다고 한다(서광선 2009, 112~114).

서광선은 이 선언이 '선통일 후민주' '선민주 후통일'이라는 정책대결에 휘말리지 않고, 민주 없이 평화 없고, 평화 없이 민주가 없다는 생각으로 나오게 되었다고 회고했다. 광주민주화운동을 보면서 모든 문제의 밑바탕에 반공과 6·25전쟁, 북한과의 관계가 놓여 있으며 기독교의 입장에서 통일과 평화가 중요했고 그렇기 때문에 정부에 대해 그러한 제안을 할 수밖에 없었다는 것이었다(서광선 2009, 115). 당시 노태우 정부의 통일부 장관이었던 이홍구는 반공만으로는 통일운동을 막을 수 없음을 인식하고 시민사회의 의견을 반영하려고 노력했다. 그 결과 남북합의서와 연방공화제를 통한 통일방안이 나오게 되었다는 것이다. 그러나 오히려 이후 김영삼 정부는 민주통일, 자유민주주의를 바탕으로 한 통일을 주장하면서 노태우 정부 때보다 더 보수적으로 후퇴하게 되었다(이삼열 2009, 121).

　'88선언'이 나올 수 있었던 배경에는 북한의 개선된 종교 상황도 한 몫 했다고 할 수 있다. 1988년 당시 북한교회의 상황을 보면, 북한에 약 600개의 가정예배소가 인정받고 있었고 약 1만 명의 기독교인들이 등록되어 있었다. 평양에는 3년 과정의 조선기독교연맹 신학교가 있었으며, 약 10명의 준목과 전도사가 활동하고 있었고 20개의 가정예배소가 있었다. 또한 400명의 신자들이 예배드릴 수 있는 규모의 평양교회가 준공되었다(박경서 1988, 60). 평양에는 개신교 교회가 두 개, 가톨릭 성당이 한 개 있었는데 그 가운데 칠골교회는 김일성이 어머니인 강반석 집사와 함께 다니던 교회였다. 또한 '기독교는 아편'이라고 기술되었던 북한의 《사회과학사전》이 기독교의 능동성과 적극성을 강조하는 새로운 교정판을 출간했다. 김일성은 만주에 있던 시절 감리교회에서 청년회 활동을 한 적이 있으며, 중국 경찰에게 체포되어 수감되었을 당시 감리교회의 손정도 목사가 구출해주는 등 기독교와 인연이 깊었다(선우학원 2004, 115~116 ; 선우학원 1997, 269).

　박상증은, 북한기독교에 대해 무조건적 찬성이나 반대 의견이 있지만 누가 그리스도인인지 아닌지 구분할 수 있는 존재는 하나님뿐이라고 말했다. 많은 기독교인들이 북한의 기독교도연맹을 북한정부가 선전 및 대외적 전시효과를 목적으로 만들어냈다고 믿고 있지만, 백번 양보해서 그렇다 하더라도 기독교도연맹이 한국교회의 이해와 세계교회와의 교류를 통해 사회주의 사회에서의 새로운 교회로 발전하는 것을 하나님의 뜻이 아니라고 단언할 사람은 없을 것이라고 그는 주장했다. 또한 북한교회의 조직과 형편이 남한과는 매우 다르기는 하지만 같은 언어로 성경을 읽고 찬송을 하며 별다른 것 없이 성사를 지키는 것을 볼 때 과연 우리들의 믿음의 형제 자매라는 사실을 새삼스럽게 확인하게 된다고 보았다. 오히려 북한 교회는 남한과 달리 탈교파적 교회로 하나의 민족과 하나의 교회를 지향함으로써 남한 기독교인들의 분열을 부끄럽게 만든다고 역설했 다(박상증 1995, 137~138, 159~160).

결론적으로 기독교 통일운동이 성과를 볼 수 있었던 것은 이론에 근거한 학문보다, 또한 현실의 힘의 역학관계 위에서 상황을 분석 하는 정치보다 종교적 신앙이 더 힘이 있고 무한한 공간을 허용하 기 때문이라고 할 수 있다. 다시 말해 기독교는 학문과 정치를 초월 할 수 있기 때문이다. 골로새서 3장 15절의 "그리스도의 평강이 여 러분의 마음을 다스리게 되기를 바랍니다. 그러려고 여러분은 부르 심을 받아 한 몸이 된 것입니다. 항상 감사하는 마음으로 사십시오" 라는 구절은 남북 양측 교회가 합의한 성경구절로 제2차 글리온회 의 선언문의 시작부분이 되었다. 또한 남측의 김운봉 목사와 북측 의 고기준 목사는 모두 고린도전서 1장 10절 "형제 여러분 나는 우 리 주 예수 그리스도 이름으로 여러분에게 호소합니다. 여러분은 모두 의견을 통일시켜 갈라지지 말고 같은 생각과 같은 뜻으로 굳 게 단합하십시오"를 인용했다(박경서 1991, 46~49).

VI. 대외 인식

1970년대는 국제정세가 급변한 시기로써, 세계질서를 지배해 온 냉전체제에 금이 가기 시작하고 화해 분위기가 조성되었다. 그 변화의 바탕에는 강대국 사이의 힘의 재편이 있었다. 미국은 그동안 압도적인 달러의 힘으로 서방세계의 맹주로 군림해왔지만 1960년대 말부터 일본의 엔화와 독일의 마르크화가 경제발전을 바탕으로 강세를 띠면서 달러의 지위가 흔들리기 시작했다. 또한 명분 없는 베트남전으로 미국의 국제적 위신이 추락했고 국내적으로는 반전 분위기가 고조되었다(임영태 2008, 408). 이에 미국은 공산권에 대한 포위전략을 포기하고 오히려 이들 국가들과 관계를 개선하며 미·소·중·일 협력체제를 주장하기 시작하였다.

이러한 미국의 변화된 태도는 한반도에도 영향을 주었다. 미국은 한반도에서 미군을 철수시킨 뒤 한국군의 자주방위력을 강화시키고 남북한의 화해를 추진하여 한반도의 긴장을 완화시키고자 했다. 또한 미국은 자국의 심각한 경제위기를 해소하고자 한국의 대미수출에 제한을 가하고 수입개방을 강요했다. 이러한 미국의 태도변화는 한국인들로 하여금 미국에 대한 현실적 인식을 갖게 만드는 계기가 되었다. 즉 미국이 영원한 우방, 혈맹이라는 관점에서 미국도 자국의 이해관계에 맞추어 행동하는 국가라고 인식하게 된 것이다. 특히 미국이 자국의 이익을 위해 한국의 독재정부를 지속적으로 지지하고 있다는 사실에 비판이 모아졌다.

미국은 자국경제의 어려움을 극복하기 위해 일본에 달러방위 협력, 무역 및 자본의 자유화 촉진, 수출규제 등을 요구하는 대신 일본의 동남아시아 진출을 양보했다. 또한 미국은 일본을 아시아의 중심국가로 키워 방위분담을 꾀하려 했으나 이는 한국의 입장에서 매우 우려스러운 상황이 아닐 수 없었다. 일본은 정치적·군사적 부상과 더불어 한일 경제관계에서도 우위를 점하고 있었다. 당시 민주화 세력은 한국경제의 일본 예속화, 공해산업의 수입, 정치자금 의 조달을 강하게 비판했다.

1970년대 한국사회와 관련이 깊은 국가 가운데 하나는 독일이다. 당시 독일에 한국 광부·간호사가 파견되었고 재독 한인들이 한국 민주화운동을 추진하면서 독일은 한국에 경제적·정치적으로 영향 을 끼쳤다. 독일은 1960년대 이후 노동인력의 부족으로 해외 인력 을 받아들였고 그 결과 한국의 광부와 간호사들이 독일사회에 자리 잡았다. 또한 독일의 사회민주적인 분위기와 국내에서 들어오는 소 식 등으로 독일에서는 미국, 일본과 함께 교포들의 민주화운동이 가장 활발했다(조현옥 2005, 77).

1. 대미 인식

1970년대에 들어와 미국은 새로운 세계질서의 구축을 모색하게 되었다. 그 원인으로는 미국의 마셜플랜 및 일본 경제지원의 결과 유럽과 미국의 경제가 성장하면서 미국 중심의 세계 자본주의 경제 질서가 흔들리기 시작했다는 점과 같은 공산권 국가인 소련과 중국

사이에 갈등이 불거졌다는 점을 들 수 있다. 이에 미국은 〈닉슨독트린〉의 선포로 대응하였다. 다음은 〈닉슨독트린〉의 일부이다(김인걸 외 1998, 311~313).

> 과거에는 우리 자신이 개입하지 않으면 해결하지 못했을지도 모를 국지적인 분쟁을, 이제는 다른 나라들도 독자적으로 대처할 능력과 책임을 갖추게 되었다. 따라서 평화에 대한 우리의 공헌과 성공여부는 다른 나라들의 문제에 우리가 얼마나 자주 개입하느냐에 달리지 않고 우리 정책이 얼마나 지구적인 힘을 가졌느냐에 의존하게 되었다. 실로 이러한 새로운 자세야말로 다른 나라들로 하여금 그들의 몫을 다하도록 고무하는 동시에 미국민들의 진정한 지지를 얻을 수 있는 일이다. 이것이 '괌'도에서 내가 발표한 '닉슨독트린'의 핵심이다. …… 우리는 오로지 우리가 도우러 나섬으로써 실제적인 변화가 일어나고 우리 이익에 도움이 되는 경우에만 도움을 제공할 것이다. …… 제2차 대전 이후의 건설적인 민족주의와 경제절 발전은 '아시아'의 신생국들을 내부적으로 강화시켜 주었다. …… 미국이 한때 그처럼 큰 대가를 치르고 짊어져야 했던 책임은 이제 분담할 수 있게 되었다(〈닉슨독트린〉 1970. 2. 18 ; 한배호·이상우·최상룡 1977, 330~342).

닉슨독트린 발표 이후 미국은 한반도에서 미군을 철수시킨 뒤 한국군의 자주방위력을 강화시키고 남북한의 화해를 추진하여 한반도의 긴장을 완화시키고자 했다. 그러나 미 군부와 한국정부의 반대에 부딪혀 미군철수안을 후퇴시켰고[1] 대신 '두 개의 한국'정책을

---

1) "이와 관련하여 슐레진저 장관은 미국정부가 현 수준의 주한미군을 감축할 계획이 없음을 재확인하였다. …… 슐레진저 장관은 포드 대통령과 그 밖의 미국정부 고위관리들이 최근에

채택하여 한반도를 안정화시키고자 했다. 1972년 6월 미 국무장관은 북한을 정식으로 '조선민주주의인민공화국'이라 일컬었고, 그 뒤 남북교차승인안을 제시했다(김인걸 외 1998, 313~314).[2]

1970년대 초 미국은 심각한 경제위기를 맞게 되었다. 1972년 미 정부의 발표에 따르면 "미국 국제수지의 험악상은 지난 해 11월의 예상마저도 뒤엎은 절박한 상황"이었다. 유인호는 당시 실업자의 증대, 인플레이션의 진행, 재정지출의 적자폭 확대, 불황의 심화 등으로 요약되는 미국 국내경제의 악화를 해결하는 대외활동은 불가불 '명예로운 후퇴(특히 아시아 지역에서)'와 결부된 '경제적 진출'이라는 적극적인 방법이 될 수밖에 없었으며, 이 같은 상황이 미국으로 하여금 중국을 비롯한 공산권 국가에 접근하도록 했다고 평가했다(유인호 1991, 83).

또한 미국은 심각한 국제수지 악화에 직면하자 자국이 수입하는 모든 상품에 10퍼센트 관세를 부과했고 특히 한국의 섬유와 신발 등의 대미수출에 제한을 가하기 시작했다. 또한 한국의 수입제한정책을 비판하면서 수입개방을 강요했다. 결국 한국은 수입자유화 조치를 점진적으로 확대해 나가지 않을 수 없게 되었다. 프레이저 보고서는 그 내용을 잘 보여주고 있다(김인걸 외 1998, 314~319).

천명한 대한민국 방위에 대한 미국의 공약을 확고부동하게 재확인하였다. 특히 슐레진저 장관은 대한민국에 대한 무력공격이 있을 경우 1954년의 상호방위조약에 따라 즉각적이고 효과적인 원조를 대한민국에 제공하겠다는 미국정부의 대비와 결의를 서 장관에게 보장하였다."('한미안보' 공동성명 전문 1975. 8. 27 ;《조선일보》1975. 8. 28)
2) 키신저는 "남북한 간의 진지한 대화의 재개를 촉구"하며, "만약 북괴의 동맹국들이 한국과의 관계개선을 준비한다면 우리는 그러한 북괴동맹국의 준비태세를 확인한 이후에 우리도 북괴에 대해 비슷한 조치를 취할 준비를 할 것"이고 "우리는 한반도의 실질적인 통일을 손상시킴이 없이 남북한 양쪽이 모두 정회원국으로 유엔에 가입할 수 있도록 유엔의 문호를 열어 두자는 제안을 계속 지지한다"고 말했다(한국홍보연구소 1983, 987~988).

그러나 1970년대에 와서는 한국의 경제성장으로 인해 한국의 수입규제
는 미국의 비용을 상승시켰고, 동시에 그것은 경제적으로 무역자유화가 가
능하게끔 하였다. …… 유가인상에 의해 야기된 문제로 인해 미국은 1974년
과 1975년 동안에는 보다 적극적인 노력을 할 수 없었다. 1976년 한국의 경
제성장으로 인해 수입자유화 논의재개를 수용할 수 있게 되자, 1977년과
1978년 동안에 미국은 수입자유화를 진전하라는 압력을 가했다. 한국정부
는 또한 급속한 외환보유고 증가를 조정하고, 국내 물가를 진정시키며 그
리고 사정이 허락하는 대로 자국의 시장을 개방할 용의가 있음을 미국에
과시하기 위하여 무역자유화에 더욱 관심을 나타내었다. 한국정부는 관세
율을 25%로 낮추는 계획을 수립하였다. 1977년 이래 한국정부는 일단의 품
목에 대해 수입규제를 완화하고 몇 품목에는 규제를 제거하였다. 최근의
미대사관 평가에 의하면 무역자유화조치의 결과로 1978년 한국 국제수지
결손은 거의 10억 달러에 달하는 것으로 평가하였다(미하원 국제관계위원
회 국제기구소위원회 편 1986, 302~303).

당시 미국에 대한 비판도 대두되기 시작했다. 그것은 이후의 한
국 민주화운동에서 보이는 반미의식만큼 강한 것은 아니었으나 미
국이 유신정권과 같은 독재정부를 지속적으로 지지하고 있다는 점
에 초점을 두었다. 이러한 주장은 특히 포드 대통령 방한 시기에 집
중되었다. 한국기독학생회총연맹은 1974년 11월 1일 선언을 통해
"현재 이 나라의 형편은 인권유린과 억압정책이 만연하고 있는데
이때의 포드 미국대통령의 방한이 민주주의 붕괴를 초래한 현 정권
의 유신체제를 기정사실화하는 것이 아니기를 바란다"고 했다. 그
런데 "만일 그의 방문이 현 정부의 부정과 부패를 권장하는 결과를

야기할 때는 그의 방문을 절대 반대할 것"이라고 선언했다(NCCK 431). 이어 11월 19일 선언문에는 다음과 같은 내용이 포함되었다.

> 우리의 가족 26명이 337년이라는 엄청난 중형을 받은 우리로서는 이렇게 자유와 정의를 짓밟고 있는 현 정권의 지지가 될 수 있는 행위인 포오드의 방한을 절대적으로 반대한다. 이러한 우리의 자유민주주의적 판단과 자주, 자결, 자존의 민족정신의 발로를 무시한다면 미국 내에서 보여주었던 미국민의 자유와 정의의 구현투쟁에 모순되는 것으로 전 세계 자유민들의 지탄을 받을 것임을 엄숙히 선언한다(NCCK 432).

포드 대통령의 방한을 포함한 미국의 독재정부 지원에 대해서는 재일 기독교청년들도 강하게 비판했다. 1974년 11월 1일 재일 대한 기독교회 청년회전국협의회는 〈재일 한국기독청년 선언〉을 발표하고 〈우리의 결의〉를 통해 "독재정치를 빚어낸 종래의 대한정책을 시정하여 오늘의 유신독재체제의 승인과 보강을 의미한 포오드 대통령 방한을 절대로 중지하라!"고 주장했다(NCCK 435).

선우학원은 1977년도 미국 의회 예산 발표에 따르면 미국이 남한에 군사원조를 하는 목적이 '북한의 남침'을 방어하기보다도 독재 정권을 도와 남한의 민주 세력을 탄압하는 데 있음이 밝혀졌다고 지적했다. 인구, 현 군대 수, 베트남 전쟁의 경험, 현 군비예산(북한의 2배) 등을 볼 때 남한의 군사력으로 '북한의 침입'을 넉넉히 막아낼 수 있다는 판단은 미국 국방부에서 수년 전부터 인정한 사실이었다. 그런데 이러한 상황에도 1966년부터 1975년까지 남한은 30억 달러어치의 무기를 수입했고 이는 북한의 10억 달러에 견주면 3배나 된다는 것이다. 또한 남한의 국방예산은 1974년도에 비해 1975년도에는 50%가 증가하였고 다시 1976년에 50%가 증가하여 1977년에는 국가예산 전체의 35%가 국방비를 차지했다고 지적했다. 이러한 막대한 예산은 미국에서 무기를 수입하게 하기 위함으로 1977년 펜타곤의 5년 계획은 남한군이 80억 달러어치의 무기를 미국에서 수입하게 하는 것이라고 했다(선우학원 1978, 36~37).

또한 강문규는, 미국이 아시아 국가들의 분리와 대립을 원하며, 아시아에 단일지배 세력이 등장하는 것을 막고자 한다고 지적했다. 냉전기간 중에 태동하기 시작한 아시아의 민족주의와 중립주의도, 그것이 미국의 대외 세력권 속에 예속하지 않는 한, 원조 정지 등의 방법으로 정책의 전환을 강요했다는 것이다(강문규 1977a, 43).

2. 대일 인식

(1) 일본 부상에 대한 우려

일본과 유럽경제의 성장은 미국 중심의 세계 질서 재편의 필요성을 가져왔고 이에 미국은 아시아·태평양지역에서의 미·소·중·일 협력체제의 필요성을 강조했다. 일본은 미국의 지원을 통해 꾸준한 경제성장을 보여 1970년대에는 동북아경제권의 중심국가로 자리잡게 되었다. 그러한 배경에는, 미국이 자국경제의 어려움을 극복하고자 일본에 달러방위 협력, 무역 및 자본의 자유화 촉진, 수출 규제 등을 요구하는 대신 일본의 동남아시아 진출을 양보했다는 점이 있다. 미국은 동북아지역에서 일본을 중심으로 그 주변국들을 수직적으로 연결한다는 지역통합전략을 더욱 적극적으로 추진했다. 닉슨독트린에 따르면 일본은 "아시아 지역의 평화적인 발전을 위한 보다 큰 책임을 맡을 수 있게 되었다."(《닉슨독트린》 1970. 2. 18 ; 한배호·이상우·최상룡 1977, 330~342)

그러나 일본을 아시아의 중심국가로 키워 방위분담을 꾀하려 했던 미국의 이해관계와 달리 한국의 입장에서는 일본의 강대국화가 과거 제국주의 경험을 볼 때 매우 우려스러운 상황이 아닐 수 없었다. 일본의 신군국주의적 경향은 1973년 한일교회협의회도 지적한 바 있다. 예를 들어 협의회는 일본 국회에 제출된 '정국(야스쿠니)신사 법안'을 긴급문제로 채택하여 토의했는데 그 이유는 그 법안이 아시아 곳곳에서 볼 수 있는 일본의 군국주의에 대한 위험을 뒷받침하는 것이라고 판단했기 때문이었다. 특히 한국교회는 일제강점기에 일어났던 국가신도의 강압과 신사참배의 강제성을 지적했다. 협의회는 이 문제를 일본의 단순한 내정문제가 아닌 아시아에 대한 일본의 책임문제로 이해해야 한다고 판단했으며, 아시아의 평화를 이룩하고자 협의회의 이름으로 법안반대를 표명했다(NCCK 249).

(2) 한일 경제관계의 문제

당시 일본의 정치적·군사적 부상과 더불어 우려되었던 또 다른 점은 한일 경제관계에서 비롯된 문제점들이었다. 미국은 지역통합

전략에 따라 동북아지역에서 한·미·일 삼각무역구조를 확립하고자 했다. 한국에게는 자립적 공업화보다는 일본으로부터 원료와 중간제품을 수입하여 조립가공한 뒤 미국으로 수출하는 가공수출 공업화 전략을 권장하였다. 따라서 한국의 무역은 대일적자·대미흑자를 나타냈다(김인걸 외 1998, 314). 한·미·일 삼각무역구조의 확립은 한국경제를 일본경제권에 편입시키는 것을 목적으로 했다. 이러한 전략의 대표적인 구상으로는 한국의 남부공업지대를 일본 관서지방 공업지대의 연장선으로 편입하는 것을 주된 골자로 하는 '야스기안'(1970. 4. 22)을 들 수 있다. 다음은 그 내용의 일부이다.

> 1970년대의 일본과 한국은 금후의 10년간을 당면 공동목표로 삼으면서 상호협력을 위해서 발전향상한다는 기본 노선에 의거 다음과 같은 제사항을 검토하면 어떨까. ……
>
> 그 특히 일본이 앞으로 확대발전할 것으로 기대하는 산업, 즉 철광, 알루미늄, 석유, 석유화학, 조선, 전자공업, 플라스틱 분야는 연해의 토지사용, 공해대책 등 문제 때문에 일본 국내에서 점차 발전한계가 느껴진다. 이 문제에서 한국이 노력을 분담한다든가, 일한협력 형식을 취하는 데 있어 한국 측의 희망과 가능성 문제 ……
>
> 한국정부는 '합병회사'에 관해서는 '노동쟁의 엄금'을 입법화했다고 하니 일본 측 업자가 한국업자와 '합병회사'를 계획할 때에는 원칙적으로 한국노동자와의 노동분쟁을 일으키지 않도록 그리고 분쟁 발생시에는 이것을 평화적으로 처리하는 방법 등에 관해 미리 마음의 준비를 하여 복지후생시설 등을 처음부터 고려한다든가 노자간의 협력체제를 고려할 것(고려대아세아문제연구소 1976, 651~653).

일본의 철강, 알루미늄 등 주력산업의 용지확보와 공해문제 등의 어려움으로 이를 한국이 분담해 줄 것을 희망한 이 같은 야스기안에 따라 1970년 9월 마산 수출자유지역에 일본기업들이 속속 들어왔고 한국정부가 베푸는 특혜를 누렸다. 그 결과 1970년대에 일본은 한국의 제2의 외자제공국으로 부상했다. 1973년 7월 개최된 제1차 한일교회협의회에서 양국 사이의 종교문제와 더불어 정치, 사회, 경제문제에 대해서도 논의하였는데, 경제문제와 관련된 다음의 공동성명은 한일 경제관계가 가져올 문제 및 해결방안에 대해 제시하고 있다(NCCK 242~247).

그러나 과속화한 일본자본의 한국진출이 대소의 합병기업의 군생과 한국경제에 대한 일본자본에 의한 지배구조의 진전으로까지 그 모습이 나타나기 시작하는 데에는 적지 않은 경계가 필요할 줄 안다. 한국에 있어서의 민족자본의 순탄한 축적과 실질적인 한국경제의 자립이 오히려 방해될 우려가 크기 때문이다. 따라서 한·일 양국에 있어서 금후의 경제협력은 상호협조의 원칙 아래서 한국경제가 가급적으로 속히 자립을 달성할 수 있도록 지향하면서 이루어져야 할 것이다. 그러기 위하여서는 일면으로, 일본의 기술과 경영관리에 의해 운영되는 기업의 경우에 있어서도 한국인의 생산기술의 고도화를 부단히 도모함과 동시에 경영권을 한국인에게 점차적으로 이행할 수 있도록 배려해야 할 것이다. 다른 면에 있어서 일본으로부터의 대 한국자본의 수입에 있어서 한국 측의 신중한 선택과 규제가 실시됨으로써 편협적인 상업주의에 따르는 여러 가지 폐단이 미연에 방지되어야 할 것이다. 또한 지금까지의 일본경제의 '고도성장' 과정에서 이루어졌던 갖가지 결점들, 예컨대 급속한 도시화의 진전에 따르는 주택부족, 통

근난, 자연환경의 파괴와 여러 가지 공해 등에 따르는 인간의 생명과 생활
에 대한 압박, 비인간화의 사실을 교훈으로 하여 사전에 여러 가지 주도면
밀한 배려와 대책이 한국경제의 발전과정을 통하여서 이룩될 수 있기를
바란다.

한·일 양국의 정부는 이상의 공통한 기조 위에서 경제정책과 사회정책
을 책정하고, 금후 한층 더 큰 노력을 계속하는 가운데 대등한 입장 위에
세워지는 양국 간 분업의 경제관계의 수립에 노력하여야 한다.

경제가 모든 것에 우선하는 현대사회에 있어서 교회는 경제가 인간의
수단인 사실과 또한 경제정책의 주체인 국가도 또한 국민의 복지를 위한
봉사자인 것을 확인하며 성경말씀의 빛에 비추어서 항상 경제사회의 제반
모순에 대한 감시자의 역할을 다하여야 할 것이다.

1973년 12월 26일에 예정된 제7회 한일각료회의를 앞두고 소장
목회자들은 대일 예속화문제를 강조하는 선언문을 발표했다. 선언
문에 따르면 "한국정부와 일본이 추진하고 있는 제7회 한일각료회
담이 한국경제의 일본 예속화를 조장하고 공해산업의 수입과 정치
자금의 조달이란 결과를 가져올 의혹이 극히 짙은 회담"이었다. 이
에 정부는 한일각료회담계획을 중지하고 정치·경제·문화의 대일
예속화를 청산할 것, 일본정부는 제국주의적 경제정책을 즉각 중지
할 것이며, 일본의 기독교인과 양심적인 민주인사들은 아시아의 평
화를 위해 일본정부의 식민주의적 경제정책을 즉각 중지하도록 촉
구할 것, 한국 부유층과 특권층은 오늘의 한민족의 난국을 절감하
고 서민대중의 자리에까지 내려올 것 등을 선언하였다(NCCK 306).
1974년 11월 1일에는 재일대한기독교회 청년회전국협의회가 〈재

일 한국기독청년 선언〉을 통해 "본국의 대일 예속화와 재일 동포의 기민화(棄民化)를 부르짖던 굴욕적 '한일조약'을 근본적으로 시정"하고 "'한일우호'란 미명 아래 추진되어온 정치·경제·문화 등 모든 것에 걸친 신식민주의적 대한 진출을 즉시 중지"할 것을 요구했다(NCCK 435).

유인호는 이 시기 한일 경제협력을 식민주의 시기 한일관계사의 연장이라고 보았다. 즉 일본의 경제력을 이용하여 발전하자는 주장은 박정희 정권 시기에 나온 말이 아니고 1백 년 전에도 꼭 같은 어조로 제기된 주장이었다는 것이다. 그러나 그 결과 조선에 부패가 만연하였고, 또한 권력내부에서 형성된 친일매국노들은 급기야 조선을 일본에게 고스란히 넘겨주는 작업을 했다는 것이다(유인호 1991, 324).

박정희 정권은 이러한 친일매국노의 뒤를 이어 일본의 한국 침략을 정당화하는 작업을 했다고 할 수 있다. 1965년에 체결된 한일기본조약을 보면 과거에 대한 청산이나 반성의 구절이 단 한마디도 없을 뿐 아니라 오히려 '과거는 이미 무효임을 확인한다'(한일기본조약 제2조)고 명문화함으로써 일제의 침략행위 일체를 무효화했다. 이와 달리 중국의 경우를 보면, 일본은 1972년 9월 29일 중국과 공동으로 발표한 성명에서 '일본 측은 과거에 일본국이 전쟁을 통해 중국인민에게 중대한 손해를 끼쳤다는 것에 대해 책임을 통감하고 깊이 반성한다'고 명문화했다(유인호 1991, 342~343).

뿐만 아니라 일본은 경제적인 면에서도 한국을 다시 예속시켰다고 할 수 있다. 예를 들어 일본은 포항종합제철에 대한 자금제공의 대가로 그동안 집요하게 추진해온 조세협정을 1970년에 체결함으로써, 한국경제의 거의 모든 부분에 영향을 끼칠 수 있게 되었다고 유인호는 지적한다. 또한 1966년부터 1983년까지 일본은 한국에 50억 달러 정도의 협력자금을 제공하는 대신 2백 68억 달러의 무역이익을 보았을 뿐 아니라 한국경제를 일본경제의 하청기업형으로 만들었다. 수출입 상품구조에서 볼 때 한일 사이에는 '부등가 교환'이 이루어짐으로써 한국의 부가 조직적으로 일본에 넘어갔다는 것이다 (유인호 1991, 335).

유인호는 또한 한일관계에서 초래된 공해문제에 대해 지적했다. 그는 한국의 산업공해가 심각한 문제로 대두되는 것은 '한일국교정상화' 이후 일본과의 경제협력이 급속히 이루어진 것과 결부되어 있다고 지적했다. 1960년대 일본경제가 직면한 과제는 한국전쟁의 특수로 인한 '폭발적 성장'의 결과물, 즉 공해산업, 사양산업, 노후시설을 처리하는 것이었다. 그러므로 한일 경제협력의 심화과정은 한국으로서는 일본경제의 '폭발적 성장의 찌꺼기'를 대량 도입하는 데 따른 '고도성장'으로 나타났고, 그 결과 나타난 공해문제는 오늘날 우리들의 생존을 위협할 정도가 되었다는 것이다(유인호 1991, 214). 예를 들면 "신생아의 탯줄에서마저 중금속이 검출되게 되었으니 마침내 공해는 살인적 상태에 이르고 있다"고 지적하면서 더 이상 이를 방치해서는 안 된다고 강조했다(《서울경제신문》 1979. 11. 17).

실제로, 야스기안에서 보이듯이 일본은 자국의 환경보호를 위해 공해산업을 한국에 수출하고자 했다. NCC는 1973년 7월 제1차 한일교회협의회를 통하여 한일 경제협력의 실상이 일본자본의 한국지배와 공해산업 수출임을 지적했으며, 또한 공해문제는 인권문제임을 확인했다. 정부는 공해문제를 생각할 여유가 없다는 입장에서 공해산업 유치도 한국에 필요하다는 주장으로 나아갔지만, NCC는 도입된 공해산업이 초래할 인명피해는 물론 대지와 수질의 오염, 대기의 오염 등 한국이 치러야 할 대가가 크리라는 것을 예견하고 이에 적극 반대하는 입장을 취했다(NCCK 16).

급작스런 일본의 한국 진출은 기생관광 등 여러 가지 사회문제도 일으켜 부작용도 만만치 않았다(NCCK 242). 당시 한일 경제관계에서 파생된 심각한 사회문제 가운데 하나가 바로 일본인 관광객문제였다. 한일교회협의회는 "최근에 격증하는 일본인 관광객이 한국여성을 '성의 노예'로 만들고 있다는 부끄러운 현실에 주의를 환기시키면서 이 문제를 회의의 중요한 토의 제목으로 다루어 줄 것"을 요청하였다(NCCK 249). 1973년 10월 2일부터 2개월에 걸친 치열했던 학생운동의 구호에 '대일 경제예속 지양'과 '관광매춘 중단'이 포함되어 있으며, 같은 해 11월 30일 이화여대 교무위원회(대표 김옥길) 이름으로 나온 건의서에 정리된 학생들의 주장에도 외국부채상환과 특히 일본자본에 대한 지나친 의존도에 관한 염려, 신식민지적 예속상태에 대한 염려, 일본인 관광사업에 유린당하는 여권에 대한 울분이 나타나 있다(이재오 1984, 327~328 ; NCCK 288~289). 1973년 12월 20일에 발표된 소장목회자들의 제2선언문에서도 "건전한 국민윤리 형성 못해 매춘관광 불러들인 우리의 죄를 참회한다"고 밝히고 있다(NCCK 307).

1970년대 말 한일관계에서 불거진 또 다른 사회문제는 바로 독도문제였다. 1978년 9월 3~4일 양일 동안 서울에서 열린 제10차 한일정기 각료회의가 폐막된 뒤 일본 측 언론들은 한국이 독도문제에 크게 양보하여, 양측은 독도 주변에서의 어로분쟁을 방지하기로 합의했으며, 실무회의를 통해 구체적 사항을 매듭지을 것이라 보도하였는데, 이를 국내신문이 받아 보도하면서 국내외 관심이 집중되었다. 이에 대해 한국정부는 부인했지만 독도 주변에서 일본인들의 안전조업을 허용하지 않았나 하는 의혹은 사라지지 않았다.

당시 NCC는 독도문제에 대한 협의회를 갖고, 한일 양측이 '분쟁'을 회피한다는 것은 독도 주변 영해 내에서 일본어선이 조업하더라도 한국 경비선이 나포하지 않겠다는 뜻이며, 더욱 심각한 것은 일본어선의 안전을 확인한다는 명분으로 일본자위대의 순시선이 독도 주변 해역에 들어올 수 있음을 의미한다고 지적했다. 이렇게 되면 주권수역의 의미는 근본적으로 도전받게 되며, 일본은 자위대 순시선을 투입한 뒤 동해안 일대를 군사수역화하려고 한다는 가능성 또한 배제할 수 없었다. 더구나 당시 농업용수 개발을 위한 40억 엔의 차관을 독도문제와 관련하여 일본이 보류하고 있다는 보도가 있어 국민의 불안을 자아냈다. 따라서 1965년 한일협정 이래 박 정권이 취해온 대일의존적 경제정책과 저자세외교를 청산해야 한다는 소리가 학생시위현장과 기독교계에서 강하게 주장되었다(NCCK 1026).

실제로 박정희 정권이 비판받기 시작한 것은 대일 굴욕외교라 불리우는 1965년 한일협정 체결부터이다. 박정희의 '대통령 자격 불가론'도 한일협정 비준 이후에 나타났다. 〈한국으로부터의 통신〉은 "지금까지는 그래도 우리나라의 대통령이다 라는 생각 때문에 참아왔습니다만, 원래 박정희 씨가 어떤 사람입니까. 한국의 언론, 기독교 학생과 지식인, 이들은 애국의 최대상징입니다. 이 사람들이 일제하에서 고생할 때 그는 무엇을 했습니까? 만주에서 무엇을 했습니까?"(岩波 1985, 56)라고 되물었다. 김형수는 《문익환 평전》에서 일제시기 때 장준하가 광복군으로 활약하고 문익환이 만주로 도피할 적에 바로 이들에게 총을 겨눈 사람이 박정희라고 꼬집었다.

박정희는 친일부역자 안에서도 가장 용서하기 어려운 최상급의 길을 선택했다. 1942년 만주군관학교를 우등생으로 졸업하고 금메달을 수여받음과 동시에 졸업생을 대표하는 답사를 낭독했다. 이후 박정희는 일본 육사에 입학할 수 있는 특전을 얻고 1944년 일본 육사 57기를 3등의 우수한 성적으로 졸업하여 '오카모도 미노루'라는 이름의 일본군 소위가 되었다. 그 뒤 그는 일본 14연대를 거쳐 만주국 보병 제8연대의 소대장으로 전속돼 팔로군 활동 지역에서 게릴라 소탕전의 임무를 수행했다(김형수 2004, 424~426).3) 따라서 박정희의 이러한 친일경력은 그의 대일 인식을 의심스럽게 하며 따라서 그의 대일 저자세 외교의 한 이유로도 지적되고 있다.

(3) 재일 한국인 차별문제

1970년대에 제기된 일본과 관련된 문제 가운데는 현재에도 남아 있는 재일 동포 차별문제가 있다. 1973년 한일교회협의회는 재일 한국인 문제에 대해서도 공동성명을 발표했다. 성명에 따르면 일본에 거주하는 약 60만 명의 한국인은 일제강점기 동안 강제로 일본에 연행되어 갔거나 아니면 생활을 위해 부득이 일본으로 건너간

---

3) 해방을 맞은 후 박정희는 군복을 벗고 탈출하여 광복군 제3지대를 찾아갔는데 그때 광복군 간부로 있었던 장준하를 만나게 된다. 장준하는 박정희가 일본이 패망해서야 탈출한 점을 들어 일본이 지지 않았으면 계속 일본군 장교로 있었을 것이라고 박정희의 기회주의를 비난했다. 이후 계속해서 박정희의 독재를 비판한 장준하는 긴급조치의 첫 제물이 되었고 결국 중앙정보부의 타살로 추정되는 의문사를 당하게 된다(임영태 2008, 440~444).

한국인들과 그들의 후손들이므로 그들의 재류는 그들 자신의 자유의사에 따른 것이 아니었다. 즉 한국인의 일본 거주는 전적으로 일본제국주의의 한반도 침략에서 유래하였으므로 재일 한국인의 생활과 권리는 일본과 일본인이 보장하고 책임을 져야 한다는 것이었다(NCCK 435).

협의회는 사할린에 살고 있는 6만 명의 한국인의 경우 이들을 한국에 돌아오게 하는 교섭이 일본적십자사를 통해 한국과 소련 사이에 진행되고 있는데, 그들 가운데 6천 명은 일본에 정착하기를 희망하고 있다고 밝혔다. 그런데 일본정부는 일본으로 귀환하려는 이들의 정당한 요구를 거절하고 있다는 것이다. 그러나 이들이 사할린에 거주하게 된 까닭은 태평양전쟁 말기 일본정부에 의해 한반도와 일본 내에서 강제이주되었기 때문이므로 이 문제에 관한 한 본인들의 거주지 선택권의 자유가 보장되어야 하며, 일본정부는 일본으로 귀국을 희망하는 이들을 재일 한국인으로 받아들이는 도의적책임이 있다고 협의회는 주장했다(NCCK 248).

또한 일본에서 재일 한국인에 대해 많은 편견이 남아 있을 뿐 아니라 진학, 취직, 기타 사회생활 각 방면에 걸쳐 이유 없이 부당한차별이 행해지고 있으며, 일본정부가 내놓은 사회복지시책의 혜택도거의 받지 못하고 있는 상황이라고 지적하였다. 협의회는 일본인의타민족 특히 한국인에 대한 편견은 일본인의 정신문화, 사회의 구조전반에서 유래하는 것으로서 일본인의 마음속에 자리 잡고 있는 뿌리 깊은 암반과도 같은 원죄라고 비판하였다(NCCK 247~248). 1974년 재일대한기독교회 청년회전국협의회도 "재일 동포에 대한 차별, 억압, 추방정책을 방기(放棄)"하고 "재일 동포의 민족교육권을 무조

건으로 인정하며 동화교육정책을 법제화한 한일조약에 기인한 '문부
성통달(通達)'을 파기하라"고 강하게 요구했다(NCCK 435).

　당시 일본 국회에 제출되어 있던 '출입국법안'은 특히 재일 외국
인이 일본의 정책에 반대하는 의사를 평화적 수단으로 표현하는 것
조차 명령으로 중지시키고 여기에 복종하지 않으면 퇴거를 강요할
것을 규정하고 있었다. 이와 같은 규정은 재일 외국인의 기본적 인
권 가운데 하나인 사상·신앙의 자유를 침해할 우려가 있는 것으로
해석되었다. 더욱이 일본에 거주하는 외국인의 대다수가 일제시대
일본정부의 강제연행으로 말미암아 일본에 거주하게 된 사람들이라
는 사실을 생각할 때, '출입국 관리령' 가운데 퇴거강제, 재입국에
관한 규정은 이들의 생활을 위협할 위험성이 있다고 파악하였다
(NCCK 248).

　한일교회협의회는 한국인 피폭자 구제문제에 대해서도 논의하였
다. 제2차 세계대전 말기 히로시마와 나가사키에 투하된 원폭으로
피해를 입은 한국인의 수는 5만 명을 넘는 것으로 추산되었다. 그
가운데 2만여 명이 직접 또는 급성증상으로 사망했으며, 반수 이상
은 귀국하였으나 충분한 의료혜택이나 생활보장을 받지 못한 채 여
전히 병고와 빈곤과 소외된 생활을 하고 있다고 지적하였다. 전쟁
중 히로시마와 나가사키에 병역 및 강제노동으로 동원되어 갔다가
전후 조국의 해방과 더불어 귀국한 이들 피폭자들은 그 후 일본정
부로부터 아무런 원호나 보상도 받지 못했다고 폭로하였다. 한·일
양국의 민간단체의 지원협력도 별로 없는 가운데 전후 28년 동안
피폭자들은 늙어가거나 병고 끝에 사망하고 있다고 증언하였다
(NCCK 248~249).

(4) 한국 민주화운동 지원

1960년대 미국의 민권운동, 한국의 4월 혁명, 대만의 학생운동은
일본에도 영향을 미쳤다. 또한 1970년대 들어와 일본경제가 풍족해
지면서 국민들의 생활조건은 개선되기 시작했고, 1979년 일본이 세
계인권조약에 가맹함에 따라 일본 내에서도 인권문제에 대한 관심
이 높아졌다. 이러한 배경은 재일 한국인들의 권익을 보호하기 위
한 시민운동 전개의 기본조건이 되기도 하였다. 또한 1972년 7·4
남북공동성명은 일본 내에서 본격적인 한국사회의 변화를 지향하는
운동을 시작하게 했다. 재일 한국인들은 한국민주회복통일촉진국민
회의(한민통)를 결성하여 김대중 구출 및 통일운동의 선봉에 서게
되었으며 세계의 다른 지역에까지 지부를 설치하여 해외운동을 연
계하는 데 주도적인 역할을 하게 되었다(조현옥 2005, 80).

일본이 한국 민주화운동에 크게 기여한 점 가운데 하나는《세카
이》지에 한국의 실상을 알리는〈한국으로부터의 통신〉을 지속적으
로 게재한 일이다. 그 글의 필자는 'TK생'으로만 알려졌는데 이후
지명관으로 밝혀졌다. 이러한 일이 가능했던 것은 기독교인들의 조
직적 활동 특히〈한국으로부터의 통신〉을 만들어냈을 뿐 아니라 스
스로를 드러내지 않고 국내의 민주화운동 세력을 오랫동안 크게 지
원한 '한국기독자민주동지회'의 활동 때문이라고 할 수 있다(정지강
2004 ; 박상증·오재식·이경배 2004, 170).〈한국으로부터의 통신〉은
《세카이》지 1973년 5월호부터 1988년 3월호까지 실렸으며, 지면의
3분의 1 이상이 한국 관련 기사로 채워질 때도 적지 않았다.

기사가 작성된 과정을 보면, NCC 총무 김관석 목사와 박형규 목사 등의 주도로 주로 외국선교사 등을 통해 한국에서 도쿄로 자료가 반입되었다. 오재식에 따르면 당시 한국은 지금의 미얀마처럼 정보가 통제되고 자유롭게 왕래를 할 수가 없었으므로 자료를 속옷에 감추거나 과자, 차 등을 뜯어 바닥에 숨겨 일본에 가지고 왔다고 한다(오재식 2009, 106). 일본에 들여온 자료들은 지명관에게 건네져 그에 의해 원고가 완성되고, 그 원고는《세카이》편집장 야스에 료스케에게 보내진 뒤, 원고가 누구의 글인지 알 수 없도록 다시 고쳐졌다. 야스에 편집장은 지명관에게 보낸 편지 같은 것들도 모두 태우도록 했으며 전화도 도청을 염려해 공중전화를 이용했다고 한다. 그래서《세카이》편집부에서조차 편집장을 빼고는 'TK생'이 누군지 몰랐고 알려고 하지도 않았다고 한다(한승동,《한겨레》 2008. 2. 29). 다음은 김대중 납치사건과 관련된〈한국으로부터의 통신〉내용 가운데 일부이다(岩波 1985, 40~43).

> 그 이면에는 김종필 총리의 의도가 담긴 다음과 같은 여야당총무의 합의가 있었다.
> 여당: "김 씨 사건에 대한 일본 언론의 보도 자세에 대하여 우리 국회가 각성을 촉구할 필요성을 느낀다."
> 야당: "지금까지 일본 국회나 언론은 김대중 씨 사건에 대하여 내정 간섭에 가까운 언동을 해왔다."
> 야당 대변인도 "일본 언론의 보도자세가 다분히 종래의 지배자의식에서 나온 나쁜 근성을 보여주는 점이 있다"라고 말했다. 또 야당의 부총무도 "내정간섭에 가까운 일본 측의 언동에 대하여 우리들도 정부 이상으로 각

성을 촉구하는 자세를 보일 것이다"라고 말했다.

"국가적인 차원에서 규명할 것을 규명하고 단 정부에 촉구할 것은 촉구할 것"이라는 것이었다. 이 같은 야당 측의 발언은 김대중 씨 사건의 토의에 대한 정부의 마음에 들기에 충분한 듯이 보였다.

또 대통령이 선출한 의원들로 이루어진 유정회의 대변인은 다음과 같이 선언했다.

"최근 일본의 일부 정치가와 언론의 작태를 보고, 단순히 김대중 씨 사건의 규명방법이라든가 내정간섭의 차원을 넘어 한국정부를 타도하려고 하는 의도가 다분히 있다고 판단하여 김 씨 사건과 관련된 일본의 일부 정치가와 언론의 태도에 대해 다방면에 걸친 시비를 가려보기로 했다." ……

5. 금번 문제는 국가주권이 절대적으로 보장되는 관점에서 처리될 일인데 일본의 일부언론과 정치가에 대한 정부의 대책은 어떤가?

6. 일본에서 가장 과격하게 김 씨 문제를 제기하고 있는 자민당의 우쓰노미야 도쿠마(宇都宮德馬) 의원은 3·1운동 당시의 조선군 사령관의 아들이다. 이 사람은 아무 증거도 없이 육감으로 "한국의 공권력이 개재했다, 주권침해를 했다"는 식의 주장을 하고 있다. 그는 국회에서 한일기본조약의 폐기, 대한 원조 중단, 유엔공동대책 보이코트를 주장했다. 3·1운동 당시 46,948명의 우리 동포가 합법적으로 검거되었고, 7,509명이 학살되었다. 한국인에 대해 악독한 정치를 편 사람의 자식으로서 한국문제에 자중하지 않으면 안 됨에도 불구하고, 한국에 대한 콤플렉스가 있어서 그런지 모르지만 그는 이번 문제에서 북한의 창구 역할을 하고 있다.

7. 역사를 볼 때 일본은 민비시해, 영친왕의 인질 등 공권력을 발동하여 우리 한국과 중국, 만주 등지에서 수다한 제국주의적 행동을 해왔다.

이런 과거로 볼 때 설령 김 씨 사건에 우리의 공권력이 작용했다 해도 일본의 언론이 그러한 모욕적인 기사나 보도를 할 수는 없을 것이다.

8. 일본의 일부에서는 한일 경제협력을 중단하라고 떠들고 있는데 이것은 참을 수 없는 일이다. 김 총리는 경제협력과 관련하여 대일편중외교를 지양, 서구로 확대할 용의는 없는가?

9. 일본 특파원은 중공과 북한에 대해서 사실과 다른 보도를 하고 있는데 정부는 그들을 전원 추방할 용의는 없는가?

이 기사는 김대중 납치사건에 대한 일본 국회 및 언론의 반응을 한국 국회가 내정간섭이라며 반발하고 있는 상황을 보여주는 것으로, 당시 박정희 정권이 김대중 사건을 비판하는 일본 여론에 대해 어떠한 인식을 하고 있는지 잘 보여주고 있다.

사실 유신 반대 목소리가 처음으로 나온 곳이 일본이었다. 당시 치료차 일본에 있었던 김대중은 유신 소식을 접하고 1972년 10월 18일 "박정희 대통령의 금번 조치는 통일을 빙자한 자신의 독재적인 영구집권을 노리는 놀랄 만한 반민주적인 조치"라고 비판했다. 김대중은 일본과 미국에서 유신반대운동을 조직하고자 노력했는데 이에 박정희 정권이 1973년 8월 8일 도쿄에서 김대중을 납치하였다(임영태 2008, 426).

이 사건이 터지자 박정희 정권에 대한 국내외 여론이 급속히 악화되었다. 특히 일본에서 이 문제는 심각한 정치·사회문제가 되었다. 주권국가인 일본에서 한국의 중앙정보부가 망명상태에 있는 정치지도자를 납치한 것은 일본에 대한 주권침해로 받아들일 수 있는 문제였다. 한편 한국의 정치인이 납치되도록 방치한 일본 경찰을 비판하는 여론이 일본에 들끓었다. 사실 일본정부와 경찰은 한국정부와 한통속이 되어 사건을 은폐하려고 했었다. 그러나 이 문제는 한·일정부 사이의 밀착으로 해결될 수 없을 정도로 국제적 파장이 커졌다. 또한 당시 인권을 중시한 카터 행정부의 등장으로 한·미관계도 악화되었다(임영태 2008, 437~439).

납치사건에 대해 국내에서는 보도가 통제되었지만 일본을 비롯한 세계의 언론은 이 사건을 상세하게 보도했다. 그러나 결국 이 사건은 진상규명 없이 정치적으로 수습되었는데 이 같은 수습을 일본인들은 '결착'(決着)이라고 불렀다. 박상증의 말에 따르면 양심적 일본인들은 국권침해 차원보다는 자기 나라와 한국의 정권이 옳지 않은 방향으로 유착되고, 원조라는 미명하에 일본의 경제침략이 강화되는 한편 독재정권을 공공연하게 지원하는 사실에 대해 분노를 느끼게 되었다. 박 정권은 일본정부와의 정치적 수습 과정에서 일본자본을 통한 경제개발의 길을 트는 거액의 차관요청으로 사건을 끌고 갔다(박상증 1995, 32). 따라서 일본 국회와 언론이 김대중 납치사건의 진실규명을 요구하고 한국정부를 비판한 것은 당연한 일이었다.

박정희 정권은 이렇듯 한국의 민주화운동 세력이 외국의 도움을 받는 것을 사대주의라고 비판하였는데, 이에 대해 종교계는 외국이 우리를 돕는 것은 교회가 가르치고 있는 인류의 공동선, 즉 자유와 정의, 평화를 위한 것이라 주장하면서, "온 인류가 추구해야 할 가치와 질서를 위하여 또 외국의 양심 세력이 우리를 도와주는 것 그리고 우리가 그들과 신앙 안에서 일치하여 불의에 대항하는 것이 어찌 사대주의"인가 하고 반문하였다. 오히려 "정부가 그들만의 부패특권과 특수 이익을 위해 외국 세력과 결탁하는 것, 바로 그것이 사대주의”라고 역공했다(《암흑속의 횃불》 3권, 68~69).

천주교정의구현전국사제단은 서한을 통해 ‘우리와 뜻을 같이 하는 여러 형제들이 세계 도처에 있다는 사실은 우리로 하여금 진리에 대한 믿음과 평화에 대한 소망을 더욱 절실히 깨닫게 하고 있으며 특히 일본의 여러 벗들이 우리들과 뜻을 같이 하고 있는 그 뜨거운 이웃 사랑에 대하여는 깊이 감사한다’고 표현했다(《암흑속의 횃불》 3권, 70). 그리고 한국과 일본의 참다운 우호와 이웃 사랑을 위하여 한국과 일본의 민중들이 궐기하는 것은 지극히 당연한 일이며 그 점에서 한국과 일본의 교회와 민중이 일치하고 있음을 믿는다고 했다. 그런데 “한국의 독재권력인 박 정권은 가증스럽게도 우리의 이와 같은 연대를 사대주의라고 말하고” 있다고 하면서 정권의 특수 이익을 위하여 민족의 존엄과 순결과 위신을 내버린 채, 일본 부패 세력과 공공연한 결탁 관계를 유지하면서 나라와 민족을 또 다시 일본의 부패 세력의 채찍 아래 내맡기고 있는 장본인이 바로 박 정권 자신이 아니고 누구인가 묻고 싶다고 반문했다(《암흑속의 횃불》 3권, 71).

3. 재독 한국인의 민주화운동

미국, 일본, 중국, 소련만큼 1970년대의 한국사회에 영향을 끼친 나라가 바로 독일이다. 당시 독일은 두 가지 점, 곧 한국 광부·간호사의 독일 파견 및 재독 한인들이 한국 민주화운동을 위해 노력했다는 점에서 한국에 경제적·정치적으로 영향을 끼쳤다.[4] 독일은 1960년대 이후 자국의 노동인력이 부족해짐에 따라 해외 인력을 받아들이기 시작했고, 그 결과 한국의 광부와 간호사들이 노동이민으로 독일사회에 자리 잡았다. 또한 독일사회의 사회민주적인 분위기로 독일은 미국, 일본과 함께 교포들의 민주화운동이 가장 활발했던 지역이며, 현재까지도 남한과 북한을 잇는 통일운동의 가교역할을 하고 있다(조현옥 2005, 77).

1970년대 독일에서는 특히 기독교인들이 중심이 되어 한국의 민주화를 촉구하는 활동을 벌였다. 1973년 11월 독일복음교회 동아시아선교부는 바일쉬타인에서 한국 기독교인 수련회를 갖고 〈재독 한인 그리스도인의 선언〉을 발표했다. 한국 측에서 안병무와 박봉랑, 스위스 측에서 박상증과 강문규, 미국 측에서 임순만 등이 참석했고, 그 밖에 재독 한인교회 목회자, 유학생 공광덕·이삼열·박경서 등과 한국문제에 관심있는 독일 목사들이 참석했다.

이 성명서는 "한국의 현 정권은 '10월유신'이란 위장된 구실 아래, 민주적 헌정질서를 하루아침에 파괴하고, 일인 영구집권의 독재체제를 구축하였으며, 이에 항거하는 지성인과 학생 및 종교인을 비인도적인 방법으로 탄압하며 제어하고 있다"고 비판했다. 또한

---

4) 또한 독일은 1970년 서독 빌리 브란트(Willy Brandt) 수상이 대동방정책을 펴서 동서화해의 길을 열었다는 점에서도 1970년대 남북관계 개선을 위해 좋은 시사점을 주었다고 할 수 있다. 1972년 3월 브란트는 서독 수상으로서 분단 이후 최초로 동독의 에르푸르트를 방문했고 같은 해 8월 동독 수상인 빌리 슈토프(Willi Stopf)가 서독을 방문했다. 이때 화해불가침을 규정한 기초조약이 합의되고, 1975년 유럽안보협력회의에서 무력포기를 선언하면서 독일통일의 길이 열렸다(박경서 2004, 12). 또한 독일은 당시 유럽이란 틀 속에서 통일을 추진했는데 이는 김대중 정부의 햇볕정책과 유사한 정책이라고 할 수 있다(박경서 2001, 106).

재독 그리스도인들은 인권과 사회정의의 실현을 위해 투쟁하다가 고난을 당하고 있는 국내외의 민주수호자들과 함께 공동의 유대의식을 가지며, 우리의 빛난 조국에 다시는 불의와 독재가 지배하지 못하도록 각 방면에서 최선을 다할 것을 엄숙히 결의했다.

이 성명서는 여러 나라로 유포되어 반독재운동을 자극했고 국내의 1973년의 〈한국 그리스도인 선언〉이 발표되는 데 도움을 주었다. 이 선언을 계기로 국내와 미주·일본·유럽을 연결하는 해외 기독자들의 민주화운동 연결망이 형성되었으며, 이 연결망을 통해 국내에서 나오는 반독재운동 문서가 독일로 전달되기도 했다(김흥수 2007, 202~203).

이러한 재독 기독교인의 한국 민주화운동 지원에는 독일교회의 도움이 매우 컸다. 1965년부터 한국 NCC와 독일복음교회는 관계를 맺어 오고 있었다. 1970년대에는 영국의 크리스천 에이드, 독일의 세계를 위한 빵, 스웨덴교회와 네덜란드 선교협의회와 같은 유럽 교회단체들이 한국 기독교인들을 지원하는 에큐메니컬 활동에 참여하기 시작했는데 그 가운데서도 독일교회의 지원활동이 가장 두드러졌다. 참여자들은 정보 및 전략에 대한 국제적 조정과 해외 거주 한인들의 역할에 대해 논의하고 한국 기독교인들이 단체를 만들면 세계교회가 지원하도록 도왔다.

한국인 참여자들은 다음과 같은 문제를 제기하기도 했다. 첫째, 인권옹호, 구속자 가족 돕기 등 단기적인 눈앞의 요구에만 호응해 왔고 장기적 목표나 운동의 방향에 대한 근본적인 고민이 없었다는 점, 둘째, 한국의 미래에 대한 청사진이 없었다는 점, 즉 단순히 박정희 정권의 교체뿐 아니라 민중의 해방과 남북통일까지 바라보는 민족사의 방향 제시가 결여되었다는 점, 셋째, 해외 곳곳의 운동들이 국내와 밀접한 연결과 균형 없이 이루어졌다는 점 등이었다. 그런데 이러한 문제들은 국내외의 제반 운동들을 연결하며 전략전술을 세워야 할 기능적 중심부의 부재에 원인이 있다고 판단되었다. 또한 국내 운동들이 양지에서 활동을 할 수 없는 상황이기 때문에 해외에 본부를 두어 운동을 조직화·체계화하고 또한 전문화·직업화해야 할 단계에 이르렀다고 보았다.

즉 "현 단계에서 가장 시급한 과제는 국내·국외의 제반운동을 범세계적으로 연결시키며, 조직 활동, 외교적 활동, 국내지원 활동을 통제 강화할 수 있는 중심부를 설치하는 일과, 이를 담당할 인적 자원을 중심부에 결집시키는 일"이었다. 이에 중심부와 연락망을 구성하여 민족사의 방향을 제시하는 선언문 및 프로그램 작성, 제반활동의 전략 전술적 검토, 인적 자원의 기능적 활동분담 등을 수행할 '한국민주사회건설세계협의회'를 결성하였다. 이 협의회는 1976년 '한국민주화운동세계협의회'로 개칭하고 이어 1977년에는 다시 '한국민주화기독자동지회'(민주동지회)로 개칭했다(김흥수 2007, 207~209).

독일과 한국의 민주화운동의 연계를 시도하는 민주동지회의 활동은 다음과 같은 기록을 통해서도 짐작할 수 있다. 즉, 1979년 11월 23일 민주동지회 회의록 가운데 정하은의 보고에 따르면, 민주동지회는 "본인은 김대중을 지지한다"는 샤프(Scharff) 주교의 서안을 전달했다. 샤프 주교와 브란트 총리는 '친교관계'라고 메모되어 있기도 했다. 또한 베를린에 있는 30여 명의 학생, 간호사들이 중심이 된 인권문제연구회에서 동일방직 사건을 위해 '일 인 일 마르크 캠페인' 및 바자회를 통해 한 달 동안 7천 마르크를 모금했다는 점도 보고되었다(국사편찬위원회 소장, 1979년 11월 23일 회의록).

한편 유신체제에 반대하는 투쟁조직이 필요한 시점에서 독일 동포들은 1974년 3월 강돈구, 박대원, 송두율, 윤이상, 이영빈, 이삼열, 이화선 등 55명이 뜻을 같이 하는 국내외 동포들과 반독재 투쟁의 대열에 뭉치고자 다짐하는 〈민주사회건설을 위한 선언서〉를 발표하고 '한국민주사회건설협의회'(민건회)를 조직했다(김흥수 2007, 203). 민건회는 1974년 3·1절을 기념으로 유학생, 기독교인, 광부, 간호원들이 참여하여 뮌스터 광장에서 성토대회와 가두시위를 벌이고 이들을 중심으로 단체를 조직하였다. 그들이 내걸었던 목표는 독재정치의 횡포와 탄압, 국민경제의 예속과 파탄, 서민대중의 착취와 빈곤을 초래한 박정희 정권의 비민주적·반사회적인 유신체제를 철폐하고 인간의 존엄과 사회정의를 구현하는 민주사회의 건설을 촉구하기 위한 것이었다.

민건회의 성립은 곧 재독 한인노동자연맹(노연)의 조직으로 이어졌다. 노연은 당시 재독 노동자들을 중심으로 결성되었으며 이들 또한 한국의 민주화운동을 중심주제로 다루었으나 재독 노동자들의 체류문제나 인권문제 등에 대해서도 적극적으로 대처하였다. 그 밖에 재독 간호사들의 체류문제로 결성된 재독 여성모임 등이 독일 민주화운동의 주체 세력들이라 할 수 있다(조현옥 2005, 83).

이들의 활동에는 독일 현지의 상황도 큰 역할을 했다. 1960년대 후반부터 시작된 신좌파운동으로 자유로워진 독일 내의 상황이 유학생과 교포들로 하여금 한국의 인권문제에 관심을 돌리게 했으며 조직을 결성하도록 촉진하는 요인이 되었다(조현옥 2005, 83). 필자는 이러한 독일의 상황을 한국경제 및 노동의 문제점을 지적하고자 국내에 소개했다. 다음은 독일 노동조합총연맹의 위원장 하인츠 베터(Heinz Vetter)가 기관지 《월간노동》 1976년 5월호에 게재한 글 가운데 일부이다(박경서 1977, 61~62).

> 우리 독일의 노동자는 지금까지 경제발전과 부의 극대화에 공헌을 해왔으나 우리는 지금 무절제한 경제성장에서 파생되는 부정적인 측면과 그 한계점을 통렬히 인식하면서 다음 세 가지로 우리의 목적을 삼는다.
>
> 첫째 의회민주주의를 통한 정치적 자유의 보장, 둘째 사회보장제도를 극대화하는 경제적 사회주의, 셋째 경제성장의 한계점에 즈음한 오늘에 있어서의 인간존엄성 회복…….

독일은 보수성이 짙은 가부장적 봉건주의의 잔재가 강하게 남아 있던 사회로, 다른 나라와 마찬가지로 초기 임금노동자의 참상은 이루 말할 수 없었다. 특히 당시 유행했던 '현물임금제'는 노동자가 노동의 대가로 임금 대신 자신이 일한 공장에서 생산되는 생산품을 받는 제도이다. 이 제도는 노동자에게 이중의 착취를 강요하였다. 왜냐하면 대부분의 경우 노동자는 그 물품을 생활에서 직접 사용할 수 없기 때문에 손해를 보더라도 사용주에게 다시 팔아야 하고, 그 돈으로 생필품을 사들여야 했기 때문이다. 그러나 이런 착취를 당했던 노동자들은 결국 투쟁의 성과로 1951년 광산·철광산업에서 경영참가권을 획득하게 되었다. 또한 그로부터 25년이 지난 1976년 독일 의회는 노동자의 경영참가제도를 전 기업에 확대 실시할 수 있도록 하기 위한 새로운 공동결정법안을 압도적인 지지로 통과시켰다. 이는 쉽게 이루어진 것이 아니라 128년 동안의 노동자의 투쟁으로 달성된 성과이다(박경서 1977, 65~67). 이러한 독일 노동자의 투쟁 성공 및 이를 수용하는 독일의 사회민주적 분위기는 한국 노동운동 및 정치사회의 발전을 위해 좋은 사례로 제시되었다.

분단 45년 만에 통일을 이룬 독일은 통일 20년을 맞는 오늘까지도 한국의 민주화 그리고 평화통일에 자신들의 경험을 전수하고 있다. 특히 앞서 본 바와 같이 독일교회는 1970~1980년대 한국교회의 민주화운동에 물심양면으로 많은 기여를 하였으며, 1980년대부터 1990년대 초반기의 한국 NCC의 모든 프로그램 예산의 40%를 담당하는 놀라운 형제애를 보여주었다. 또한 기독교 방송국이 고난당하던 시절에도 많은 도움을 주었으며, 광주항쟁으로 파손된 광주 YWCA 건물을 현 위치로 옮기고 새로 세우는 데 드는 전체 예산의 80%를 원조하였다. 그 밖에도 NCC 인권위원회를 따로 특별히 지원한 것과, 민주화운동으로 희생된 많은 교회 목회자와 평신도들을 도운 일은 역사가들이 높이 평가해야 할 것이다.

독일은 북한을 돕는 데도 앞장섰다. WCC를 통하여 평양 제약공장 건설을 원조하고, 함흥공업대학, 원산농업대학, 수산대학의 실험실 기자재를 최신형으로 교체하기 위해 당시 1,000만 불 이상을 지원하였다.

한반도 평화·통일의 전망과 과제

(1) 2010년 국내외 환경

금년은 호랑이 해이다. 호랑이는 용맹하여 만물의 용장(勇獎)이고 하고 싶은 일은 늘 성취하는 동물로 알려져 있다. 이러한 성취의 해에 우리 민족의 숙원인 평화통일을 기원하는 마음이 간절하나 주어진 여건은 만만치 않다.

한편 금년은 경술국치 100년의 해이고, 일본이 우리 민족을 본격적으로 식민지화하기 시작한 치욕의 을사보호조약이 강제로 체결된 지 105년이 되는 해이다. 이 비극은 1905년 일본과 미국 사이에 비밀로 체결된 가쓰라-태프트(Kasura-Taft Treaty)협약과 맥을 같이 한다고 할 수 있다. 이 협약은 미국이 필리핀을 식민지화하는 것을 일본이 묵인하고 일본이 한국을 식민지화하는 것을 미국이 묵인하는 협약이었으니 한반도의 분단도 어찌 보면 이것과도 무관하다고 할 수 없으며 오늘날까지도 이웃 나라들의 협력 없이는 평화통일이 늘

어렵게 여겨지고 있다.

또 금년은 광복 65주년이 되는 해이며, 동시에 분단 또한 65주년을 헤아리게 되었다. 역사적인 남북정상회담 10주년이 되는 해이기도 하다. 제2차 남북 정상회담에서는 8개 항목을 합의하였고, 2007년 10월 31일 오후 3시에 개최된 제62차 유엔총회에서는 192개국의 유엔 회원국가가 우리의 남북 합의문을 만장일치로 환영하는 세계적 평화행사가 이루어졌다.

당시 현장에 참석한 필자는 남북 대표들의 화기애애한 분위를 목격하면서, 늦었지만 한반도 평화정착이 오려는가 보다 하는 희망을 가지게 되었다. 더군다나 2007년 서울에서 열린 총리급 회담에서 서해의 평화지역 선포가 구체적으로 논의될 수 있도록 합의한 내용을 보면서 더욱 이러한 생각이 들었다. 그러나 당시의 이러한 생각은 금년에 들어서 나를 초조하게 한다. 현재 우리 눈앞에 전개되는 남북의 상황이 간단해 보이지만은 않다. 남쪽이 원인 제공을 했다손 치더라도 남북이 계속적인 대치국면으로 치닫는 상황을 보면서 씁쓸한 생각이 든다. 천안함 사건도 그렇고 최근의 북중 회담도 그렇다.

이러한 역사적인 시점에 우리가 살고 있는 한반도의 평화정착에 대해서 생각해보고 반성해보는 것도 의미 있는 일이라 생각된다. 그렇게 함으로써 우리들 각자의 역할이 무엇인가 하는 해답이 나올 수 있기 때문이다.

필자는 제네바에서 근무하던 10여 년 사이에 북을 26차례 방문하였다. 남들은 북에 드나들 수 없었을 때이다. 처음 방문이 1988년이었고 마지막 출장이 1999년이었다. 그 후로 한 번도 북을 방문한

적이 없다. 북녘도 많이 변했을 것이다. 유엔 회의에서나 개성공단, 그리고 통일부의 모임 등에서 북의 일꾼들을 늘 만날 수는 있었으나 북에서 살고 있는 나의 형제자매는 지난 11년 동안 보지 못했다.

이제부터 내가 지금까지 한결같이 주장했던 원칙을 다시 반복하려고 한다. 원칙의 얘기, 상식의 얘기이다. 지난해 나남출판사에서 출간한 《지구촌 시대의 평화와 인권》의 마지막 장에서도 같은 얘기를 되풀이했는데 이 책에서도 비슷한 말을 하겠다. 그리고 이 글을 에필로그로 대신할까 한다.

우리는 냉혹한 국제사회에서 배달민족의 현주소를 읽기 위해 노력해야 한다. 세계는 지금 국가 간 양극화가 가속화되고 있으며 소수의 강대국가와 다수의 약소국가로 나뉘어 소외의 격차는 날로 더욱 심화될뿐더러 하나의 국가 안에서도 소수의 절대부자들과 다수의 빈곤계층으로 양극화되고 있는 현실이다.

유엔개발계획(United Nations Development Program: UNDP)은 20세기의 발전모델의 오류는 개발의 극대화를 추구하여 인간의 존엄성 대신 국가안보를 우선순위에 놓았고, 무분별한 발전을 추구하여 환경을 파괴하였으며 또한 부의 극대화를 위해서 전쟁과 폭력이 난무하는 데 있었다고 개탄하였다. 대신 21세기의 모범답안인 지속가능한 발전을 위해서 민주주의에 바탕을 둔 환경, 평화, 인권이 주축이 되는 경제성장 모델을 제시하고 있다.

우리나라도 예외는 아니어서 1970~1980년대에 안보를 우위에 두고 인권과 환경을 도외시했던 사회발전 모델의 한계를 1997년 12월 IMF 금융위기를 겪으며 인정하게 되었으며, 4천만 국민의 피나는 노력으로 IMF 재정위기를 극복하였고 나름대로 성공할 수 있는 모델국가로서 가능성을 인정받았다고 볼 수 있다. 재정위기 때 240억 달러였던 외화보유고가 10년이 지나 2천 6백억 달러를 넘었으니 이는 민족의 자긍심을 느끼게 하는 대단한 일이다.

그러나 미국에서 시작된 경제위기는 오늘날 우리 주위를 강타하고 있다. 1년 전까지만 해도 우리에게 긍지를 느끼게 해준 우리의 환경은 다시 어려운 상황으로 변했는데, 경제난과 더불어 지고의 가치인 평화를 생각해 보아야 하겠다.

(2) 한반도 평화통일 구상

인류의 문자기록 역사는 3,520여 년으로 추정되며 인간은 이 역사동안 약 280여 년만을 전쟁 없이 평화롭게 살았다. 우리 인간들은 거의 92% 이상의 인류 역사를 전쟁을 치르느라 허송세월했다. 어찌 보면 우리의 역사는 전쟁과 폭력으로써 평화가 올 수 있다는 신념을 가진 한편의 사람들과, 전쟁과 폭력은 결코 참 평화를 보장해 주지 않을뿐더러 설령 평화인 것처럼 보인다 하더라도 이는 거짓이고 오래가지 않는다고 생각하는 다른 한편 사람들의 대치의 역사였다고 할 수 있다.

융성과 찬란의 극치였던 로마제국(Roman Empire)은 로마인들의 평화와 인권을 위해 이웃나라의 평화와 인권을 유린하였기에 오래가지 못했다. 즉 가난한 이웃 나라들의 정의를 짓밟았기 때문이다. 이것을 '팍스 로마나(Pax Romana)의 종말'이라고 한다. 따라서 평화는 정의와 같이 가야 한다는 진리를 우리 모두는 깨닫게 된다. 평화는 정의를 동반할 때 진정한 참 평화이며 오랫동안 지속할 수 있다는 말이다. 나만의 평화가 아니고 모두의 평화가 진정한 평화라는 교훈이다. 아직 학문으로써 뿌리를 내리지 못하고 있는 평화학이지만 그래도 평화를 얘기할 때에는 다음의 4가지 쟁점을 파고들어야 한다는 데는 이론의 여지가 없다.

첫째의 쟁점은 가난과 질병에서의 자유이다. 곧 인간 안보의 개념이다. 가난과 질병에서의 해방이 인류 평화정착의 기본이란 뜻이다. 둘째는 전쟁과 핵 위험에서의 해방을 꼽는다. 무력과 갈등·폭력에서의 완전 해방을 인류가 추구하는 평화의 중요한 쟁점으로 주장한다. 그래서 세계·유엔·유럽연합체들은 이를 실현하고자 노력하고 있다. 셋째는 소외계층의 최소화이다. 한 사회, 한 국가, 한 지역에 불평등하다고 느끼는 집단이 없어야 한다는 주장이다. 외국인 노동자, 탈북자, 결혼 이민 여성들이 우리 사회에서 차별받지 않고 우리와 똑같이 살도록 해야 모두가 평화롭다는 얘기이다. 1백여 년 전부터 프랑스에 이주해서 사는 알제리 인들이 3년 전에 일으킨 폭동은 프랑스 전역의 평화에 큰 위험으로 지금도 작용하고 있음을 우리는 늘 상기해야 할 것이다. 넷째는 생명운동, 환경보호, 생태계의 보존, 창조질서의 회복 등이 평화에 절대적이라는 것이다.

이에 유엔은 1984년 11월 10일 탄생 제40주년을 기념하면서 인류 모두는 전쟁과 핵의 위협에서 자유로워야 한다는 평화로울 권리(Declaration on Rights of People to Peace), 즉 평화권을 선포하였다. 이 평화권은 지난 45년 동안 미소 냉전(1945~1990)의 소용돌이 때문에 평화권의 중요성은 당위성만큼 진척을 보이지는 못했다. 그러나 이라크 전쟁 이후에도 전혀 정국이 안정될 기미를 보이지 않고 있는 오늘날처럼 평화권의 중요성이 우리에게 절실하게 호소력을 가진

적이 없다. 한반도의 평화는 세계의 평화, 동북아의 평화와 동일시
된다. 그렇다면 이런 평화를 우리는 어떻게 주위에서 실천해야 할
까. 필자는 평화정착을 위한 접근 방법에 포괄적 접근을 하라고 주
장한다. 즉 'Comprehensive Approach'이다.

'포괄적 접근'이란 첫째로 우리가 바라는 평화는 다분야의 동시
적 접근(Multi Sectoral Approach)을 말한다. 즉 한반도의 평화는 인권,
민주주의, 지속가능한 발전, 북녘의 가난과 기근, 그리고 생명권, 기
아, 질병 배고픔의 문제 등의 여러 가지 쟁점들과 연계하여 많은 분
야를 동시적으로 접근해야 한다.

둘째로 평화는 다차원적으로(Multi Dimensional) 복합적으로 협력
해야 한다. 국내적으로는 남북한이, 국제적으로는 동북아와 유엔 국
제기구들과의 연계 등이 동시에 어우러져 이룩되어야 할 것이다.
국내적, 아시아적, 국제적의 다차원적 접근들이 한데 어울리는 것
말이다. 이러한 다차원적인 접근 방식을 독자들은 늘 머릿속에 간
직해야 한다.

마지막으로 우리의 평화정착에는 다양한 출연자들이 역할을 분
담하며(Multi Actor) 같이 움직여야 한다. 남한과 북한이, 정부와 민
간인이, 그리고 유엔과 이웃 나라들이 평화정착을 공동의 목표로
인식하고 서로 협력해서 보조를 맞추면서 진행해야 한다. 물론 각
자의 역할이 서로 다르다는 것을 서로 인정하면서 말이다. 이 역할
분담론을 영어로는 'Division of Labor'라고 한다.

이상의 'Multi Sectoral, Multi Dimensional, Multi Actors'의 모든
메커니즘이 매끄럽게 같이 움직이는 것을 필자는 상징적으로 '포괄
적 접근'이라고 명명한다. 이러한 접근 방식은 북한의 인권문제 해

결에도 적용된다.

이러한 접근은 한반도 평화정착을 위한 제언들이 균형을 잃고 단순화되거나 방계이론이 오히려 본론을 호도하는 경향을 피하기 위함이다. 더욱 위험한 함정은 평화 토론이 정치화하는 경향이다. 이러한 오류를 시정하기 위해서는 포괄적 접근이 가장 이상적인 방식임을 우리는 깨닫게 된다. 그리고 이 방법론은 학문적이면서 공정하다.

이런 맥락에서 미래의 지도자들은 자신을 헌신하여 평화교육에서 중요한 역할을 하고, 통일교육에서 평화의 전도사 역할을 하면서 다음을 고민해야 한다. '동서독의 통일 20년의 평가(Assessment)를 참고하면서 아직도 일 국가 두 민족이라고 하는 고백은 왜 나오는가?', '우리나라의 합리적 보수와 이성적 진보의 협력은 왜 불가능한가? 과연 그러한 건전한 세력을 구축하는 길은 무엇인가?', '남녘의 1/2에 북녘의 1/2이 합쳐지는 상징적 통합을 위한 국민 1/2운동의 시작은 어떻게 접근해야 하는가?', '헬싱키 프로세스의 교훈은 한반도와 어떤 연계가 가능한가?', '52주년을 맞은 유럽연합의 경험은 동북아와 한반도의 평화에 어떤 가르침을 주는가?' '독일의 여야는 최소한 통일과업에서만은 끝까지 협력했는데 왜 우리는 안 되는가?' 하는 이슈들과 씨름해야 한다.

이제 한반도 평화정착의 사도가 되기 위한 이론 전개의 틀(Frame of Reference)을 객관적으로 제공하는 독일의 경우를 살펴가며 알아보도록 하겠다.

(3) 독일과 한반도 상황의 비교

1945년 제2차 세계대전이 끝난 뒤 지구상에는 독일과 한반도가 나란히 분단되었다. 독일은 미국, 소련, 프랑스, 영국의 연합국가가 1/4씩을 점령했다. 독일의 분단은 전쟁을 일으킨 전범 국가로서 당연한 것이었지만 한반도는 전쟁피해 당사국인데도 분단되었다. 여러 가지 이유를 나열할 수 있겠지만 우리 조상들이 못나서 서로 싸운 원인도 배제할 수 없다. 문헌에는 당시 미국과 소련이 한반도 독점을 서로 견제·방지하기 위해서 38선이 그어졌다고 기록되어 있다. 38선을 중심으로 이북은 소련이 일본 패잔병들의 무장해제를 위해서, 38선 이남은 미국이 일본 패잔병의 무장해제를 위해 3개월의 잠정적 기간을 두며, 3개월 뒤 한반도 내 일본군의 무장해제가 완수되면 미소와 남북대표가 만나 한반도 독립을 보장하기로 한 계획이었다. 그러나 불행하게도 이 계획은 남북 각각의 국내 여러 사정 때문에 3개월은 고사하고 65년의 세월이 흘러 오늘에 이르고 말았다.

독일도 분단 초기 서로 질시하고 미워하면서 동서독이 대치하였는데 그 상황이 한반도 대치상황과 비슷했다. 그러나 독일의 경우 1970년 서독 수상이었고 1973년 노벨평화상을 수상한 빌리 브란트(Billy Brandt) 박사의 동방정책이 실천되면서 서서히 협력시대로 접어들기 시작했다. 동방정책은 신뢰에 바탕을 둔 화해와 협력을 골자로 하였으나, 공포되면서부터 이웃 나라인 영국과 프랑스의 반대에 부딪쳤다. 동서독 화해는 종국에는 독일통일을 가져올 것이고,

통일된 독일은 최강대국으로서 제3차 세계대전을 일으킬 수 있다는 우려 때문이었다. 그러나 브란트 수상은 "동서독의 화해는 동유럽 공산권과 서유럽 자유진영의 화해를 위하여 추진되고 협력된다"는 유명한 말로 주변 국가들의 우려를 잠재웠다.

1970년 3월 브란트는 서독 수상으로서는 최초로 동독 수상 빌리 스토프(Willi Stopf)의 초청으로 동독의 에르푸르트(Erfurt)에서 정상회담을 했고 동독 수상은 같은 해 8월 서독 수상의 초청으로 서독의 카셀(Kassel)에서 제2차 정상회담을 했다. 이곳에서 합의된 문서는 1972년의 기본조약(Grundvertrag)으로 나타났고 이 조약에 반영된 히틀러 시대의 이웃 나라 즉 폴란드와 체코 내의 독일 강제 점령지를 되돌려 준다는 조항 때문에 어려움에 봉착하여 브란트 수상은 서독 하원에서 불신임 결의안에 직면하게 되었다. 그러나 야당이지만 젊은 기독교민주당 국회의원 12명이 주동하여 "게르만 민족의 문제는 당의 정책보다 더 우위에 있기에 우리는 당명을 어기고 현안 중인 브란트 수상의 불신임안을 반대한다"고 천명한 뒤 부결시켜 브란트는 수상직을 계속 수행하게 되었다.

그렇게 되자 1975년 헬싱키에서 개최된 유럽안보협력회의(Conference on Security and Cooperation in Europe: CSCE, 1994년에 Organization for Security and Cooperation in Europe: OSCE으로 재조직)에서 동서독 불가침조약이 주변 국가들의 절대 지지로 체결되어 독일은 1990년 10월 3일 분단 45년 만에 통일이 되었다. 우리나라에서도 이러한 선각자적인 국회의원들이 나오기를 기대한다.

참고로 핀란드 정부가 주도한 헬싱키 프로세스라고 일컬어지는 유럽안보협력회의는 미국과 캐나다를 포함한 35개국이 참가하여 다음 10가지의 원칙을 가지고 1973년부터 움직여 오늘의 유럽통합과 동서독 화해·통일에 크게 기여했다고 볼 수 있으며, 지금 우리가 추진하고 있는 동아시아 공동번영 계획에 크게 참고가 되리라 생각된다. 그래서 필자와 함께 2007년 8월 1일부터 이화학술원 내의 평화학 연구센터에서 헬싱키 프로세스가 한반도 평화정착과 동북아 공동체 건설에 주는 교훈은 무엇인지 연구하고 있다.

다음은 이 프로세스의 원칙들이다. 우리에게도 많은 점을 시사하고 있다.

① 각국 주권에 대한 존중 ② 비폭력 원칙 ③ 국경존중원칙 ④ 각국영토 보장 ⑤ 갈등의 평화적 해결원칙 ⑥ 국내문제 불간섭 원칙 ⑦ 인권, 사상의 자유, 종교, 양심 등 ⑧ 인류평등 원칙과 민족자결원칙 ⑨ 회원국 간의 협력증진 ⑩ 국제협약 존중과 준수 등 이상의 10가지이다.

이제 한반도의 경우를 살펴보자. 한반도에서는 서독의 동방정책 선포 2년 뒤인 1972년 7월 4일 7·4 남북공동성명이 양국 간에 합의, 선포되었다. 전문과 7개 조항으로 된 이 합의문서는 당시 남북의 이후락 대표와 김영주 대표 사이에 서명이 이루어진 중요한 문서로서 평화통일을 이루기 위해 민족협력과 상호불신해소 등 독일 동방정책의 골자와 일맥상통하는 합의를 이룬 것이라 할 수 있다. 비록 이 합의서는 남북 쌍방이 정권 연장의 빌미로 이용했다 하더라도 당시의 냉전구조를 불식하려는 의지는 높이 사야 하며 남북 배달민족의 염원을 담아내었다는 점에서는 역사적인 의미를 부여해야 한다.

그러나 문제는 독일에서는 동서독의 게르만 민족이라는 접근에서 볼 때 분단에서 통일까지의 45년간 그리고 통일 후 17년간, 총 62년 사이에 민족문제에 관한 한 단 한 번의 단절도 없이 지속적으로 교류가 추진되었다는 점이다. 사민당의 동방정책이 정권이 바뀌어도 변함없이 추진되다가 기민당의 콜(Kohl) 정부에서 통일이 이루어졌고, 통일 후 민족문제는 다시 집권당인 사민당의 슈뢰더(Schroeder) 정부가 동서독의 균형발전을 추진하였으며, 이제는 사민당 기독교 민주당의 대연정 이후 추대된 안젤라 메르켈(Angela Merkel) 정권에 의해 중단 없이 추진되고 있다.

이와 달리 한반도의 경우는 7·4공동성명의 정신이 단절된 채 근 20년 뒤 1991년 12월 13일 남북 고위급 합의 문서를 전 세계에 선포하자 세계 각국이 기대 반 의심 반으로 이 문서를 접하게 되었다. '남북 사이의 화해와 불가침 및 교류, 협력에 관한 합의서'라는 긴 제목의 이 문서는 전문과 4개의 장 총 25개조로 되어있으며 평화통일의 의지를 아주 잘 나타낸 전대미문(前代未聞)의 문서이다. 그러나 이 문서를 선포한 뒤 김일성 사후의 조문사절 파동 등으로 다시 단절되고 말았다. 그 후 약 10년 만인 2000년 6월 15일 '6·15 남북정상 공동선언'이 남북 정상 간에 합의되었고 2007년 10월 4일 열린 제2차 정상 회담에서 8개의 항목에 합의하였으나 이 모든 선언들이 단절되어 당시의 정권 차원으로 머물러 버렸다. 우리는 분단 65년인 오늘에 이르고 있으며 누구의 잘못이든 남북은 다시 대치국면으로 치닫고 있는 안타까운 상태가 바로 오늘의 현실이다. 그러면 이상의 통일된 독일로부터 배울 수 있는 몇 가지 교훈을 찾아보겠다.

(4) 독일로부터 얻는 교훈

올해로 통일 20주년을 맞는 독일에서 6년 전이던 2004년, 통일 14년을 분석·회고하는 많은 공식, 비공식 문서들이 세계에 소개되었다. 이 문서의 담론은 "아직도 우리는 일 국가, 두 민족으로 남아 있다" 하는 화두이다. 사전에도 없는 '오씨'(Ossi, 게으르고 불평만 늘어놓는 동독 녀석)라는 단어라든지 '염치없고 체면 없는 동쪽 녀석'이라는 뜻이 숨어있는 'Trotzidentitaet'라는 단어를 서독 사람들이 동독인을 비하해 쓰고 있다. 그런가 하면 옛 동독인들은 서독인들을 '깍쟁이 수전노'라는 뜻의 '베시'(Wessi)라고 일컫고 있다.

인구의 17퍼센트밖에 안 되는 소수의 동독인들이 '부자 깍쟁이'라는 뜻의 베시라는 단어를 서독인들에게 쓰는 것을 보면서 독일 국민들이 처한 분단 45년의 깊은 골을 헤아릴 수 있게 된다. 1960년대 초 이미 60세 이상의 시민들은 직계자손이 있으면 상대국에 30일 이상 방문 체류할 수 있다는 협약을 체결하고 실천한 독일은 그때부터 관광, TV 시청, 서신교환 등을 실시했다. 그럼에도 동서독이 오늘날 이러한 상황인데 분단 65년째이고 상호교류는 그에 훨씬 못 미치는 우리가 어떨지를 생각하면 우려를 금할 수 없다. 독일은 그러면서도 통일되기 전에 민간교류를 더욱 활성화하지 못했다고 아쉬워하고 있다. 이것들은 우리에게 좋은 가르침을 주고 있다. 서독이 통일까지 동독에 지원한 원조액은 총 481억 달러에 달했다. 이는 1972년부터 1990년 통일이 되기까지 정부가 지원한 297억 마르크 즉, 137억 불과 민간차원의 지원금으로 같은 기간 중 정부의 약 2.5배 수준에 이르는 748억 마르크 약 344억 달러를 합한 것이다. 우리나라의 경우는 1992년부터 2004년 6월까지 총 26억 2,359만 달러를 지원했다(민간경제협력 11억 5,054만 달러, 정부 5억 3,446만 달러, 금강산 관광대가 4억 445만 달러, 민간 대북지원 2억 3,935만 달러, 민간차원 사회문화 협력사업 투자 5,687만 달러).

서독이 통일 이전까지 이런 엄청난 경제지원을 하고 통일 이후에도 매년 재정이전 방식으로 759억 달러씩을 동독지역에 지원해도 옛 동독지역의 경제는 옛 서독경제를 밑돌고 있으며 그 격차는 날로 늘어나고 있다. 전체 인구 17%의 동독 사람들이 독일 실업의 1/3을 차지하고 있으며 제조업은 고작 8%, 수출은 6%밖에 차지하지 못해 동독인들의 상대적 박탈감은 심각하다.

이러한 동서독 균열의 원인은 여러 가지가 있겠지만 우선 통일 후 서독마르크와 동독마르크를 1대 1로 바꾸도록 하여 400%의 물가앙등을 초래한 점, 동독 인프라의 60%는 살릴 수 있다고 보았는데 실제로는 80%가 못 쓰는 쓰레기라 버릴 수밖에 없었던 점, 동독 근로자의 임금수준을 서독 근로자 임금의 80%라는 고액으로 시작한 점 등을 꼽을 수 있다고 지적한다. 분단 당시의 동독은 필자도 방문한 바 있지만 세계 10대 경제대국이었으며 인프라 수준도 서독의 70%였다. '그러한 나라가 왜 이렇게 되었을까?'라는 질문에 그들은 다음과 같이 대답한다.

"동독의 형제들을 길을 가다 넘어져서 우는 어린아이로 비유한다면 우리 서독은 지난 14년 동안 우리의 경제력과 감성적 정서까지 합해 그 아이를 등에 업고 달려왔다고 할 수 있습니다. 우리는 차라리 시간이 오래 걸리더라도 이 우는 아이에게 우유를 주고 스스로 일어나 걷게 가르쳤더라면 얼마나 좋았을까 후회하고 있습니다. 스스로 걸음마를 걷도록 하는 자생력을 간과하고 말았으며 그 중요함을 무시했던 것을 후회합니다.”

이를 우리 상황에 적용하면 우리는 북녘의 문제를 그들 스스로 풀어나가도록 해야 한다는 해결책이 도출된다. 남녘이 북녘의 문제를 대신 해결해 줄 수는 없다. 북녘이 스스로 그들의 문제를 풀 수 있도록 지원해야 한다. 스스로 걸음마를 하도록 말이다.

지금 우리 주위에는 약 2만여 명의 새터민들이 우리와 같이 살고 있다. 그들의 어려움은 이루 말할 수 없다. 45%의 새터민들이 한국에서 살기 힘들다고 말한다. 남쪽시민의 80%는 북한 동포들에 무관심하거나 이들을 귀찮아한다고 통계는 보여주고 있다. 우리들은 주위의 새터민들을 형제처럼 돌보아야 한다.

이 새터민문제를 근본적으로 해결하려면 북으로 하여금 스스로 걷게 하여 배고픈 탈북자들을 양산하지 않게, 북이 배부르게 되어 배고픈 사람들이 누구도 고향을 떠나지 않도록 북을 도와주어야 한다. 그래서 북녘 동포들을 그곳에서 살도록 해야 한다. 이것이 우리가 독일의 경험에서 배운 교훈일 것이다. 이를 위해 인도주의적인 식량원조 및 기타 필수품을 북녘에 지원해주어야 한다. 그들이 스스로 걸을 수 있게 말이다. 이것이 유엔이 얘기하는 인도주의 원칙(Humanitarian Principle)이다. 여기서 잠깐 우리와 같이 살고 있는 새터민들의 상황을 살펴보도록 하겠다.

(5) 새터민 상황

우선 탈북자는 내국인도 아니고 외국인도 아닌 비국민의 지위를 갖고 있는 애매한 상황이다. 비록 우리나라 헌법은 한반도와 그 부속도서가 대한민국이라 선포하고 있지만 탈북자는 헌법의 효력이 미치지 못하는 주민들이기 때문이다. 그래서 탈북자들이 우리나라에 와서 주민등록증을 받으면 대한민국 국민이 되는 것이다.

탈북자들이 남북 모두와 외교관계를 수립하고 있는 제3국에 있을 때에는 북한인이다. 현재 5만에서 10만의 탈북자들이 중국 또는 기타 국가에 있는 것으로 추정되고 있다. 중국은 이들을 사회주의적 기준으로 다루고 있고 중국 주권의 문제로 보고 있어 탈북자문제에 관여하는 것은 곧 중국의 주권을 침해하는 분리주의에 편승하는 것으로 취급, 엄단하고 있는 실정이다. 그래서 탈북자들의 처지를 중국 내의 조선족의 문제와 동일시 해 자국의 문제로 보고 있으며, 탈북자를 식량을 구하려고 온 일시적 현상으로 보면서 북한과 중국 양국의 문제로 여기고 있다.

국제사면위원회(Amnesty International)의 최근 보고에 따르면 매주 150~300명의 북한주민이 중국에서 북한으로 강제송환당하고 있다고 한다. 세계식량계획(World Food Programme: WFP)은 북의 아동과 여성을 위해 190만 주민의 2년 계획인 1억 2백만 달러를 지원해 줄 것을 호소했으나 2006년 10월 현재 단 8%만이 모금되어, 한국의 인도주의 식량 지원이 중단되면 기아는 더욱 심각해지고 탈북자의 수는 날로 증가할 것으로 예상되고 있다.

344

이런 와중에서 그동안 중국에서 북으로 강제 수용된 탈북자는 1996년 589명, 1997년 5,439명, 1998년 6,300명 등 최근에는 그 수가 증가하고 있는 실정이다. 그러나 이러한 중국의 정책은 최근에는 다소 완화되는 경향을 보이고 있다. 항상 지켜야 할 인도주의 원칙 적용을 가끔은 천명하고 있는 실정이라 그래도 고무적이다. 특히 중국의 WTO 가입문제, 미국과 한국과의 실리외교, 2008년 북경 올림픽 개최 등으로 정책완화가 맞물려 있다는 관측도 있다.

정부는 지금까지 새터민에 대한 기본 정책을 억압된 체제를 떠나 자유와 풍요를 추구하기 위해 위험을 감수한 사람들이라는 인권의 시각으로 접근하고 있으며, 한국으로 입국을 희망하면 전원을 수용하고 있다. 또 제3국으로 입국을 희망할 경우는 반대하지 않는다는 입장이다. 현재는 300명 이상의 탈북자들이 유럽, 미국 또는 제3국에서 난민지위를 획득하여 생활하고 있다.

무엇보다 중요한 정부 정책은 한반도에 평화정착이 이루어지고 북이 스스로 걸음마를 하여 국제사회의 일원이 되도록 뒷받침해 줌으로써 탈북자들을 더 이상 양산하지 않도록 하는 원인치유 정책을 구사하고 있다고 할 수 있다.

최근 국가인권위원회의 용역조사에서는 새터민들이 각양각색의 다양성을 띠고 있는 것으로 나타났다. 이 조사는 새터민 500명을 표본으로 하고 그 가운데 50명을 심층조사를 하는 방식으로 진행되었다. 표본 집단은 서울 300명(60%), 지방 200명(40%)을 기준으로 했다. 그러나 결과는 수도권이 75.1%, 지방이 24.9%로 나타났다. 이는 새터민들이 주로 수도권에 밀집되어 살고 있음을 뜻한다.

다른 조사결과는 2000년 이후의 입국자가 다수를 차지하고 있다는 사실이다. 그리고 남자 42.2%, 여자 57.8%로 여자의 수가 훨씬 많다. 출신지로는 함경도가 77.4%(함북 65.3%, 함남 12.1%)로 가장 많고 평안도 3.5%, 양강도 3.3%, 자강도 0.9%로 나타나고 있다. 학력은 80%가 고졸이며, 대졸도 14.5%로 나타났다. 이는 북녘의 문맹자 100% 탈출 주장을 뒷받침해주고 있다.

이들 중 탈북 전에 이미 한국에 가족이나 친척이 있었다고 응답한 사람은 33%나 되어 최근에는 가족, 친척 중심의 탈북으로 변화되고 있음을 시사한다.

가장 주목해야 될 결과는 이들 새터민 가운데 겨우 2.1%만이 나는 남한에서 잘 살고 있다고 생각하고 만족하고 있으며, 절반수준인 46.7%는 못살고 있다고 생각을 해 극심한 상대적 빈곤감에 허덕이고 있다는 점이다. 50%는 지켜보겠다는 반응이었다. 최근의 경향은 배고픈 사람보다 중국 등에서 오래 체류한 사람들이 보다 나은 삶을 찾아 남한으로 오는 경우가 많아지고 있으며, 중국 등에서 살 수 있음에도 더 잘 살기 위해, 심지어는 남쪽의 여권을 받은 후 제3국에서 제2의 도약을 꿈꾸는 경우가 많아지고 있다. 이런 과정에서 여러 가지 불미스러운 일들이 일어나고 있지만 여기에서는 그러한 경우는 생략하겠다.

다만 최근의 사례는 심각한 경우를 우리에게 전하고 있다. 탈북여성의 90%가 심각한 부인병에 걸려 치유가 시급한 실정이며 북의 말라리아 모기들이 비무장지대를 넘어와 우리 장병들을 감염시키는 예가 있어 이제 북한의 문제가 바로 남한의 문제인 것을 깨닫게 한다. 식량문제와 함께 북의 보건위생문제가 더욱 심각하게 우리에게 다가왔다.

　그러므로 앞에서 언급한대로 북으로 하여금 스스로 걸음을 걸을 수 있게 하는 것이 궁극적으로 탈북자 양산을 막는 길이다. 그래서 우리가 인도주의적인 원조를 계속해야 하며 그 당위성이 바로 여기에 있다.

　정부에서는 새터민들이 3개월(하나원 생활 2개월 포함)의 한국 생활을 거쳐 적응과정을 끝내면 정착을 위해서 기본급 1,000만 원, 장려금으로 최대 1,540만 원, 부양자 1인당 300~400만 원을 지급하고 그 밖에 거주지 보호를 5년간 보장하면서 의료급여, 고용지원금, 교육지원금 등을 지급하며, 사회안전망에 편입되어 자립 자활할 수 있도록 최선을 다하고 있다.

　그러나 탈북자들을 괴롭히는 국제 브로커들의 문제라든지, 경찰의 과잉보호가 새터민들에게는 오히려 부담을 준다는 문제, 북한에 두고 온 가족들의 문제, 북한의 민감한 반응의 문제, 드물지만 정직하지 못한 새터민들 때문에 다수의 선의의 새터민들도 피해를 입는 문제들은 우리 모두가 풀어야 할 공동과제임에는 틀림없다.

　통일부 사업예산 800억 가운데 절반 이상인 63%, 곧 503억 원이 탈북자 관련 지출예산인 것만 보아도 정부는 최선을 다하고 있음을 알 수 있다. 결국 새터민의 문제는 180만 중무장 군인들이 대치하고 있는 불안정한 한반도 안보현실에서 그래도 어렵지만 신뢰와 화해를 이끌어내어 평화정착을 실현하여 먼 훗날 7,200만의 염원인 통일로 가는 길에 중요한 시금석이 될 것임에는 틀림없다. 따라서 우리의 일이라고 생각해야 하고 큰 관심과 협력을 아끼지 말아야한다.

(6) 정전체제 해체와 평화조약 체결

우리가 그 사이 많은 남북 협력을 이루어가고 있는 것도 사실이
지만, 현실적으로는 1953년 7월 23일의 정전협정이 유효하다. 그러
므로 1975년 동서독이 헬싱키에서 주변 국가들의 성원 아래 체결한
평화조약 즉 불가침조약을 남과 북도 체결해야 한다. 이것이 최우
선 과제이다. 여기에 6자회담도 중요하다. 6자회담에서 남과 북이
자주적인 주도권을 잡으면서 4대 강국의 성원 하에 평화협정을 체
결해야 한다. 그렇게 함으로써 동북아시아의 틀 속에서 남북이 중
요한 구성원이 되는 공동안보라는 새 틀을 짜야 한다. 서로 이익을
보는 공동안보와 공동발전 말이다.

그 사이 남과 북은 미흡하지만 많은 일을 해내었다. 만 명 이상
의 이산가족이 상봉했다. 10만 명 이상의 남쪽 사람, 3천 명 이상의
북쪽 사람이 상호 방문했다. 100만 명 이상이 금강산 관광을 했다.
남북철도가 연결되면, 그리고 개성공단의 협력이 증가하고 북핵문
제와 함께 북에 대한 미국의 경제제재가 해결되면 북은 중국의 경
험처럼 세계적 고립에서 벗어나 국제사회의 일원이 될 것이다. 또
그렇게 되어야 한다. 북은 이런 방향으로 나름대로 준비는 다 되어
있는 것으로 보인다고 최근의 방문자들은 말하고 있다.

우리는 독일식 흡수통일이 아닌, 독일보다 내용이 더 풍부한 한
국식 통일을 해야 한다. 북의 문제는 북이 스스로 풀도록 도와주어
그들 스스로 인권, 경제성장, 탈북자 등의 문제들을 풀도록 유도해
야 한다. 그렇게 되면 우선 38선은 평화정착선이 되어 비자를 받아

서로 방문할 수 있게 될 것이고, 경제협력으로 상호번영하게 될 것이며, 평화협약, 불가침조약을 통해 군비를 축소하고 공동안보를 하는 내용의 한국식 통일이 이루어질 것이다. 그런 뒤 훗날 무리 없고 매끄러운 일 국가 일 민족통일이 성취될 것이다. 그러면서 동북아 평화 번영 공동체 탄생에 남북이 합심하여 주도권을 잡아야 한다.

북녘의 인권문제도 평화협약 체결과 연계 속에서 포괄적으로 다루어져야 하며 각론으로 다루어져서는 안 된다. 소리나지 않게 조용하게 다루어야 한다. 유엔이나 제3국, NGO들이 다루도록 하며, 우리 남북 당사국은 인권 이외에 평화정착을 위한 불가침 평화조약 체결에 혼신의 힘을 기울여야 한다. 이것이 독일의 통일이 우리에게 주는 교훈이다.

인권이 만인의 보편적 권리임은 말할 필요도 없다. 그러나 인권이 어느 정권을 몰아붙이기 위한 정치적 도구로 전락해서는 안 된다. 인권은 특성상 당사자들이 스스로 노력·쟁취해야 함은 말할 것도 없다. 그래서 인권은 당사자들에 의해서 상향식으로 추진되어야 한다. 그러므로 북녘의 인권을 우리가 다루기에는 한계가 있다. 북의 인권문제를 해결하려면 북 스스로가 주도해야 한다. 그리고 우리는 보조자의 역할을 해야 한다. 직접 수행하는 'Operator'가 아닌 'Facilitator'의 역할이다. 그들로 하여금 인권의 중요성을 스스로 인정하도록 뒤에서 북돋아 주는 역할 말이다. 이를 위해서는 북이 국제사회의 일원이 되는 것이 중요하다. 스스로 눈을 뜨고 배우도록 우리가 도와주어야 한다.

(7) 맺는말

2010년은 하루의 일을 호랑이와 같이 시작하게 하는 백호랑이의 해이다. 우리 스스로 눈을 떠 한반도를 생각해보아야 한다. 치욕의 한일합병조약을 강제로 체결당해 식민지화되었던 한반도가 분단 65년을 맞고 있다. 우리는 경제성장도 이루었고 지금은 아니지만 이제 곧 1인당 국민소득 2만 달러를 넘어 3만 달러 시대를 맞이하여 못사는 이웃 나라들을 도울 수 있게 되는 시대가 가능할 것이다.

암울했던 인권유린의 시대를 넘어 우리 스스로 쟁취한 인권 민주국가가 현재는 작동하고 있다. 이러한 경험은 가까운 일본이나 중국이 경험하지 못한 우리만의 자산이다. 그리고 이 귀한 경험들을 아시아, 아프리카, 그리고 라틴 아메리카의 열악한 나라들에게 전수해야 하는 책임도 있다.

우리는 여기에 만족해서는 안 된다. 아직도 해결을 기다리는 문제들이 산재해있다. 선진국으로 가는 데에는 국가보안법의 폐지 문제, 양심적 병역거부의 문제, 외국인 노동자문제, 분단으로 억울한 희생을 당한 민간인 학살문제, 사형제도문제, 생명윤리의 문제, 비정규 노동자들의 문제 등 헤아릴 수 없는 많은 문제들이 아직 남아 있다. 여야 합의를 거쳐 이 문제들을 해결해야 할 것이다.

이런 문제 해결을 위해 우리 각자는 한반도에 살고 있는 7,400만 배달민족의 장래를 생각하고 고민해야 한다. 한반도의 평화정착, 평화통일을 위한 국민통합을 향해 한 걸음 한 걸음 실천해 나가야 한다. 이를 위해 여야 정권을 초월한 민족문제 위원회의 시작이 필요하다. 언제부터인가 우리 국민은 은근하고 끈기 있다는 덕목을 잃어버리고, 그 자리에 양은냄비와 같은 천박성이 자리 잡은 것이 아닌가, 그저 쉽게 끓었다 쉽게 식어버리는 천박한 국민성으로 전락한 것이 아닐까 우려가 된다. 조변석개식 변화무쌍한 정책은 바람직하지 못하다.

우리는 지금 이 순간부터 평화와 화해의 사도가 되어야겠다. 탈북자들의 권리를 존중하는 것은 물론이고, 북녘과도 깊은 정을 나누어야 한다. 이미 와 있는 탈북자들을 껴안고 그들의 고민을 풀어주는 우리가 되어야 한다.

7·4남북공동성명, 고위급 합의문서에 이어서 2000년 합의한 6·15 남북정상 합의문서와 2007년 10월 4일 제2차 합의문 실천에 앞장 서야 한다. 이 문서들이 동서독의 기본조약이나 불가침조약처럼 770만 이산가족의 눈물을 닦아주는 문서, 연좌제에 묶여서 불이익을 당했던 이웃들의 한을 풀어주는 문서로 승화되고, 100만을 헤아리는 민간인 학살 희생자들의 유족들의 통한을 치유하는 문서들이 될 수 있도록 우리 모두는 화해의 천사, 치유의 실천자들이 될 것을 다짐해야 한다.

필자가 앞에서도 강조한 것처럼 한 국가와 사회의 건전한 발전은 합리적인 보수와 이성적인 진보가 매끄럽게 화합했을 때 가능하다. 독수리와 비행기가 두 날개로 날듯이 이 둘은 같이 가야한다. 안타깝게도 우리나라의 보수는 비타협적 완고한 보수가 다수의 합리적 보수를 대신하려고 하며, 다수의 이성적 진보는 소수의 파괴적인 극단의 진보에 가려지고 있다.

그러나 우리는 과감하게 이 두 세력의 합리적 대화를 위해 다리의 역할을 자청해야 한다. 그들의 사이(Between)에 당당히 서는 것이다. 그리고 양측의 대화를 이끌어 가야한다. 이 길은 어렵다. 가운데서 샌드위치가 되기 십상이며 종종 회색분자니 수정주의자라는 오해를 받을 수 있다. 그렇지만 장래에는 큰 역할을 하게 될 것이다. 이 길만이 우리가 승리할 수 있는 길이다.

이 다리의 기능이 정상적으로 작동하면 그곳에 머무르지 말고 제3의 길(Beyond)로 도약해야 한다. 헤겔이 말한 '정(正, These), 반(反, Antithese), 합(合, Synthese)'처럼 말이다. 이러한 제3의 길이 신과 대화의 길이고 창조질서를 지키고 평화와 정의가 강물처럼 흐르는 세상이다. 다시 말하면 유엔이 말하는 평화·정의·인권·환경이 핵으로 된 '지속가능한 발전'(Sustainable Development)이다. 그래서 필자는 이것을 'B&B'라 칭한다. 'Between and Beyond'이다. 일찍이 1970년대부터 '크리스챤 아카데미'가 걸어온 길이다.

필자는 여기서 한 걸음 더 나아가 제3의 길을 걷는 것과 함께 '1/2 운동'을 주장하고자 한다. 나의 절반을 깎은 곳에 상대방의 깎인 절반을 들어오게 하는 것이다. '1+1=2'이나 '1/2+1/2=1'이듯이 하나가 되려면 나를 절반으로 줄여야 한다. 부부의 관계뿐만 아니고 남북의 평화, 그리고 통일도 1/2로 줄인 남쪽에 1/2로 줄인 북쪽이 들어올 때만이 가능하다. 이것이 나를 절반으로 줄이는 1/2 운동이다.

이를 필자는 '화해의 1/2 운동'이라고 한다. 남쪽의 고집을 1/2로 줄이고 북의 주장을 1/2로 줄여서 이 줄어든 양쪽의 절반들이 만나서 하나가 되는 것이다. 상징적이지만 우리 21세기 지도자들은 1/2 운동의 실천자가 되어야 한다. 북과의 관계에서, 일본과의 관계에서, 그리고 중국과의 관계에서 규명할 것은 철저히 규명해야 한다. 그러나 거기에 머물러서는 안 되고 제3의 공동선(善)의 길을 모색해야 한다. 이것이 상대방의 입장에서 나 자신을 보는 '역지사지'(易地思之)의 사고이다. 북녘, 일본 그리고 중국 어느 나라도 적이 아니라 우리와 같이 살아야 할 이웃이다. 이것이 평화주의자의 길이다.

우리 남북의 문제는 지금 현재로써 암울한 상항일 수도 있다. 그러나 이러한 대치국면이 오래가서는 안 된다. 한국전쟁에서 우리는 중공군까지 합하면 440만 명의 무고한 희생을 치른 비극을 경험했다. 누구의 잘잘못을 따지기 전에 남북이 대치되는 상항은 누구에게도 바람직하지 않다. 그렇게 되면 곧바로 증권시장이 요동을 칠 것이며 우리의 경제도 의문시 되는 것은 뻔한 노릇이다. 몇 해 전에 북한의 겨울 온난화가 말라리아모기를 양산하여 모기들이 비무장지대를 넘어와 우리 장병을 물어 많은 장병이 말라리아에 시달려 채혈도 하지 못한 적이 있었다. 이러한 예는 남과 북의 문제는 싫건 좋건 동전의 양면처럼 떼려야 뗄 수 없는 관계에 있음을 보여준 사례일 것이다.

북한도 이제 세계의 상식을 알아야 한다. 국제적으로 고립한 채 중국의 도움으로만 버틸 수 있다는 오산은 버려야 하고 국제적 상식에 걸맞는 일들을 해야 할 것이다.

독일의 경우처럼 민족의 문제만은 지속적인 연계성을 유지하기 위해서라도 지금부터 여야가 공동보조를 맞추어야 한다. 정권차원의 단계에서 한 단계 높여져 정권이 바뀌더라도 지속성을 갖고 추진되어야 한다. 철도가 연결되어 기차로, 고속도로가 개통되어 자동차로 시베리아를 거쳐 유럽까지 달리는 배달민족이 되어야 한다.

지구상에 마지막 남은 분단국가라는 사실이 결코 자랑이 아니라 수치임을 알아야 한다.

우리의 2세, 3세들은 분단에서 오는 불필요한 낭비에서 자유로워야 한다. 나는 어느 경우에도 누구도 우리 7천만 배달민족의 염원을 막지 못할 것이라 확신하면서 이 책을 세상에 내어 놓는다.

2010년 5월
이화여자대학교 평화학연구소 연구실에서

참고문헌

강만길, 《20세기 우리역사》, 창비, 1999.

______, 《분단시대의 역사인식》, 창작과비평사, 1978.

______, 《한국현대사》, 창작과비평사, 1994.

강문규, 〈기독교인과 공산주의자〉, 《기독교사상》 221호(11월), 1976.

______, 〈아시아 교회의 해방과 구원〉, 《기독교사상》 231호(9월), 1977a.

______, 〈제3세계의 기독교〉, 《창작과비평》 46호(12월), 1977b.

강원용, 〈73년의 세계교회 동향〉, 《기독교사상》 187호(12월), 1973.

______, 〈교회와 사회의 개혁을 향하여〉, 《기독교사상》 169호(6월), 1972.

______, 〈에큐메니칼운동과 한국교회〉, 《기독교사상》 221호(11월), 1976.

강정인, 〈민주화의 관점에서 본 이념논쟁: 자유민주주의의 한국화과정을 중심으로〉, 《현대한국이념논쟁사연구》, 한국정신문화연구원, 1999.

고려대 아세아문제연구소, 《한일관계자료집》 제2집, 1976.

구춘회, 〈북미주 민주화 인권운동의 회고와 전망〉, 이상철 목사 고희기념집 출간위원회, 《한 나그네의 삶》, 대한기독교서회, 1994.

기독교사상편집부, 《한국교회와 이데올로기》, 대한기독교서회, 1992.

기쁨과 희망 사목연구소, 《암흑속의 횃불》 1, 기쁨과 희망 사목연구소, 1996.

______________________, 《암흑속의 횃불》 2, 기쁨과 희망 사목연구소, 1996.

기쁨과 희망 사목연구소, 《암흑속의 햇불》 3, 기쁨과 희망 사목연구소, 1997.

김관석, 〈1973년과 한국민주적 교회형성의 과제〉, 《기독교사상》 176호(1월), 1973a.

______, 〈교회와 한국통일〉, 《기독교사상》 151호(12월), 1970c.

______, 〈언론: 항거의 대상의 내면화작업〉, 《기독교사상》 147호(8월), 1970b.

______, 〈에큐메니즘과 인간 소외〉, 《기독교사상》 141호(2월), 1970a.

______, 〈일본의 도전과 그 수용 태세〉, 《기독교사상》 183호(8월), 1973b.

______, 〈평화의 참된 의미〉, 《기독교사상》 168호(5월), 1972.

김녕, 《한국정치와 교회-국가 갈등》, 소나무, 1996.

김대중, 〈70년대의 비전: 대중 민주체제의 구현〉, 《사상계》 1월, 1970.

______, 〈세계사의 흐름과 동북아 정세〉, 이상철 목사 고희기념집 출간위원회, 1994. 《한 나그네의 삶》, 대한기독교서회, 1993.

김병서, 〈한국사회의 민주화와 기독교〉, 이삼열 외, 《한국사회발전과 기독교의 역할》, 한울, 2000.

김보현, 〈박정희 정권기 저항엘리트들의 이중성과 역설〉, 《사회과학연구》 13집 1호, 2005.

김순환, 〈민족주의와 여성운동〉, 《통일과 기독교》, 고난함께, 1994.

______, 〈한뭉치 눈덩이를 굴리고 또 굴려서〉, 《통일과 기독교》, 고난함께, 1994.

김영일, 〈한국 기독교의 사회 참여〉, 《유신체제와 민주화운동》, 춘추사, 1984.

김용호, 〈박정희의 민주주의관〉, 《한국논단》 26권(10월), 1991.

김인걸 외, 《한국현대사 강의》, 돌베개, 1998.

김재준, 《김재준 전집》, 장공전집출판위원회, 1971.

______, 《범용기 2》, 칠성광고사, 1982.

______, 《범용기 6》, 칠성인쇄소, 1983.

김정남, 《진실, 광장에 서다》, 창비, 2005.

김형수, 《문익환 평전》, 실천문학사, 2004.

김흥수, 〈한국민주화기독자동지회의 결성과 활동〉, 《한국기독교와 역사》 27호(9월), 2007.

나정원, 〈한국 가톨릭 지도자들의 국가관 연구〉, 《가톨릭사회과학연구》 17집, 2005.

류동민, 〈민족경제론의 형성과정에 관한 연구〉, 《경제와사회》 56호(겨울호), 2002.

류순달, 〈박정희의 한국적 민주주의를 생각한다〉, 《한국논단》 146권(12월), 2001.

리영희, 《우상과 이성》, 한길사, 1977.

______, 《전환시대의 논리》, 창비, 2006.

리우 쑨 따, 《박정희대통령의 통치철학》, 크라운출판사, 2002.

매일경제신문사, 《박정희대통령의 지도이념과 행동철학》, 매일경제신문사, 1977.

문교부, 《고등학교 사회과 교육과정 해설》, 문교부, 1989.

______, 《중학교 사회과 교육과정 해설》, 문교부, 1988.

문지영, 〈한국에서 자유주의: 정부수립 후 1970년대까지 그 양면적 전개와 성격에 관한 연구〉, 서강대 박사논문, 2002.

미하원 국제과계위원회 국제기구소위원회 편, 서울대학교 한·미관계연구회 역, 《프레이저보고서 - 유신정권과 미국의 역할》, 실천문학사, 1986.

박경서, 〈노동운동의 고유성과 기독교〉, 《기독교사상》 224호(2월), 1977.

______, 〈대담〉, 《민족 21》 58호(1월), 2006.

______, 〈북녘의 식량난과 그 실상〉, 《통일시론》 2호(3월), 1999.

______, 〈북방 선교의 현실과 과제〉, 《기독교사상》 359호(11월), 1988.

______, 〈세계화·폭력·평화〉, 한국사회학회 2004년도 특별심포지움(4월), 2004.

______, 〈통일을 위한 남북교회의 역할〉, 《기독교사상》 394호(10월), 1991.

______, 〈통일정세〉, 《민족 21》 5호(8월), 2001.

______, 《세계시민 한국인의 자화상》, 생각의 나무, 2009.

______, 《지구촌 시대의 평화와 인권》, 나남출판, 2009.

박명철, 〈가나안이 보이는 비스가 봉우리에 서다〉,《기독교사상》535호(7
　　월), 2003.
박상증,《제네바에서 서울까지》, 새누리신문사, 1995.
박상증·오재식·이경배(좌담), 〈'지하연대'로 민주화와 통일운동의 물꼬
　　텄다〉,《기독교사상》541호(1월), 2004.
박인혜, 〈1980년대 한국의 '새로운' 여성운동의 주체 형성 요인 연구〉,《한
　　국여성학》25권 4호, 2009.
박재순, 〈주체사상과 민중신학〉, 정용욱 외,《한국민중론과 주체사상과의
　　대화》, 풀빛, 1989.
박정희,《우리 민족의 나갈길》, 동아출판사, 1962.
＿＿＿,《조국근대화의 지표》, 고려신서 3집, 1967.
박철호,《완전일반사회》, 일신사, 1971.
＿＿＿,《일반사회·정치경제》, 일신사, 1974.
박현채, 〈경제현실과 경제과학〉,《정경연구》5월, 1973.
＿＿＿, 〈계층조화의 조건〉,《정경연구》11월, 1969.
＿＿＿,《민족경제론》, 한길사, 1978.
박형규,《해방을 향한 순례》, 풀빛, 1984.
서광선, 〈'88선언'은 철저한 교회의 회개운동〉,《교회와 세계》239권(봄호),
　　2009.
서중석,《한국 현대사 60년》, 역사비평사, 2007.
선우학원, 〈민주화운동과 민족통일의 관계〉,《한국의 민주화와 통일운동》,
　　일월서각, 2004, 1978.
＿＿＿＿,《아리랑 그 슬픈 가락이여》, 대흥기획, 1994.
＿＿＿＿,《한·미관계 50년사》, 일월서각, 1997.
선우학원·노길남·윤길상,《미주동포 민족운동 100년사》, 일월서각, 2009.
손호철·김윤철, 〈국가주의 지배담론〉, 조희연 편,《한국의 정치사회적 지
　　배담론과 민주주의 동학》, 함께읽는책, 2003.
송병헌·이나미·김면회,《한국자유민주주의의 전개와 성격》, 민주화운동
　　기념사업회, 2004.
안병무, 〈민족·민중·교회〉,《기독교사상》203호(4월), 1975.

안병무, 〈함석헌의 평화사상〉, 김재용 외,《사람과 사상》한길사, 1996.

______,《역사 앞에 민중과 더불어》, 한길사, 1986.

안현효, 〈민족경제론과 신자유주의 시대의 한국경제학〉,《동향과 전망》72 호, 2007.

岩波,《한국으로부터의 통신》, 한울림, 1985.

여익구, 〈민중불교란 무엇인가〉(1984), 소흥렬 편,《문화와 사상》, 이화여대 출판부, 1985.

오재식, 〈절묘한 타이밍 '88선언'은 하나님의 역사였다〉,《교회와 세계》239 권(봄호), 2009.

유인호, 〈경제 성장과 외채 부담〉,《창조》 11월, 1971.

______,《나의 경제학》, 양서원, 1991.

윤길상, 〈기독교인들의 민주화운동과 통일운동〉, 선우학원 외,《미주동포 민족운동 100년사》, 일월서각, 2009.

윤보선,《외로운 선택의 나날: 윤보선회고록》, 동아일보사, 1991.

이덕재, 〈민족경제론의 공동체성과 현재적 의의〉,《동향과 전망》 72호, 2007.

이병천, 〈민족경제론과 대중경제론〉,《사회경제평론》 29(2)호, 2007.

이삼열, 〈교회협의회 통일선언의 입장과 배경〉, 1991,《평화의 복음과 통일 의 사명》, 햇빛출판사, 1988.

______, 〈오늘의 시점에서 한반도의 평화와 통일을 위해서 교회는 무엇을 해야 하는가?〉,《교회와 세계》239권(봄호), 2009.

______, 〈평화의 복음과 통일의 사명〉(1989),《평화의 복음과 통일의 사 명》, 햇빛출판사, 1991.

______,《기독교와 사회이념》, 한국신학연구소, 1986.

이영빈, 〈폭력에 대한 기독교적 새로운 이해〉,《통일과 기독교》, 고난함께, 1994.

이우재, 〈한국 농업문제의 본질〉,《한국 농업경제와 농민현실》, 관악서당, 1979.

이우정, 〈평화운동과 한국 여성운동〉, 이상철 목사 고희기념집 출간위원회, 《한 나그네의 삶》, 대한기독교서회, 1994.

이재오, 《해방 후 한국 학생운동사》, 형성사, 1984.

이종오·조희연, 〈북한의 통일노선과 통일정책에 대한 연구〉, 《한국민중론과 주체사상과의 대화》, 풀빛, 1989.

이종호, 《조선의 문인이 걸어온 길》, 한길사, 2004.

임영태, 《대한민국사 1945~2008》, 들녘, 2008.

장준하, 《민족주의자의 길》, 세계사, 1992.

전인권, 〈박정희의 민주주의관: 연설문을 중심으로〉, 《한국정치연구》 11집 2호, 2002.

전재호, 〈박정희 체제의 민족주의 연구-담론과 정책을 중심으로〉, 서강대 박사논문, 1997.

______, 《반동적 근대주의자 박정희》, 책세상, 2000.

정건화, 〈민족경제론을 위한 변명〉, 《동향과 전망》 72호, 2007.

정용욱, 〈민중사관과 주체사상의 민족해방운동사 인식〉, 《한국민중론과 주체사상과의 대화》, 풀빛, 1989.

조승혁, 〈근로자와 교회〉, 《기독교사상》 136호(9월), 1969.

조영래, 《전태일평전》, 돌베개, 1991.

조지송 외, 〈산업선교의 현황과 전망〉, 《기독교사상》 130호(3월), 1969.

조현연, 〈'자유민주주의' 지배담론의 역사적 궤적과 지배 효과〉, 《한국의 정치사회적 지배담론과 민주주의 동학》, 함께읽는책, 2003.

조현옥, 〈해외의 한국 민주화운동〉, 《경제와사회》 66호(여름호), 2005.

조희연, 《한국의 정치사회적 지배담론과 민주주의 동학》, 함께읽는책, 2003.

존스, 르로이 P, 《박정희대통령의 사회철학》, 한국개발연구원, 1976.

진덕규, 〈미군정의 정치사적 인식〉(1979), 백기완, 《해방전후사의 인식 I》, 한길사, 2004.

______, 〈한국민족주의 연구의 현실적 관점〉, 《창작과 비평》 46호(겨울호), 1977.

______, 〈한국정치의 민주주의적 지향〉, 《기독교사상》 199호(12월), 1974.

최영, 《박정희의 사상과 행동》, 현음사, 1995.

통일노력 60년 발간위원회, 《하늘길 땅길 바닷길 열어 통일로》, 통일부, 2005.

한국기독교교회협의회 인권위원회 편,《1970년대 민주화운동》1, 2, 3권.
한국민주화기독자동지회,〈회의록〉, 국사편찬위위회 소장.
한국홍보연구소,《한국 100년사》, 세문사, 1983.
한배호,《한국정치변동론》, 법문사, 1994.
한배호·이상우·최상룡,《한국·미국·일본 - 한국 안보의 환경과 과제》,
　　아세아정책연구원, 1977.
한완상,《민중과 지식인》, 정우사, 1979.
함석헌,《함석헌 전집》, 한길사, 1983.
현영학,〈민중신학과 한의 종교〉, 소흥렬 편, 1985,《문화와 사상》, 이화여
　　대 출판부, 1984.
홍석률,〈박정희 독재 정권기의 인권침해〉,《내일을 여는 역사》18호(겨울
　　호), 2004.
홍윤기,〈한국 도덕·윤리 교육의 이념적 혼돈과 정체성 위기—퇴행적 윤리
　　의식의 국민교육적 원천〉, 전국철학교육자연대회의 편,《한국 도덕·
　　윤리교육 백서》, 한울, 2001.

John, Clement, Park Seong-Won, Martin Robra(ed.), *A Concern for Life*,
　　Hong Kong: Clear-Cut Publishing & Printing Co., 1999.
Park Kyung Seo, *Reconciliation Reunification*, Hong Kong: Christian
　　Conference of Asia, 1998.

찾아보기

(ㅂ)

바라문 260
바보회 168
바울로 6세 117, 182, 184
박경서 328
박상증 70, 111, 202, 286, 287,
　　293, 296, 322
박재순 247, 254
박정희 36, 99, 140, 314, 321
박종화 294
박태순 119
박현채 148, 150
박형규 54, 75, 127, 141, 147,
　　197, 198, 203, 210, 221, 230,
　　242, 243, 244, 254, 271, 275,
　　319
반공 81, 280, 282
＿＿교육 76
＿＿민주주의 76
＿＿법 123
＿＿주의 76, 79
반폭력 228
방림방적사건 171
백낙청 120
법정 195, 256
보석밀수사건 144
복음화 237, 238
부패 142
북한 281
분단 272, 275
불교 255
＿＿사회주의운동 258
《＿＿신문》 256
비오 12세 108

비폭력 231
빌리 브란트 324
빌링겐대회 234

(ㅅ)

사대주의 322
사목헌장 186, 205
사법권 55, 56
사유권 108
＿＿재산권 108, 182
4·19혁명 75
사회대중당 84
＿＿민주주의 84, 86
＿＿복지정책 156
＿＿시 121
＿＿적 자유주의 83
＿＿정의 226
＿＿주의 83, 86
＿＿＿＿운동 73
산업민주주의 158, 160, 291
＿＿선교 174, 177, 196, 242,
　　244
〈＿＿＿＿신학선언〉 179
＿＿재해 162
＿＿전도 175
＿＿정책 155
3단계 평화통일론 277
삼권분립 54, 55, 56
3·1운동 74, 219
〈3·1민주구국선언〉 55, 194, 199
《삼포 가는 길》 124
새마을운동 46, 47
새문안교회 169
생존경쟁 130